인생을
낭비하지
않는 법

LASSEN SIE IHRE ZEIT NICHT UNBEAUFSICHTIGT!

Wie das Gehirn unsere Zukunft formt by Christiane Stenger
© 2021 by Campus Verlag GmbH
Korean Translation Copyright © 2023 Feelmbook
All rights reserved.
The Korean language edition is published by arrangement with
Campus Verlag GmbH through MOMO Agency, Seoul.

인생을
낭비하지
않는 법

내 삶의 주인이 되는
시간 가이드북

크리스티아네 슈테거

막스 바흐마이어 삽화
배명자 옮김

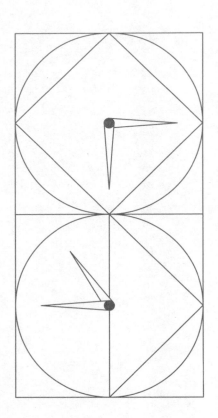

필름

슈테피를 위해

다시는 만날 수 없는 사람들이 여전히 아주 많다.

아주 특별한
'시간 여행'

소중한 시간을 내서 이 책을 읽기로 한 당신에게 우선 깊은 감사를 표한다. 진심으로 고맙습니다! 솔직히 말하면, 이 책을 쓰기 시작했을 때만 해도 시간이 이토록 흥미진진한 주제인지 나는 미처 몰랐다. 이 책을 쓰는 과정에서 시간의 발목을 잡은 무수한 일들을 미리 예견했더라면, 분명 훨씬 더 일찍 쓰기 시작했을 터이다. 그랬더라면 마감 직전에 그렇게 스트레스를 받지도 않았을 텐데…. 하기야, 시간이란 게 늘 그렇다! 그리고 이제 나는 시간이라는 주제 안에 얼마나 대단한 깨달음이 담겨있고 그것이 앞으로의 내 삶에 얼마나 큰 영향을 미칠지 잘 안다. 그러므로 돌이켜 생각해보건대, 나는 이 책을 이미 10년 전에 썼어야 했다! 그러나 시간이란 게 원래 그렇다! 우리는 어떤 장소든 다시 돌아갈 수 있지만, 시간은 절대 돌아갈 수 없다.

어쩌면 당신도 이 책을 읽으면서, 시간에 대해 몰랐던 내용이 이렇게 많았나 싶어 놀랄 것이고, 시간 감각이 인생에 미치는 막대한 영향에 또 한 번 놀랄 것이다.

모두 승차하시기 바랍니다

시간은 종잡을 수 없는 수수께끼다. 시간은 때때로 아주 느리게 흐를 뿐 아니라, 허무하기까지 하다. 대기실에서 시간은 눈을 크게 뜨고 우리를 노려보고 어떨 땐 우리를 놀리며 장난을 치는 것 같기도 하다. 마치 자신이 우리의 생각을 얼마나 지배하고 있는지 과시하려는 것 같다. 바쁠 때면 시간은 신호등 앞에 어김없이 나타나 원숭이 엉덩이처럼 빨간 불로 우리를 놀린다. 휴가 때는 시간의 장난이 거의 사기에 가깝다. 낯선 휴양지에 도착하면, 시간은 우선 아주 천천히 흐른다. 그러나 매일 속도가 점점 올라가고, 아주 갑자기 마지막 날이 닥쳐 우리는 어리둥절한 얼굴로 놀란다. 벌써 휴가가 끝났다고? 다시 집에 도착하면, 아주 긴 시간을 떠나 있다가 오랜만에 집에 온 것처럼 느껴진다. 시간은 심지어 우리의 입장에 따라 다르게 흐를 수 있다. 우리가 응원하는 축구팀이 한 골 차로 이기고 있다면, 경기가 끝나기 직전의 단 몇 분이 마치 영원처럼 길게 느껴질 것이다. 반대로 상대팀의 팬들에게는 그 시간이 너무 빠르게 흐를 것이다. 기차 시간이 아슬아슬하게 남았거나 중요한 프로젝트 마감일을 지키기가 빠듯할 때면, 시간은 우리의 다리를 걸어 넘어뜨리고 재빨리 도망친다. 시간은 언제 어디서나 부족하고, 그런 일이 너무 자주 일어난다. 오늘날 시간은 자기 최적화 광풍, 빡빡한 일정 그리고 가족 사이에서, 늘 공급이 부족한 귀한 상품이 되었고, 우리는 다리를 절며 시간의 뒤를 힘겹게 따라가는 것처럼 보인다.

"시간은 금이다." 모두가 잘 아는 격언이다. 다만 문제는, 결코 시간이 금인 것처럼 행동하지 않는다는 것이다. 우리가 여러 기발한 시간 관리법으로 아무리 아끼고 늘리려 노력해도, 시간은 금처럼 절대 많아지지 않는다. 이런 은유가 타당하든 아니든, 우리의 인생 역시 시간과 다르지 않다. 눈에 보이지 않는 우리의 '시간 계좌'에서 매일 24시간이 빠져나가고, 우리는 단 1분도 되돌려 받을 수 없다. 시간에 구애받지 않고 이른바 '시간을 초월하여' 살기 위해 시계를 보지 않거나 계획 없이 살 수도 있겠지만, 그렇더라도 시간은 늘 존재하고 우리가 원하든 원하지 않든 가차 없이 흐른다.

그러므로 시간에 관한 결정적 질문은 이렇다. 우리는 주어진 시간을 어떻게 쓰는가? 우리는 과연 시간을 바르게 쓸까? 생애 마지막에 "이번 시간 여행은 아주 좋았고, 정말 보람되었으며, 곧바로 한 번 더 하면 좋겠다!"라고 말할 수 있기 위해, 우리는 주어진 시간에 무엇을 하고자 하는가? 더욱 중요한 것이 있다. 우리는 시간을 위해 의식적으로 시간을 내고, 시간에 관해 깊이 생각해야 한다.

다행스럽게도 이런 시간을 통해 실제로 아주 쉽게 시간을 찾아낼 수 있다. '시간'이라는 현상을 더 주의 깊게 연구할수록 자신에 대해 더 많이 알게 되고 깨달음을 얻을 것이다. 그것을 위해 나는 곳곳에 '시간 실험'을 마련해 두었고, 당연히 모든 실험을 내가 직접 테스트해보았다. 어떤 실험은 시간 지각을, 어떤 실험은 시간 활용을, 또 어떤 실험은 시간 그 자체를 다룬다. 즐거운 마음으로 직접 실험해 보고, 완전히 새로운 시간 경험을 맛보기 바란다. 의식적으로 다양한 관점에서 시간을 경험해보라. 지금 여기서 귀띔해 줄 것이 하나 있다. 당신의 뇌가 당신의 시간을 구성한다! 이 사실을 깨닫는 즉시 당신은 시간을 지배할 수 있게 되고, 당신에게 가장 유익하게 시간을 쓸 수 있다. 당신의 꿈, 소망, 인생 목표를 실현하는 데 시간을 쓸 수 있다.

간단한 여행 준비

준비 없이 무작정 뛰어들면, 여행은 무모한 모험이 될 수 있으므로, 여정의 중요한 일정표를 간략히 소개하겠다. 계획 없이 출발하여 뜻밖의 일을 만나는 모험이 더 좋다면, 이 부분을 그냥 건너뛰면 된다!

1장에서 우리는 시간을 정의한다. 시계와 달력에서 읽을 수 있는 '외적 시간'과 사람마다 다르게 지각하고 느끼는 '내적 시간'을 다룬다. 2장에서는 뇌에 집중하여, 우리의 머리에서 시간이 어떻게 흐르는지 알아낸다. 시간을 감지하는 별도의 감각기관이 없더라도, 우리는 시간을 지각할 수 있고, 그래서 우리에게 최선이 되도록 시간을 활용할 수 있다. 왜 시간은 때때로 아주 느리게 흐르고 어떨 땐 쏜살같이 휙 지나가 버릴까? 시간을 통해 우리를 조종하는 존재는 누구일까? 이 모든 것을 우리는 3장에서 알게 된다.

4장에서는 그 유명한 '지금 여기'를 다루고, 우리의 뇌가 현재를 위해 만들어졌음을 알게 된다. 5장에서는, 과거를 돌아볼 때 우리가 시간을 어떻게 지각하는지 배운다. 6장에서는 미래를 내다본다. 우리에게 주어진 시간을 무엇에 쓰고 싶은지 그리고 우리 앞에 놓인 시간을 의미 있게 구성하는 방법을 찾는다.

디지털화와 여타 기술 진보로 우리의 삶은 점점 빨라졌고, 미래로 갈수록 욕구를 점점 더 짧은 시간 이내에 채우고자 할 것이다. 그러나 주어진 시간은 언제나 똑같다. 모두가 똑같이 매일 24시간을 갖는다. 7장에서 이것을 다룬다. 우리는 시간이 왜 그토록 자주 부족하고 그것이 왜 문제가 되는지 알게 될 것이다. 8장에서는 우리 앞에 놓인 시간을 정말로 원하는 방식으로 사용하는 방법과 그 과정에서 걸림돌에 걸려 넘어지지 않는 방법을 알아낸다. 우리는 자신이 무엇을 하는지 정말로 알까? 세상은 점점 빨라지는 것 같고, 그 안에서 우리는 시간 통제력을 잃었고, 더는 시간을 따라잡을 수 없을 것 같아 두렵다. 왜 그럴까? 9장에서는, 우리가 매일 무엇을 하고 무엇이 매일 우리의 시간을 먹어 치우는지 알아낸다. 이때 일 역시 중요한 주제인데, 우리가 가장 많은 시간을 쓰는 것이 어차피 일이기 때문이다.

10장에서는 온라인이든 오프라인이든 우리가 다른 사람과 보내는 시간 그리고 다른 사람과의 관계가 우리의 시간 지각에 미치는 영향을 다룬다. 11장에서는 기후위기를 다룰 것이다. 기후위기 얘기만 하면 알레르기 반응을 보이며 짜증을 내는 사람이 많다는 것을 잘 알고 있다. 그러나 눈을 감는다고 해서, 현재 인류가 삶의 토대를 스스로 파괴하고 동식물 세계의 여섯 번째 대량 멸종을 앞당기고 있다는 사실이 달라지진 않는다. 지구 멸망을 위해 굳이 소행성이 날아오지 않아도 된다. 우리는 그저 책임의식 없이 이 아름다운 행성을 착취하며 시간을 보내기만 하면 된다. 그러나 우리는 또한 구원자가 되어 지구를 살릴 수 있다. 아직 늦지 않았다! 12장에서는, 세월의 속도를 늦추는 방법, 시간이 손가락 사이로 덜 빠져나가게 하는 방법, 시간을 더 잘 이해하는 방법을 배운다.

시간을 둘러보는 이 특별한 여행을 즐겁게 다녀오길 바란다. 이제 출발하자!

차례

일러두기

• 본문 내 인용 번호에 해당하는 참고 자료는 '참고문헌' 페이지에서 확인 가능하며, 원서를 기준으로 작성되었습니다.

• 본문에 언급된 도서 중 국내에 번역 출간된 도서의 경우 해당 제목으로 표기하였으며, 그 외 도서는 원서 제목을 번역하여 표기하였습니다.

시간

1장

오래되었고 상대적이며 아주 중요하다

"평범하지만 아주 큰 비밀이 있다.
모두가 가졌고 모두가 알지만,
거의 아무도 그것에 대해 깊이 생각하지 않는다.
대다수가 그냥 그러려니 생각하고 전혀 신경 쓰지
않는다. 그 비밀은 바로 '시간'이다."

미하엘 엔데(Michael Ende)

그날은 오고야 말리라

현관문이 뒤에서 딸깍하고 잠긴다. 나는 집안에 그냥 머물수가 없었다. 밖으로 나와야만 했다. 옆 덤불에서 뭔가가 부스럭거린다. 심장이 터질 것만 같다. 이런 말은 지금까지 그저 관용적 표현에 불과했지만, 지금은 글자 그대로 현실이다. 바람은 맑고 찬데 나는 현기증이 났다. 20:33. 환한 스마트폰 화면이 시간을 알려준다. 2020년 12월, 코로나 록다운. 그리고 나는 방금 모든 것에는 끝이 있다는 사실을 명확히 깨달았다. 팬데믹도, 모든 생명도. 당연히 내 삶도.

몇 분 전에 나는 '데스클락(Death – Clock, 죽음의 시계)'을[1] 통해, 내가 언제 죽을지 알게 되었다. 순전히 계산상으로. 생년월일 외에 국적, 음주량, 체질량 지수를 입력해야 했고 어떤 태도로 삶을 보는지도 밝혀야 했다. (일단 낙관적으로 예측하여) 술을 일주일에 두 번 마시고 지금처럼 삶을 비관적으로 보면, 나는 2061년 3월 7일, 그러니까 74년 5개월 1일을 살고 죽을 것이다. 나의 데드라인. 이대로 될 확률은 매우 낮지만, 명확히 뜬 나의 사망날짜를 보니 잠깐 숨이 멎는 것 같았다.

제발, 조금 더 살 수는 없을까? 나는 차가워진 손끝으로 스마트폰 화면 몇 곳을 두드린다. 삶을 대하는 태도를 '비관'에서 '낙관'으로만 고쳐도 나의 사망날짜가 2072년으로 바뀐다. 와우! 긍정적 태도가 내 수명을 10년이나 연장한다. 다만, 이렇게 암울한 록다운 상황에서 긍정적 태도를 어디서 가져와야 한단 말인가? 나의 시선이 버려진 일회용 컵에 닿았고, 그 순간 명확해졌다. 나는 죽기 직전에(아마도 2061년 3월에) 아침 식탁에 앉아 커피잔을 내려다보며, 내게 주어진 시간을 조금 더 잘 썼더라면 얼마나 좋았을까, 후회하며 신음하고 싶진 않다.

옆 덤불에서 다시 뭔가가 휘리릭 지나다 말고 잠깐 멈춰 서서 나를 빤히 본다. 새끼 다람쥐다. "저녁 간식을 찾고 있는 거니?" 나는 조용히 묻고, 잠시 딴생각을 할 수 있어 다행이라 생각한다. 아아, 다람쥐처럼 겨울의 여유를 즐기고, 내년 봄을 꿈꾸고, 도토리를 숨긴 장소를 기억하는 것 외에 다른 걱정거리가 없다면 얼마나 좋을까. 이 새끼 다람쥐는 자신이 죽는 날짜를 지금의 나처럼 의식하지는 않으리라. 넌 참 행복하겠구나!

예측할 수 없는 상승과 하강
— 인생이라는 롤러코스터

우리는 물리적으로 한 장소에 묶여있지만, 우리의 정신은 그렇지 않다. 정신에서는 시간과 공간이 서로 얽혀있고, 우리는 상상력의 도움으로 어디든 맘껏 여행할 수 있으며, 과거를 돌아보고 미래를 내다볼 수 있다. 우리에게는 이른바 신경 타임머신이 있다. 문제는, 우리가 이 능력을 먼 미래를 내다보는 데 거의 사용하지 않는다는 것이다. 더 심각한 문제는, 우리의 행위가 장기적으로 초래할 결과를 알고 있거나 적어도 예측할 수 있음에도 태도를 바꾸지 않는다는 것이다.

우리는 수많은 영역에서 미래를 놓쳤다. 독일에서는 예를 들어 일회용 컵을 매년 약 30억 개씩 쓴다.[2] 일회용 컵 하나하나가 내 마음을 아프게 하는데, 일회용 문화를 상징하는 이 물건이 우리가 얼마나 심각하게 '지금'만 생각하며 사는지 보여주기 때문이다. 물론, 따뜻한 테이크아웃 커피 한 잔은 마법 같은 축복이다. 그러나 이 모든 쓰레기는 미래에 어떻게 될까? 환경보호와 기후변화 주제가 금세 시들해진다는 것을 나는 잘 안다. 그래서 나는 11장까지 이 얘기를 참을 것이다. 그러니 그때까지는 지금 여기의 삶, 우리가 가진 시간, 우리가 설계하고자 하는 미래에만 몰두하기로 하자.

다소 추상적인 내용을 쉽게 이해하고 뇌에 각인시키는 데는 언제나 은유가 도움이 된다. 우리의 삶은 거의 매일 같이 최고점과 최저점을 오르내리고, 그런 삶에 우리는 극히 일부분만 영향을 미칠 수 있다. 그래서 삶은 종종 내게 스릴 넘치는 롤러코스터를 연상시킨다. 빠르게 지나가는 모험. 정신없이 오르내리며 우리를 마구 흔들어 놓고 예상치 못한 회전과 충격으로 우리를 놀라게 하지만, 언젠가는 반드시 끝나는 모험. 시간, 레일, 롤러코스터, 나 또는 당신이 거기 앉았다.

우리가 태어나고 롤러코스터가 서서히 위로 오르는 동안, 시간은 아직 아주 천천히 흐른다. 그러나 곧 인생의 크고 작은 굴곡을 따라 세차게 내달리기 시작한다. 우리는 몇몇 장애물을 강한 추진력으로 극복할 수 있고, 어떤 장애물은 너무 커서 차라리 더 쉽고 더 편한 길로 우회한다. 말하자면 우리의 결정에 따라 롤러코스터 경로의 난이도가 정해진다. 우리 옆자리에는 우리의 갈망, 꿈, 상상 그리고 그것이 이루어질 거라는 희망이 함께 탑승했다. 롤러코스터가 달리는 동안, 의식적이든 무의식적이

인생은 스릴 넘치는 롤러코스터와 같다!

든, 특히 두 가지 욕구가 매우 중요하고 모든 것의 토대가 된다. 안전과 소속감에 대한 열망 그리고 자유와 자율과 독립의 추구. 모든 인간은 공통으로 이 두 가지 욕구를 가지고 있다. 우리가 이것을 방향키로 삼는 데 성공하면, 우리는 결코 길을 잃지 않을 것이다.[3]

어떨 땐 빨리, 어떤 땐 천천히, 그러나 멈추지 않는다

우리의 롤러코스터는 어떨 땐 더 천천히, 어떨 땐 더 빨리 달린다. 그러나 시간이 지날수록 점점 더 빨라지는 것 같고, 흡족하고 행복하고 흥미롭고 특별하고 다채로운, 아무튼 성공한 인생처럼 보이는 좋은 삶이라는 아주 먼 목표를 향해 점점 더 속도를 높이는 것 같다. 기쁨과 연결된 경험들은 아주 빠르게 지나가는 것 같고, 반대로 지루한 일들은 이름처럼 지루하게 오래오래 천천히 진행된다. 반대라면 훨씬 더 좋지 않을까? 어떻게 보면 반대이기도 한데, 지나고 나서 돌이켜보면 그렇게 느껴질 때가 많다. 이것을 '시간의 역설'이라고 한다. 병원 대기시간은 한없이 길게 느껴지지만, 나중에 돌아보면 짧은 시간이었다. 휴가를 즐기는 동안에는 시간이 쏜살같이 지났지만, 추억 속에서는 영원히 길게 남는다. 코로나와 보낸 2020년 한 해가 내게는 86개월 또는 그 이상처럼 길게 느껴졌었다. 이런 시간 지각은 당연히 각각이 처한 상황에 좌우된다. 많은 사람이 팬데믹을 아주 길게 느꼈지만, 돌이켜보면 아무 일도 일어나지 않았다. 어제가 오늘 같고 오늘이 내일 같은 비슷비슷한 날을 보냈고 특별한 경험이 거의 없었기 때문이다. 동시에 '코로나 이전' 시간이 아주아주 먼 옛날처럼 느껴진다.

우리의 시간은 크게 세 부분으로 나뉜다

롤러코스터가 일단 출발하면 우리는 그것을 중간에 멈출 수 없다. 시간에는 정지 버튼이 없기 때문이다. 시간은 가차 없이 계속 흐른다. 롤러코스터의 경로는 크게 과거, 현재, 미래, 세 구간으로 나뉜다. '과거'는 말 그대로 지나간 구간이다. 우리는 과거에 아무런 영향을 미치지 못한다. 그러나 과거를 새롭게 해석하고 평가할 수는 있다. 우리의 기억은 일종의 일지를 작성하는데, 이 일지에는 빈틈이 아주 많고 심지어 시간이 지남에 따라 수정되기도 한다. 오늘 우리의 삶은 지금 이 순간까지의 소망과 계획, 경험과 결정, 생각과 행동의 총합이다. 그러나 우리가 아주 구체적이고 의식적으로 인지하는 것은 언제나 오로지 '현재', 지금 이 순간이다. 우리는 오로지 지금 행동할 수 있다. 6장에서 보게 되듯이, 우리의 삶은 지금 여기에 있다. 그래서 우리는 미래를 모르는 이른바 '미래 바보'이기도 하다.[4] 우리는 미래를 알 수 없지만, 오늘 우리가 생각하고 행동하는 것이 우리의 미래를 결정할 것이다. 우리는 오늘의 생각과 행동으로 내일에 영향을 미친다. 그러므로 작가 페로 미킥(Pero Mićić)이 썼듯이, 주의하지 않으면 우리는 매일 미래를 망칠 수 있다.

잠자는 시간 8시간을 빼면, 하루는 깨어 있는 16시간, 즉 960분이다. 알람이 울리자마자 곧바로 일어나지 못하는 사람이라면 하루가 조금 더 짧을 것이다. 1000분이 살짝 안 되는 이 시간에 우리는 활동하고, 하고자 하는 일을 할 수 있다. 약 1000분이면 꽤 긴 시간처럼 보이지만, 그렇게 느껴지지 않을 때가 더 많은 것 같다. 우리는 돈을 벌기 위해 일해야 하고, 친구나 가족과 시간을 보내야 하며, 가사노동도 만만치 않다. 어떨 땐 시간이 '우리를' 가지고 노는 것처럼 느껴진다. 불행히도 실제로 우리는 롤러코스터와 미래를 통제할 수 없다. 우리가 영향을 미칠 수 없는 것들이 너무 많다. 그러나 다행히도 우리는 미래에 어떤 사람이 될지 매일 결정할 수 있다.

이때 우리의 출발 조건은 매우 다를 뿐 아니라, 부분적으로는 애석하게도 불공평하다. 그렇더라도 주어진 시간으로 무엇을 할지, 롤러코스터 경로를 어떻게 구성할지, 미래를 얼마나 멀리까지 내다볼지, 무엇을 위해 싸울 준비가 되었는지, 수직 루프를 단행할지 말지 등을 결정하는 사람은 오직 오늘 여기에 있는 우리 자신뿐이다. 싸운다는 표현이 다소 거칠게 들리겠지만, 인생이 실제로 그렇다. 언제 어디서나 싸울 대상이 등장한다. 직장에서, 관계에서, 목표를 향해 달릴 때, 더 큰 행복과 기회를 추구할 때, 세상을 구원할 때도.[5] 당신의 롤러코스터는 어디를 향해 달려야 하고, 외적 상황에 너무 빨리 선로에서 이탈하지 않게 하려면 무엇을 해야 할까? 다시 말해, 무엇을 위해 당신의 시간을 쓸 것인가? 이것이 결정적 질문이고, 당신 스스로 답해야 한다.

이 질문에 답하려면, 당신의 우선순위와 능력을 먼저 알아야 하고, 당신이 진짜 좋아하는 일에 몰두하기 위해 무엇을 더 배워야 하는지 알아야 한다. 당신이 좋아하는 일이 무엇이고 어떤 문제가 해결되어야 하는지 곰곰이 생각할 필요가 있다. 예를 들어, 책을 출간하는 일은 나를 아주 행복하게 하지만 동시에 믿기지 않을 만큼 많은 문제를 가져온다. 힘겨운 자료조사 작업, 실패의 두려움, 넘치는 내용 줄이기 등등. 그것은 종종 진짜 싸움이고, 그만두고 싶은 마음이 생기기도 한다. 그러나 나는 모든 일을 끝까지 꼼꼼히 끝내는 것을 훨씬 더 사랑한다. 그리고 모든 일을 해낸 후 잠깐 쉴 때의 그 기분을 가장 사랑한다. 크고 작은 성공 뒤에 누릴 수 있는 휴식이 가장 멋진 일이라 생각하기 때문이다.

누구든지 마지막에 다음과 같이 말할 수 있기를 바랄 것이다. "나는 내 시간을 아주 잘 보냈다. 나는 시간을 헛되이 흘려보내지 않았다. 적어도 대부분은." 많은 것이 당신의 손에 달렸다. 당신의 뇌와 행동을 잘 이해할수록, 당신에게 주어진 시간을 더 의식적이고 더 여유롭고 더 만족스럽게 쓸 수 있고, 지금 여기에 집중하며 살고, 롤러코스터의 속도와 경로를 당신에게 가장 유익하게 조정할 수 있고, 심지어 미래를 더 선명하게 내다볼 수 있다. 그러나 롤러코스터의 경로를 자세히 살피기 전에, 잠깐 우회하여 시간을 보는 여러 관점을 알아보자.

오랜 현상과 미스터리

시간은 한편으로 너무 당연해서 우리는 그것에 대해 거의 생각하지 않는다. 그러나 다른 한편으로 우리는 시간이 너무 부족하다는 불평을 입에 달고 산다. 인간의 뇌는 아주 복잡한 시스템이고, 시간은 가장 복잡한 현상이다. 시간을 보는 관점이 너무 다양하고 많아서 책 한 권에 다 담을 수 없다. 그래서 나는 몇 가지 중요한 지점만이라도 살펴서, 시간의 비밀을 푸는 약간의 단서라도 얻고자 한다.

우주는 약 128억 살이고, 지구는 40억 살이 살짝 안 된다. 말하자면 지구는 아주 오래전에 탄생했지만, 우주와 비교하면 갓난아기나 마찬가지다. 이 기간의 비교를 쉽게 이해할 수 있도록, 천체물리학자 칼 세이건(Carl Sagan)은 '우주 달력'을 만들었다.[6] 우주가 탄생한 지 1년이 되었고, 오늘이 이듬해 첫 1초라고 가정해보자. 그러면 최초의 별과 은하는 1월에 탄생했고, 우리의 태양계는 9월 9일에 태어났으며, 그로부터 5일 뒤에 지구가 우주에 등장했다. 크리스마스쯤에 귀여운 공룡들이 세상의 빛을 봤고, 최초 영장류가 12월 29일에 나타났으며, 12월 31일 밤 10시 30분쯤에 최초의 인간이 지구를 거닐었다. 그다음 인간이 (바라건대) 실수로 매머드를 멸종시켰다. 아리스토텔레스는 약 5초

전에 고대 그리스에서 시간에 대해 사색했고, 아인슈타인은 약 0.2초 전에 상대성이론을 발견했다.[7]

지구가 태양 주위를 회전하는 공전과 자신을 축으로 회전하는 자전의 주기가 우리의 행성을 지배한다. 회전 주기가 계절과 밤낮의 리듬을 정한다. 그러나 우리의 시간 리듬을 정하는 것은 우리가 발명한 시계이다. 시계가 특정 방식으로 우리의 생체리듬을 바꿔놓았다. 해가 뜨거나 충분히 잔 뒤에 깨는 것이 아니라, 알람이 울리면 일어난다. 시계의 시간은 무엇보다 사회적 약속이다. 그리고 그것 덕분에 우리의 현실이 질서 정연할 수 있다. 시간이라는 복잡한 현상 뒤에는 시각, 계절, 달력, 개점 시간, 운행표, 시간 압박, 일정 스트레스 같은 수많은 인위적 개념들 그 이상이 담겨있다. 그것이 과연 무엇일까?

우리의 일상에는 인지 가능한 시간이 대략 세 가지이다. 1) 밤과 낮의 순환, 계절이나 자연의 변화 같은 '객관적·물리적 시간' 2) 시계, 달력, 운행표처럼 사회적 약속으로 정한 '문화적·사회적 시간' 3) 사람마다 다르게 경험하는 '고유한 주관적 시간'.[8] 이 밖에도 학술적으로 토론되는 전혀 다른 시간이 더 있다. 역사학자들은 예를 들어 콜럼버스 이전의 북아메리카 역사와 같은 '역사적 시간'에 대해 말한다. 물리학에서 시간은 가변적이다. 천체물리학자 하랄트 레쉬(Harald Lesch)가 말했듯이, 시간의 가변성이라는 심오한 지식 덕분에 "물리학이 세계 관찰에 기여할 수 있다."[9] 그러나 우리가 곧 보게 되듯이, 물리학자들도 서로 다르게 시간을 본다.

매혹적이나 덧없다 — 시간의 본질

아우구스티누스가 이미 4세기에 이렇게 썼다. "시간이란 무엇인가? 아무도 그것에 대해 나에게 묻지 않으면, 나는 그것이 무엇인지 안다. 그러나 누군가 질문하여 그것을 설명해야 한다면, 나는 그것이 무엇인지 모른다."[10] 상당히 정확한 설명이다. 우리는 당연히 시간이 무엇인지 직관적으로 안다. 그러나 시간을 조금만 더 자세히 관찰하면, 아주 복잡해진다.

시간을 보는 관점이 수없이 다양한데도, 언뜻 보기에 시간을 정의하기는 아주 쉬울 것 같다. 백과사전은 시간을 다음과 같이 정의한다. "시간: 인간의 의식에서 다르게 경험되는 현재의 과정; 사물의 생성과 소멸 과정에서 과거와 현재와 미래로 경험되는, 되돌릴 수 없고 반복할 수 없는 사건의 순서."[11] 말하자면 시간은 명확하고 되돌릴 수 없는 순서를 가진 사건의 연속이다. 여기까지는 그럭저럭 이해할 만하다. 화살로 상징되는 '직선적 시간'이 적합해 보이고, 되돌릴 수 없다는 특징도 명확해 보인다. 유리잔이 떨어져 수천 개 파편으로 흩어지면, 다시는 되돌릴 수 없다. 적어도 영화 말고는 그런 일이 관찰된 적이 없다. 열역학 제2 법칙에도 잘 맞는다. 열은 언제나 따뜻한 곳에서 찬 곳으로 흐른다. 절대 반대로 흐르지 않는다. 그래서 커피는 자신의 열기를 공간에 내어주고 차갑게 식을 수밖에 없다. 열역학 제2 법칙은 시간의 진행 방향을 '엔트로피의 증가'로 정의하는데, 모든 것은 시간이 흐를수록 점점 더 뒤죽박죽으로 변한다는 뜻이다.[12] 아이들의 방에서, 다락방에서 또는 부엌에서 그것을 확인할 수 있다. 정리 없이 시간이 흐르면, 점점 카오스가 된다.

　모두 훌륭하고 사실적인 시간 정의이다. 그러나 여전히 의문이 남는다. 인간은 어떤 관점에서 시간을 보고, 어떤 개념을 기반으로 할까? 무엇이 진짜 유일한 시간 정의일까? 시간은 아주 매혹적이다. 첫눈에 아주 쉽게 이해되는 것 같지만, 더 상세히 알고자 하면, 재빠른 물고기처럼 달아나버린다. 그리고 물이 물고기를 둘러싸고 있는 것처럼, 시간이 우리를 둘러싸고 있다. 직접 감지되지는 않지만, 시간은 언제나 존재한다. 그리고 존재하는 것으로 끝나지 않는다!

이제부터 흥미로워진다! 시간과 상대성

　안전띠를 단단히 조여라. 우리는 이제 알려진 지 얼마 안 되는 '시간의 상대성'으로 갈 것이다. 17세기에 고전 역학의 기반인 중력의 법칙을 세운 뉴턴에게 시간은 아직 확정성, 항상성, 불변성을 나타냈다.[13] 그에게는 우주 어디에서나 똑같은 '보편적 시간'만이 있었다. 20세기에 아인슈타인이 뉴턴의 그림을 헝클어놓았다. "과거, 현재, 미래의 차이는 과학자들의 판타지에 불과하다. 아주 굳건한 판타지."[14] 아인슈타인의 특수 상대성이론과 일반 상대성이론으로 시간은 절대성을 잃었다. 보편적 동시성 또는 명확한 현재는 더는 존재하지 않았다.

　두 상대성이론에 따르면, 시간은 '속도', 더 정확히 말해 물체의 운동 상태 그리고 '중력'에 의해 바뀐다. 일반 상대성이론은 '중력'에, 특수 상대성이론은 '속도'에 중점을 둔다. 우리를 지나쳐 도로 위를 달리는 화물트럭은 화물의 질량과 우리가 움직이는 속도에 따라 시간이 달라진다. 전혀 논리적이지 않지만, 아무튼 시간은 기차역에서보다 달리는 기차에서 더 느리게 간다. 당연히 상대적으로 그렇다는 얘기다! 기차에서 승객들은 평소처럼 시간을 경험한다(이것에 대해서는 12장에서 상세히 다루기로 하자). 이제 잠깐 중력을 보자. 시간이 고도에 따라 다르게 흐른다는 것을 알고 있었나? 휴양지 호텔 테라스에서 와인잔을 들고 느긋하게 바다의 파도와 해변의 조약돌을 내려다본다고 상상해 보자. 그러면 당신이 서 있는 테라스보다 해변의 시간이 아아아아아아아주 조금 더 느리게 간다. 20미터 아래면 대략 1/1000000000000의 1/4초만큼 느리게 간다.[15] 당신의 귀 높이에 있는 시계가 당신의 발 높이에 있는 시계보다 아아아아아아아아주 조금 더 빨리 간다. 낮은 곳일수록 지구와 가깝기 때문이다. 놀랍지 않은가? 당연히 그 차이는 아아아아아아주 특별한 시계만이 측정할 수 있다.

더 놀라운 사실: 시계는 시간을 재지 않는다

이제 더 복잡해진다! 시곗바늘이 가리키는 숫자 또는 디지털 시계 화면에 뜨는 숫자들은 시간을 그대로 반영하지 않는다. 그것은 특정 리듬을 따르는 인지 가능한 움직임, 그러니까 '현실의 진행 과정'만을 보여준다. 시계는 일반적으로 주기적 과정을 측정한다. 이를테면 해시계는 해의 위치를, 물시계는 흐르는 물의 양을 측정한다. 또는 수정의 진동수를 전달한다. 스톱워치는 언제나 측정 순간까지 흐른 시간만큼만 측정한다. 사회학자 게오르크 지멜(Georg Simmel)은 "시계가 세계를 거대한 산수 문제로 이해한다"고 말했다.[16] 오렌지 그림과 진짜 오렌지가 다른 것만큼, 시계가 보여주는 시간과 진짜 시간은 다르다.

그럼에도 아인슈타인은 시계가 보여주는 것을 시간으로 보았고, 시간과 공간을 영원히 뗄 수 없는 '4차원'으로 결합했다. 4차원 시공간은 절대적이지 않고 심지어 휘어져 있다. 상대성이론에 따르면, 언제 어디서나 유효한 보편적 시간은 없다. 시간은 우리가 어디에 있고, 우리 주변에 무엇이 있고, 우리가 얼마나 빨리 움직이느냐에 따라 달라지기 때문이다. 그래서 모든 현상과 모든 시계에는 고유한 시간이 있다.[17] 물리학자 존 아치볼드 휠러(John Archibald Wheeler)는 화장실 벽에서 읽은 내용을 시간의 정의로 받아들였다. "시간은 모든 일이 한 번에 일어나지 않게 막으려는 자연의 전략이다."[18] 나 역시 이 정의가 맘에 든다.

이제 시간 케이크에 체리 하나를 더 올려보자. 양자이론에서 나온 또 다른 관점을 살펴볼 차례다. 원자와 아원자 차원의 소우주로 가보자. 그곳에서 시간은 거의 아무런 역할도 하지 않고, 그저 관찰변수로 같이 흐를 뿐이다. 또한, 부분적으로 우연과 확률 법칙이 지배한다. 그렇게 작고 제한된 공간에서는 원하는 속도로 맘껏 확산할 수 없고, 아주 특정한 속도만 허용된다. 그럼에도 여기에는 '플랑크-시간'이라는 최소 시간이 존재한다. 정신 바짝 차려라. 이제 더 해괴해진다. 양자 차원에서는 시간이 심지어 뒤로 흐를 수 있다고 한다![19]

상대성이론뿐 아니라 양자이론도 매우 잘 입증된 과학이론이다. 그러나 두 개념을 서로 연결하는 데는 아직 성공하지 못했다. 시간은 여전히 이론의 맥락에 좌우된다. 이런 모든 개념 정의는 언뜻 보기에 우리의 일상에 아무런 역할도 하지 않는 것 같지만, 예를 들어 상대성이론을 모르면 우리의 내비게이션은 진짜 목적지에서 약 10킬로미터 벗어난 곳으로 우리를 데려갈 것이다.[20] 우리 역시 시간을 상대적으로 경험한다. 시간은 어떨 땐 천천히, 어떨 땐 빨리 흐르고, 무엇보다 우리가 어디에 있고 어떻게 느끼느냐에 따라 달라진다. 어떻게 된 일일까? 뇌를 살펴볼 시간이 되었다!

시간은 뇌가 만들어낸 판타지이다

우리의 뇌는 직접 보지도 못하고 듣지도 못하고 냄새도 못 맡고 맛도 못 보고 느끼지도 못하지만, 뇌 안에서 뭔가 대단한 일이 벌어진다. 우리의 눈, 귀, 코, 입, 피부가 각자 수집한 정보를 뇌의 언어로 번역하여 보고한다. 예를 들어 눈은 빛의 전자파를, 귀는 음파를 뇌의 언어인 전기 자극으로 바꾼다.[21] 서로 소통하고 협의하며 세계를 지각하는 약 860억 개 뇌세포에서 순식간에 활성 패턴이 생긴다. 그러나 시간은 다르다. 우리에게는 시간을 감지하는 감각기관이 없다. 우리는 '시간 감각'을 갖고 태어나지 않는다. 오늘날 뇌과학자들이 알아낸 것처럼, 시간 현상은 뇌가 만들어낸 구조이고, 그것이 삶에 질서를 부여한다. 우리는 감각기관이 수집한 정보들을 통해 시간이 지났음을 인지한다. 그래서 사건들의 시간 순서를 설정할 수 있다. 뇌과학자 헤닝 벡

(Henning Beck)이 《틀려도 좋다(Irren ist nützlich)》에 썼듯이, 우리의 뇌는 사건이 벌어진 뒤에 감각 정보와 일치하도록 시간을 편집한다.[22] 말하자면, 우리가 현실이라고 부르고 경험하는 것은 영화이고, 이 영화의 감독이 우리의 뇌다.

신생아 때 벌써 기초적인 시간 및 리듬 감각이 생기고, 생후 1개월이면 여러 번 들었던 소리를 알아차릴 수 있다. 아기들은 생후 첫 달부터 '지금'과 '지금이 아닌 때'를 구분하기 시작한다. 아기들은 매일 많은 것을 배우지만, 대개 네 살이 되어야 비로소 '이전'과 '이후'의 개념을 이해한다.[23] 뇌는 아주 서서히 수많은 감각 정보들의 혼돈에서, 사람마다 조금씩 다르게 지각되는 세상의 모습을 그려 나간다.

우리는 시간을 직접 편집하지만 신뢰할 만하게 측정하지는 못하기 때문에, 종종 과거를 잘못 추측한다. 다시 말해 시간적으로 왜곡된 기억 때문에, '계획의 오류'가 발생한다. 이것이 바로 시간의 역설이다. 특정 과제를 끝내는 데 시간이 얼마나 걸렸는지를 돌이켜 생각하면, 우리는 대개 이 시간을 너무 적게 가늠하여 다음 계획을 세울 때 시간을 너무 빠듯하게 잡는다. 예를 들어, 새로운 집필 계획을 세울 때 나는 전작을 한 달 안에 썼다고 생각한다. 물론, 그것은 사실과 전혀 다르다. 그러나 글을 쓰며 보낸 수많은 나날이 거의 똑같았기 때문에, 그 기간이 기억 속에서 아주 짧게 느껴진다. 어떤 과제에서는 반대로 사실보다 더 많은 시간이 걸렸다고 생각하여 다음 계획을 짤 때 (최소한!) 몇 시간을 더 잡아야 한다고 여긴다. 그러나 막상 그 일에 집중하면 아주 금세 끝난다. 내 경우 예를 들어 세금신고가 그렇다.

우리의 뇌는 자신의 시간을 자체적으로 조립한다. 그 덕분에 우리는 우리의 시간 지각에 영향을 미칠 수 있다. 그리고 살아 있는 한 우리는 그 영향력을 행사해야 한다!

우리의 시간은 유한하다 ― 롤러코스터의 종착지

우리는 초속 30킬로미터 속도로 태양 주위를 도는 행성에 있고, 이 행성이 있는 우주는 점점 빠르게 팽창한다. 당신의 조상 가운데 단 한 명이라도 자식 없이 죽었더라면, 당신은 지금 이 책을 읽을 수 없다.[24] 작가 알리 비나지르(Ali Binazir)는 당신, 당신의 부모, 우리 각각의 개인이 하필이면 바로 오늘 이 세계에 살고 있을 확률이 얼마나 될지 계산했다.[25] 그 확률은 10의 2685000 제곱분의 1이다. $1/10^{2685000}$. 이 어마어마한 숫자를 이해하는 데 도움이 될까 싶어 말하면, 우주 전체에 존재하는 원자의 개수가 '겨우' 10의 89제곱 개이다. 10^{89}.

우리가 존재하는 것은 어마어마한 기적이자 막대한 우연이라 할 수 있다. 그러므로 우리는 주어진 시간에, 롤러코스터의 단 한 번뿐인 주행에서 뭔가를 이루어야 한다. 인생은 애석하게도 너무 빨리 지나갈 수 있기 때문이다.

실리콘 밸리에서 똑똑한 과학기술자들이 영원한 삶과 불멸을 꿈꾸며 현실뿐 아니라 디지털에서도 그것을 실현하기 위해 애쓰지만(이에 대해서는 12장에서 자세히 다룰 것이다), 현재 한 인간의 인생은 대략 80년이다. 이것은 나 같은 유럽인의 평균 기대수명인데, 아무튼 200년 전보다 두 배나 길다. 그러니까 우리에게는 약 4200주 또는 약 29200일이 있다. 와우. 너무 짧은 것 같으면서 동시에 믿기 어려울 정도로 긴 시간이다!

시간 실험

당신의 미래는 얼마나 남았나?

> 이 실험은 데스클락만큼 아주 충격적이지는 않지만, 그래도 불편한 마음이 약간 드는 건 사실이다. 그럼에도 해 볼 만한 가치가 있다. 분명 당신의 눈을 열어줄 것이다.
>
> 1세부터 100세까지로 인생을 측정한다면, 당신의 인생에서 이미 지나간 기간을 잘라내라. 그다지 낙관적인 사람이 아니라 100세까지 살 것 같지 않다면, 끝의 100세 부분을 약간 잘라내도 된다. 그러나 굳이 그럴 필요가 있을까? 미래에 의술이 얼마나 발달하고 어떤 놀라운 일이 가능할지 누가 알겠는가!
>
> 당신에게 남은 기간을 보라. 이미 여러 해가 잘려 나간 상태라 할지라도, 앞으로 당신을 위해 의미 있게 쓸 수 있는 시간이 아직 많이 남아 있다.

아직 젊다면, 대개는 세월과 유한한 삶에 대해 깊이 생각하지 않는다. 롤러코스터의 종착지가 아직 흐릿한 지평선처럼 아주 멀리 있기 때문이다. 죽음을 생각하면, 좋게 말해서 기분만 불쾌해지므로 우리의 정신은 언젠가 닥칠 종말을 최대한 흐릿하게 지우는 기발한 속임수를 고안했다. 그러나 그것은 우리에게 유익한 일이 결코 아니다. 오히려 죽음과 종말을 깊이 생각하면, 우리는 더 중요한 것을 발견하고 더 이타적으로 행동하며 자기 자신뿐 아니라 다음 세대의 미래에도 더 많이 주의를 기울이게

된다.[26]

인생에서 정말로 중요한 게 뭘까? 그것을 알아내는 가장 현명한 방법은 인생에서 이미 많은 경험을 쌓은 사람에게 직접 물어보는 것이리라. 호스피스 간호사 브로니 웨어(Bronnie Ware)는 《내가 원하는 삶을 살았더라면: 죽을 때 가장 후회하는 5가지 (The Top Five Regrets of the Dying)》에서, 사람들이 죽기 직전에 인생을 돌아보며 무슨 생각을 하는지 추적했다. 다음의 소망들이 가장 자주 언급되었다. 다른 사람의 기대를 채우려 애쓰기보다 나 자신에게 충실하기, 일 줄이기, 솔직하게 감정 표현하기, 기쁨을 더 많이 누리기, 친구들과 자주 연락하기.[27] 의미 있는 소망처럼 보이고, 충분히 실천할 수 있을 것 같다. 그렇지 않은가?

의미 있는 일을 찾아서

걸핏하면 시간이 부족하다고 불평하면서도, 막상 어쩌다 시간이 많이 남으면 우리는 그 시간과 단둘이 있는 걸 아주 힘들어하는 것 같다. 한 연구의 놀라운 결과가 그것을 보여준다. 휴대전화나 잡지 같은 소일거리 없이 전기충격기만 있는 공간에서 15분을 보내게 하자, 여성 25퍼센트와 남성 70퍼센트(!)가 자신과 생각에 몰두하기보다 차라리 전기충격기로 자신을 아프게 했다. 더욱 놀랍게도 이들은 모두 그 전에 전기충격기를 체험해보았고, 이 통증을 피할 수 있다면 돈도 낼 수 있다고 응답했었다![28]

오늘날 우리는 매 순간 한눈을 팔 수 있고, 그래서 우리에게 정말로 유익하고 중요한 것을 잊을 위험이 있다. 그러므로 한 번쯤 시간에 대해 편견 없이 생각해볼 필요가 있다.

당신은 무엇에 시간을 쓰는가?

백지를 준비하여 세 칸으로 나눠라.

첫 번째 칸에 당신이 지금 하는 활동이나 일들을 모두 적어라. 두 번째 칸에 당신이 지금 원래 해야 하는 활동이나 일들을 적어라. 그다음, 시간을 맘대로 쓸 수 있다면 무엇을 하고 싶은지 곰곰이 생각해보라. 직장 업무든 개인 생활이든, 떠오르는 모든 것을 세 번째 칸에 적어라.[29]

지금 하는 일	지금 원래 해야 하는 일	기꺼이 하고 싶은 일
독서	운동	남아메리카 여행하기
온라인쇼핑	가스 이전 신청	합창단 활동
청소	다리미 수리 맡기기	보드게임

작성한 목록을 잘 보관해둬라. 마지막 12장에서 이 목록을 다시 꺼내보게 될 것이다.

나는 예언가가 아니지만, 자신 있게 예측하건대, 당신의 첫 번째와 두 번째 칸에는 분명 다른 내용이 적혔을 테고, 세 번째 칸에는 예를 들어 식당 창업, 가수 데뷔, 호주에서 야생 코알라 돌보기 같은, 현재 이룰 수 없어 보이는 소망들도 적혔을 것이다. 그리고 새나 다람쥐 관찰하기 같은 몇몇 소망은 지금 당장 이룰 수 있음에도 그것을 위해 시간을 내지 않았으리라.

인간은 컴퓨터도 기계도 아니다. 얼마나 다행인가! 그러나 그래서 우리는 종종 한눈을 팔고, 근심하고, 불안해하고, 하루 계획과 장기 계획을 그대로 실천하기가 매우 어렵다. 게다가 투 두리스트(To-do-List)가 감탄도 책임감도 불러일으키지 않으면, 계획대로 실현되기는 거의 불가능하다.

우리가 기꺼이 시간을 쓰고 싶은 소망들은 때때로 아주 멀리 있고 심지어 도달할 수 없어 보이지만, 미래의 내가 어떤 사람이고 무엇을 할지 결정할 사람은 오로지 현재의 나뿐이다. 미래는 바로 모든 '오늘'에 결정된다.

그런데 시간은 도대체 어떻게 머리에서 발생할까? 그것을 알아보기 위해 잠시 시간을 거꾸로 돌려 2019년 코로나 시기로 가보자.

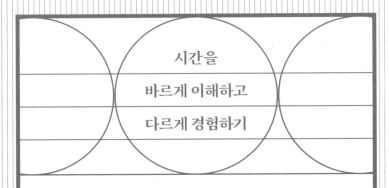

시간을
바르게 이해하고
다르게 경험하기

- 인생은 롤러코스터와 같다. 정신없이 높이 솟았다가 이내 곤
  두박질치며 하강한다.

- 시간은 상대적이다. 시간은 각 개인의 머리에서 저마다 다르
  게 구성된다.

- 우리가 지구에 존재하는 것은 대단한 우연이자 막대한 기회
  이다. 잠에서 깨자마자 살아 있음이 얼마나 큰 행운인지 깊이
  감사하고, 멋진 하루를 낙관하며 확신하라!

- 인생에 관한 중요한 질문을 던져라. 나 자신에게 충실하려면
  어떻게 해야 할까? 어떻게 하면 다른 사람의 기대에 휘둘리
  지 않고 살 수 있을까? 과연 일을 줄일 수 있을까? 어디서 어
  떻게 다른 사람에게 피해를 주지 않으면서 내 감정을 솔직하
  게 표현할 수 있을까? 나를 정말로 기쁘게 하는 것은 무엇인
  가? 친구들과 나의 관계는 어떤가?

모두
판타지

2장

뇌의 시간 지각

"미래를 생각하지 않는 사람은
곧 자신의 오늘을 걱정해야 할 것이다."

공자

시간의 흐름 속에서

나는 크로아티아 휴양지에 있다. 아침에는 바닷가 테라스에서 망원경으로 돌고래를 관찰했고, 이제 저녁이 되어 다시 그 테라스에 앉아 하루 동안 의식적으로 경험한 순간들의 메모를 읽어본다. 고맙게도 친구들이 식사 준비를 맡아준 덕에 나는 여유롭게 노을을 감상할 수 있다. 지구의 자전으로 태양이 수평선 아래로 가라앉는 순간, 나는 시간의 흐름을 눈으로 확인하는 경험을 한다. 붉은 태양이 빨갛게 이글거리던 그곳에 이제 압도적으로 아름다운 붉은 하늘만 남았다.

선글라스를 꼈음에도 눈이 부셨다. 그렇게 강렬한 빛과 싸우면서 오래도록 나는 일몰을 지켜보았고, 배에서 꼬르륵 소리가 났다. 햇빛에 살짝 그을린 코로 썬크림 냄새가 옅게 느껴졌다. 나는 온전히 지금 여기에 있다. 그때 휴대전화가 지이이잉 진동한다. 원래 휴가 중에는 이메일을 열어보지 않기로 했지만, 나도 모르게 전화기를 들어 이메일을 읽고, 소셜미디어의 폭풍 속으로 빨려 들어간다. 나는 지금 여기에 없다.

"크리스티아네~ 얼른 와!" 친구가 부르는 소리에 정신을 차리고 주위를 본다. 벌써 어두컴컴해졌다. 나는 잠시 어리둥절하다. 무한한 디지털 세상에서 길을 잃고 여기저기 헤매며 아무것도 의식하지 못했던 것 같다. 그러나 이제 다시 나의 의식은 '지금 여기에' 있고, 노을보다 음식을 더 원한다.

우리 안에 있는 수많은 시계

우리의 뇌는 특히 시간과 관련하여 놀라운 일을 해낸다. 우리는 '사건의 기간'뿐 아니라, '순서'도 가늠할 수 있다. 그러니까 우리는 무엇이 과거에 벌어졌고 현재 벌어지고 있으며 앞으로 벌어질지 안다. 우리는 경험을 시간 순서로 정렬할 수 있다. 우리에게는 '지금'을 감지하는 감각이 있고, 오늘이 무슨 요일인지 또는 지금 몇 시인지 안다. 이런 능력을 심리학에서는 '시간적 방향감각'이라고 부른다. 주말이 시간적 방향감각의 기준점이기 때문에 주말이 가까울수록 시간 가늠이 더 정확해진다.[1]

그러나 개인의 시간 지각은 규칙적으로 똑딱똑딱 바늘이 돌아가는 시계와 전혀 무관하다. 우리의 뇌가 고유하고 개별적인 시간을 만들어낸다. 우리에게는 이렇듯 주관적으로 지각되는 '고유 시간' 또는 머리에서 생기기 때문에 '마인드 타임'이라 불리기도 하는 시간뿐 아니라, '내적 생체 시계'도 있다. 이 시계가 모든 신체기능을 조종하고, 밤낮의 리듬도 담당한다. 언제 우리가 잠에서 깨고, 언제 졸리고, 언제 배가 고픈지를 이 시계가 결정한다. 그뿐 아니라 이 시계는 호르몬 분비, 물질대사, 체온도 관리한다. 체온은 저녁 6시쯤에 가장 높고, 이때가 일반적으로 몸을 활기차게 움직이기 좋은 시각이다. 생체 시계가 뇌의 어느 부위에서 동기화되는지도 밝혀졌다. 바로 '시교차 상핵'이다. 시교차 상핵은 쌀알 크기의 신경세포 뭉치로, 눈 뒤에 있다. 더 정확히 말하면, 좌우 시신경이 교차하는 자리에 있다.

우리는 하루 동안 생체 시계의 변화에 영향을 받고, 그래서 반응시간, 암산 능력, 여러 인지 능력, 창의력, 감정 표출이 이 시계에 좌우된다.[2] 우리는 하루에 대략 두 번씩 고능률 구간에 있다. 대개 오전 10시부터 1차 고능률 구간이 시작되어, 점심 식사 직후에 저능률 구간을 지나, 오후 3시쯤 에너지 수준이 다시 상승하여 2차 고능률 구간에 이른다. 그러므로 자연적 신체 리듬에 온전히 순응하는 것이 좋다. 강한 집중력을 두 시간 이상 휴식 없이 유지하기 어렵다는 것을 우리는 경험으로 안다. 이런 하루 리듬을 라틴어로 'Circadian rhythm'이라고 하는데, 'circa'는 '대략'이라는 뜻이고 'dian'은 '하루'라는 뜻이다. 말하자면 이런 '대략 하루의 리듬'은 사람마다 조금씩 다르다. 자신의 하루 리듬을 잘 알면, 그날과 그날의 과제를 더 쉽게 처리할 수 있다.

시간 실험

당신 안에 있는 시계를 찾아보자.

앞으로 일주일 동안 당신의 고능률 구간과 저능률 구간을 찾는 데 주의를 기울여보라. 당신은 언제 특히 창의적으로 실력을 발휘하고, 언제 기운이 떨어지는가? 매일 같은 시간대에 그러한가? 무엇이 당신의 에너지 수준에 영향을 미치는가?

고능률 구간과 저능률 구간을 알아냈다면, 가능한 한 그 구간에 맞게 과제 수행을 조절할 수 있다. 복잡하거나 창의력이 요구되는 과제를 고능률 구간에 배치하라. 저능률 구간에도 잘 처리할 수 있는 과제는 무엇인지 곰곰이 생각해보라. 예를 들어 매일 반복되는 루틴이나 이메일 답장이 그런 과제에 속할 것이다.

그러나 '완벽하게' 하루를 계획하기 위해 과도하게 애쓰지 말라. 모든 중요한 과제를 반드시 고능률 구간에 처리하지 않아도 된다. 그보다는 짧은 휴식을 계획에 추가하는 것이 더 중요하다. 하루를 시작할 때부터, 휴식시간에 무엇을 하고 싶은지 깊이 생각하라. 상쾌한 아침 산책, 창문 활짝 열기, 음악 듣기, 심호흡하기, 그냥 아무것도 안 하기! 아무것도 안 하는 것역시 매우 중요한데, 우리의 뇌와 몸은 휴식이 필요하기 때문이다.

생체 시계는 우리의 몸을 매우 정밀하게 조종한다. 다만 우리의 생체 시계는 현재 시각을 정확히 말해주진 못한다. 그런데 생체 시계는 어떻게 흐를까?

시간 감각을 찾아서

생체 시계에 관한 기본지식은 무엇보다 지질학자 미셸 시프레(Michel Siffre) 덕분에 알려졌다. 그는 1962년에 알프스 협곡의 얼음동굴에서 두 달을 보냈다. 어둠과 지루함이 시간 감각에 미치는 영향을 직접 체험해보고자 했다.

깜깜한 동굴 안에서는 시계가 없으면 언제가 낮이고 언제가 밤인지 알 수 없었다. 그래서 그는 졸리면 자고, 배가 고프면 먹기로 했다. 그렇게 그는 자신의 생체 리듬을 따랐다. 그 결과 그는 인지하지 못한 채 대략 16시간을 깨어 있었고 거의 8시간을 잤으며 허기가 느껴질 때만 먹었다. 두 달 동안 그런 식으로 계속 반복되었다.[3] 처음에는 그 어느 때보다 잘 잤다고 기록했지만, 어두운 동굴은 불편했고 눅눅했으며 아주 외로웠던 탓에 육체적으로 심리적으로 금세 나빠졌다. 건전지를 아껴야 했으므로 대부분 불을 켜지 않고 깜깜한 채로 지냈다.[4] 얼마 후부터 청소나 정리에도 흥미를 잃었고, 시간이 흐를수록 자기 자신도 잃어갔다.

심심할 때를 대비해 레코드플레이어를 챙겨갔지만, 그가 사랑했던 클래식 음악조차 어둠 속에서 '혼돈의 소음'처럼 들렸고, 샹송들은 외로움을 더욱 키웠다. 그가 잡은 작은 거미만이 친구처럼 이따금 외로움을 달래주었다. 그는 일기장에 이렇게 썼다. "시간은 내게 아무 의미가 없다. 나는 시간에서 풀려나 시간 밖에 산다."[5]

두 달 뒤에 사람들이 그를 데리러 왔을 때, 이 지질학자는 깜짝 놀랐다. 두 달이 되려면 아직 25일이 더 남았다고 예상했기 때문이다! 시프레의 대략 하루 리듬은 24시간 31분 주기로 밝혀졌다. 그러나 그는 어둠만으로도 시간 감각을 완전히 잃었다.

벙커에서의 시간 경험

신경과학자 위르겐 아쇼프(Jürgen Aschoff)는 미셸 시프레와 거의 비슷한 시기에 비슷하지만 약간 더 안락한 실험을 했다. 그는 직접 피험자가 되어 실험하지 않고, 다른 사람들을 설득하여 창문이 없는 작은 벙커에서 의자, 침대, 책상, 그리고 직접 켜고 끌 수 있는 전등 하나만 가지고 여러 주 또는 여러 달을 살게 했다. 사회적 소통은 쪽지로만 가능했다.

피험자 모두에게 시간은 명확히 느리게 흘렀고, 여기서도 금세 자고 일어나는 규칙적 리듬이 생겼다. 평균적으로 대략 25시간 주기였다. 벙커가 아니면, 다양한 생체 시계는 햇빛을 통해 24시간 리듬에 동기화된다.[6] 그러므로 잠들기 전에 전자기기의 액정 불빛이 우리의 생체 시계에 혼란을 주지 않게 하는 것이 좋다. 액정 불빛은 블루라이트로, 수면 호르몬인 멜라토닌을 파괴한다.

이 실험에서 주목할 만한 것은, 많은 참가자가 이런 평온한 시간과 간소한 인테리어를 좋아했고 더 오래 머물고자 했다는 점이다. 벽에서 다음과 같은 글귀가 종종 발견되었다. "지금까지 무엇이 내 신경을 괴롭혔는지 이제 나는 마침내 안다. 그것은 바로 나 자신이었다."[7] 매우 유익한 깨달음으로, 생각해볼 만한 글귀이다. 그러나 지금은 시간 감각에 집중할 때이다.

체온 조절과 자고 일어나는 리듬처럼 보통 환경에서 매일 상호 조율되는 모든 신체기능이 주어진 벙커 상황에서는 특이하게도 각각 따로따로 분리되었다.[8] 그래서 위르겐 아쇼프 연구팀은 우리 안에 독립된 생체 시계가 여러 개 있다고 결론지었다. 신체의 각 세포와 기관에 고유한 시계가 내장되어 있고, 이 시계가 모여 생체 시계를 형성하고 햇빛에 의해 24시간으로 조정된다.[9] 그러므로 낮에 햇빛을 많이 쐬는 것이 아주 중요하다. 식물도 생체 시계를 가졌고 그래서 태양을 향해 잎을 펼친다. 그리고 고약하게도 완전히 어두운 공간에 식물을 두면, 하루 리듬에 맞춰 잎을 움직인다.

우리의 하루 리듬은, 이미 알고 있듯이, 시교차 상핵에서 조정된다. 그러나 우리의 개인적인 시간 감각이 생기는 장소는 그곳이 아니다. 주관적 시간 감각이 뇌 어디에서 어떻게 생기는지는 아직 과학적 합의를 이루지 못했다. 수많은 추측이 있을 뿐이다. 심리학자이자 신경과학자인 마크 비트만(Marc Wittmann)은 《느낌으로 아는 시간(Gefühlte Zeit)》에서, 주관적 시간이 내면세계와 강하게 연결되었다고 썼다. 그리고 그는 "신체 상태가 시간 의식을 만든다"고 확신한다.[10]

뇌에서 시간의 자리

시간을 지각하는 과정은 전체적으로 매우 탄력적인 것 같다. 예를 들어 시각적 사건보다 청각적 사건이 더 길게 느껴진다. 팟캐스트나 오디오북을 들을 때와 영화를 볼 때, 같은 시간을 듣고 보더라도, 들을 때 더 길게 느껴진다. 먼저 뇌 전체를 보고 그다음 시간 지각에 관여하는 뇌 영역을 살펴보기로 하자.

호두처럼 생긴 대뇌는 잘 알려진 것처럼 좌뇌와 우뇌, 두 개의 '반구'로 구성되었고, 두 반구는 '뇌들보'로 연결되어 있다. 대뇌보다 월등히 작은 소뇌는 매끄러운 동작을 담당하고, 미세조정 작업을 맡아 우리의 사고기관인 대뇌의 일을 많이 덜어준다. 소뇌는 밀리 초 단위로 모든 근육의 동작을 정확히 조합하고 조종하여, 예를 들어 조준한 곳으로 공 던지기, 춤추기, 부딪히지 않고 걷기 등 무수히 많은 동작 과정을 순식간에 서로 조율한다. 그러므로 과학자들은 소뇌 역시 시간 지각에 개입하고, 밀리 초를 감지하고 인지하는 데 관여한다고 확신한다.

우리가 몇 초 이내로 지각하는 모든 것에 '전전두엽'이 관여한다. 전전두엽은 대뇌의 앞부분, 즉 이마 쪽에 있다. 이 영역은 생각, 결정, 계획, 문제 해결 등을 담당하고, 이때 시간이 중요한 역할을 한다. 여기에 '작업기억'이 자리하고, 그래서 전전두엽은 정신적 메모장이라 할 수 있다. 현재 활동에 필요한 정보가 이곳에 있다. 예를 들어 인터넷뱅킹으로 송금할 때 OTP 번호를 입력하기 위해 숫자 여섯 개를 기억해야 한다면, 이것은 작업기억으로 몇 초 동안 전전두엽에 저장된다. 그리고 수많은 다른 정보들도 이곳에서 통합되고 새롭게 연결된다.

뇌의 중앙, 대뇌 깊은 곳에 자리한, 약간 미래지향적 헤드폰처럼 생긴 '기저핵'이, 몇 초 구간을 가늠하는 능력과 어느 정도 관련이 있을 거라는 추측이 2001년에 확증되었다.[11] 그때까지는

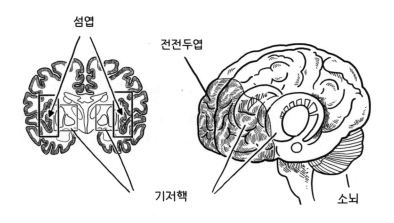

뇌의 시간 — 소뇌, 전전두엽, 섬엽, 기저핵

기저핵이 운전하기나 자리에서 일어서기 같은 몸에 밴 습관과 루틴(여기에도 적절한 타이밍이 필요하다) 같은 자동화된 과정을 담당한다고 추측됐었다. 기저핵은 '도파민' 분비를 통해 개별 근육을 일시적으로 '정지'시킬 수 있다. 예를 들어 자리에 앉으려면, 걷기에 참여했던 근육들이 정지해야 한다. 다시 자리에서 일어서고자 하면, 브레이크가 풀리고 우리는 우아하게 일어설 수 있다.

시간 지각 때 도파민이 중요한 역할을 맡는다. 예를 들어 ('스피드'라고도 불리는) 메스암페타민이 도파민 수치를 높인다. 그러면 내면의 시계가 더 빨리 가는 것처럼 느껴지고, 과거를 돌아볼 때 실제보다 더 긴 기간이었다고 느낀다. 도파민 수용체를 차단하는 약물은 반대 효과를 낸다.[12]

피험자가 뇌스캐너에 누워 시간을 가늠하는 과제를 풀 때 그들의 뇌를 관찰하면, 넓은 한 영역이 활성화된다. 바로 '섬엽'이다. 섬엽은 대뇌피질의 일부로, 신체 신호와 신체 변화를 감지하도록 돕는다.[13] 조용한 장소에 앉아 눈을 감고 오로지 자기 자신에 집중하면, 우리는 자신의 신체뿐 아니라 시간도 아주 의식적으로 감지한다. 그래서 명상 때 섬엽의 강한 활성이 관찰된다. 섬엽은 온기, 허기, 갈증, 통증 또는 힘든 활동 뒤에 생기는 신선한 공기 욕구에도 관여한다. 또한, 섬엽은 혐오감이나 반감 같은 직관적 감정도 관리하는데, 그것이 복잡한 감정의 기반인 '변연계'와 밀접하게 연결되었기 때문이고, 그래서 직관과 결단에도 관여한다.[14]

몇 초 동안 이어지는 음을 사람들에게 들려주면, 섬엽에서 유난히 강한 활성이 나타난다. 음을 들을 때뿐 아니라, 제시된 시간 동안 정확히 단추를 눌러 음을 재생해야 할 때도 피험자의 섬엽이 활성화된다. 음이 길수록 활성이 강하다. 그러므로 제시된 시간이 섬엽에 모사되었다고 볼 수 있다.[15]

과학은 당연히 뇌에서 시간 지각이 어떻게 생기는지를 파헤쳤다. 그것을 위해 대표적인 모델 두 가지를 살펴보자.

섬엽모델 — 뇌의 박자

널리 확산한 시간 지각 모델은 '타이머-계수기 모델'이다. 인지 연구자들이 추측하기로, 가상의 타이머가 특정 주파수로 충동이나 틱을 방출하고 가상의 계수기가 이것을 포착하여 저장한다. 이런 충동이 많이 포착될수록, 우리는 시간을 길게 느낀다. 다시 말해, 이런 이론상의 계수기가 특정 시간 이내에 충동을 많이 수집할수록, 우리는 시간이 느리게 흐른다고 느낀다. 반면 충동이 적어 박자가 느려지면, 주관적 시간은 더 빨리 흐를 것이다.[16]

신경생물학자 크레이그(A.D. Craig)에 따르면, 우리의 신체는 SNS의 끝날 줄 모르는 피드처럼 매 순간 자신의 상태를 알린다. 이런 실시간 업데이트, 즉 신체의 신호가 타이머이고, 섬엽이 이런 신호를 작업한다. 신체의 신호를 지각함으로써 시간의 흐름을 감지할 수 있다는 것이다. 말하자면, 외적 자극은 시간 지각에 아무런 책임이 없고, 오로지 신체감각만이 우리의 고유한 생체 시계를 만든다.[17] 섬엽모델을 창시한 시간연구자 마크 비트만의 말처럼, "자신의 몸을 적게 감지할수록, 시간이 빨리 흐른다."[18]

자기 자신을 감지하면, 시간도 감지한다. 휴가 때 내가 경험한 것처럼, 어떤 활동에 완전히 몰두하거나 인터넷에 정신이 팔리면, 시간 역시 녹아버린다. 그날 저녁 테라스에서 나는 인터넷에 정신이 팔렸고, 그래서 충동을 덜 지각했고, 시간은 나도 모르게 쏜살같이 흘러갔다. 지각된 충동의 수는 당연히 우리의 '주의력'을 통해서도 조종될 수 있다.[19] 주의산만으로 외부의 특정 대상에 한눈을 팔아 자기 자신에 주의를 기울이지 못하면, 계수기에 포착되는 충동이 줄어들어 우리는 이 기간을 더 짧게 느낀다. 반대로 우리가 일몰, 심장박동, 호흡 등에 의식적으로 집중하면, 시간이 훨씬 더 느리게 가는 것처럼 느껴진다. 자기 자신과 상황에 집중하여 더 많은 인상과 더 많은 충동을 지각했기 때문이다. 기다리는 시간이 종종 실제보다 더 길게 느껴지는 이유는, 한눈을 팔 대상 없이 그냥 자기 자신과 단둘이 남기 때문이다.

우리의 자연적인 박자 조절기인 호흡과 더불어 심장이 시간 지각에 결정적 역할을 하는 것 같다. 자신의 심장박동을 잘 감지하는 사람은 특정 시간 길이를 잘 가늠할 수 있다.[20]

시간 실험

가슴에 손을 얹고

| 당신의 심장은 하루 24시간 동안, 그러니까 8만 6000초 동안

대략 10만 번 뛴다. 몇 분 정도 심장에 집중하여 그것이 정말로 뛰는지 감지해보라. 왼쪽 가슴에 손을 올리고 느껴보라.

이 실험이 진행되는 동안, 시간이 분명 약간 더 느리게 느껴졌으리라. 당신 자신에게 주의를 기울이는 한, 시간은 느리게 간다. 호흡을 관찰할 때도 마찬가지다.

흥분되는 상황 또는 신체 활동을 할 때도 시간은 느리게 간다. '신체적 흥분 상태'가 시간 지각에 영향을 미치기 때문이다. 열이 오르면 시간이 느리게 느껴진다. 여기에 담긴 이론은 이렇다. 생리적 활동이 상승하면, 생체 시계가 더 빨리 가고, 시간이 팽창된 기분이 든다.[21] 신체와 뇌는 항상 아주 훌륭하게 협동한다. 이제 우리가 시간을 어떻게 의식하는지 설명해 줄 다른 모델을 살펴보자.

도파민 체계 — 뇌의 시간 측정소

심리학자이자 신경과학자인 워렌 메크(Warren Meck)가 인상적인 명제를 주장했다. 오케스트라를 닮은 일종의 '시간 측정소'가 뇌에 있다는 것이다. 어쩌면 그래서 어떤 사건이 평소보다 더 짧게 또는 더 길게 진행되면, 우리가 금세 그것을 알아차리는 것이리라.

뇌세포들은 전기 자극으로 정보를 전달하여 소통한다. 이때 뉴런이 발화하는 강도에 따라 리듬 또는 박자 같은 것이 생긴다. 그것은 최대 1초에 500회일 수 있다. 뉴런 그룹이 같은 박자로 규칙적으로 발화하면, 우리는 그것을 전자기 진동으로 관찰할 수 있다. 뇌는 언제나 거대한 음악축제 또는 대규모 콘서트처럼 수많은 여러 리듬으로 가득하다.[22]

메크 연구팀은 기저핵을 지휘자, 도파민을 지휘봉, 뉴런을 각자의 악기를 가진 연주자로 상상한다. 연주자들은 서로 화음을 맞추지 않고 다양한 음정을 계속 연주한다. 이때 커피 주문 같은 외적 자극이 생기면, 지휘자가 올라와 지휘봉을 올린다. 그러면 중뇌의 한 영역인 '흑색질'이 도파민을 방출하기 시작한다. 지휘자의 신호에 따라 콘서트가 시작되고, 연주자들(뉴런)이 지휘봉의 박자에 맞춰 각각의 음정으로 발화한다. 대뇌의 또 다른 영역으로 기저핵의 일부인 '선조체'가 다양한 뇌 영역에서 나오는 다양한 충동을 합치고 의식적 지각으로 전환하여 콘서트에 집중한다. 주문한 커피를 받아들면 지휘자는 지휘봉을 다시 내린다. 도파민 방출이 멈추고 콘서트가 끝난다.

메크의 가설은 이렇다. 선조체의 뉴런이 이런 방식으로 수백만에 이르는 다양한 박자와 주파수 패턴을 학습하여 이것을 특정 시간 길이에 할당할 수 있다.[23] 그렇게 언제든지 시간 척도를 찾아내 시간의 길이를 가늠하거나 심지어 측정할 수 있다. 그리고 어떤 사건이 기대했던 것보다 더 빨리 또는 더 오래 진행되면, 우리는 그 사실을 바로 알 수 있다.

시간 지각의 수수께끼

이 외에도 시간 지각의 모델은 많다. 예를 들어, 기억이 희미해지는 것 역시 시간의 지표일 수 있다. 시간의 길이를 가늠하는 것은 얼마나 많은 새로움과 다채로움을 기억하느냐에 좌우된다.[24] 어떤 이론은 감정 소모와 정신적 노력에 기반을 둔다. 새로운 사건을 많이 겪을수록 우리는 시간을 아주 길게 가늠한다. 그 이유는 다음 장에서 읽게 될 것이다.

우리의 뇌가 실제로 어떻게 시간을 지각하는지는 한동안 더 수수께끼로 머물 것이다. 다시 말해 앞으로도 계속 흥미진진할 것이다! 그러나 자아와 신체를 어떻게 지각하느냐가 시간 지각과 어느 정도 관련이 있다. 우리의 주의력, 심리적 흥분 상태, 정서, 기억은 어떻게 우리의 주관적 시간 감각에 영향을 미치고, 자아는 그것과 무슨 관련이 있을까? 이제부터 그것을 더 자세히 살펴보기로 하자.

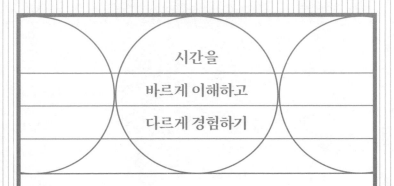

시간을

바르게 이해하고

다르게 경험하기

- 우리의 모든 세포는 저마다 시계를 갖고 있다. 그것이 모여 생체 시계와 하루 리듬을 만든다.

- 뇌는 자아 및 신체를 지각하여 시간을 감지한다.

- 우리의 주관적 시간이 발생하는 특정 뇌 영역은 없다. 수많은 뇌 영역이 시간 지각에 관여한다.

- 뇌의 시간 측정에 관한 가장 유명하고 인기 있는 명제는 섬엽 및 도파민과 관련이 있다.

- 일상에서 시간이 너무 빠르게 흐르는 것 같으면, 잠시 심장박동이나 호흡에 주의를 집중하라. 그러면 당신의 주관적 시간이 느리게 갈 것이다.

지루하거나
신나거나

3장

느린 시간과 빠른 시간

"외로움이란, 비록 나 혼자지만 누군가(=나 자신)와 함께 있다는 것을 뜻한다."

한나 아렌트(Hannah Arendt)

끝나지 않을 것 같은 지루함에 갇혀

나는 지금 아주 흥미로운 주제의 강연을 듣고 있다. 그러나 주제만 흥미로울 뿐 강연은 너무 지루하다. 시간이 빨리 흐르게 할 수만 있다면 메피스토에게 영혼도 팔 수 있을 것 같다. 그리고 나만 그런 게 아니다. 내 앞의 노부인은 이미 오래전에 포기한 듯 고개를 숙인 채 졸고 있다. 노부인 옆에 앉은 여자는 눈썹을 각각 세 번씩 천천히 똑같은 리듬으로 왼쪽, 그다음 오른쪽을 문질러 졸음을 쫓으려 애쓴다. 나는 갑자기 기침이 심해져서 강연장 밖으로 나갈 수밖에 없는 척할까, 정말 진지하게 고민했다. 강연자는 말을 너무 느리게 했고, '에에엠'을 너무 자주 넣어, 이제는 강연 내용보다 그 소리에만 집중이 된다.

나는 자포자기 상태다. 강연자의 말을 더는 이해할 수 없다. 달팽이마저 너무 느리다고 불평할 만큼 시간이 느려도 너무 느리게 흐른다. 몇몇 청중이 확실히 인내심을 잃었다. 내 옆에 앉은 사람은 인스타그램 피드를 스크롤하고, 저쪽 어디선가 전화벨이 울리고 전화기 주인은 목소리를 죽이지 않은 채 전화를 받는다. 마침내 구원이 왔다. 강연이 끝났다! 몇 분 뒤에 뒤풀이 뷔페에서 한 여자가 열광했다. "강연이 너무 재밌었어요. 몇 시간이라도 푹 빠져서 들었을 거예요!" 세상에, 어떻게 그럴 수 있단 말인가! 나를 비롯한 여러 사람에게 못 견디게 지루했던 시간이 이 여자를 비롯한 어쩌면 더 많은 사람에게는 너무 짧게 끝난 흥미진진한 강연이었다. 같은 공간, 같은 시간을 정반대로 느꼈다니, 놀라울 따름이다!

시간과 자아

개인의 시간 지각을 뇌가 구성하기 때문에, 우리의 자아도 시간과 어느 정도 관련이 있을 수밖에 없다. 그러므로 묻는다. 당신은 누구인가? 대답으로 당신은 아마 가장 먼저 이름을 댔을 테고, 어쩌면 언제 어디서 태어나 어떻게 살아왔는지를 생각했거나 두드러진 성격 특징을 떠올렸을 터이다. 당신이 무엇을 떠올렸든, 당신의 뇌는 즉시 숙고와 연상을 통해 하나의 상을 만들어낸다. 짜잔, 여기 자아가 있다. 더 정확히 말해, 여기 당신이 있다!

그러나 자아상은 확정적이지 않다. 과거의 내가 있고 지금의 내가 있으며 매 순간 계속해서 새롭게 바뀐다.[1] 말하자면 자아상은 새로운 경험을 통해 변할 수 있다. 우리는 살면서 자기 자신을 항상 같은 인물로 지각하진 않는다. 어찌 보면 같은 인물이지만, 또 어찌 보면 다른 인물이다. 미국 전 대통령 오바마는《약속의 땅(A Promised Land)》에서, 자칭 수도자처럼 살았던 뉴욕대학 시절의 "젊은 오바마를 크게 동정하며" 다음과 같이 조언하고 싶다고 썼다. "20대 젊은이를 위해 삶이 마련한 모든 것을 기꺼이 누려라."[2]

시간이 구성한 '나'는 누구인가?

내면 깊은 곳으로 들어가더라도, 우리는 그곳에서 변치 않는 진짜 진정한 '나'를 찾을 수 없다. 이스라엘 역사학자 유발 하라

리(Yuval Harari)가 썼듯이, 우리는 "서로 다투는 불협화음"을 듣게 된다.[3]

시간과 마찬가지로 자아 역시 뇌의 구성물이다. 우리의 생각, 정서, 행동, 성취감과 좌절 등 모든 것은, 상상을 초월하게 많고 복잡한 뉴런의 '활성 패턴'을 기반으로 한다. 뇌는 뉴런을 통해 의식을 만들고 그것으로 '나' 또는 '나의 한 모델', '주관성'을 구성한다. 그러나 우리는 '지금'만 인지하지 않고 시간 속의 신체 및 자아도 인지한다.[4] 자아, 시간, 신체는 삼총사 또는 〈욕심쟁이 오리아저씨〉의 휴이, 듀이, 루이처럼 한 팀이다.

약 100조 개의 세포로 구성된 우리의 신체는 옛 세포를 새 세포로 대체하여 정기적으로 새로워진다. 신체는 시간과 함께 변한다. 뉴런이 발화하고 호르몬이 분비되고 근육이 쓰이는 동안 우리는 성장하고 늙고 변한다. 신체만 계속 변하는 게 아니다. 뇌세포가 함께 발화하여 새로운 연결을 늘리기 때문에 뇌 또한 계속 새로워진다. 이것을 '신경가소성'이라고 부른다. 뇌는 지속적인 변화과정에 있고, 그래서 자아 또한 시간 속에서 변한다.

핵심은 혼합이다

우리의 뇌는 단순 작업용 기계가 아닌 만큼, 단순하고 일차원적인 자아를 만들어내지 않는다. 거의 모든 뇌 활동은 '무의식적으로' 진행된다. 심지어 99퍼센트가 무의식적 활동이라고 보는 신경과학자도 있다![5] 그러니까 뇌는 주어진 시간에 무엇을 할지를 자동으로 결정하고, 이때는 '노력'보다 '평온', '편안',

'안전'이 더 필요하다. 이런 경우 우리는 대개 단기 목표를 기반으로 행동하는데, 그곳에 빠른 성취감, 보상, 이익이 있기 때문이다.

우리의 뇌는 '복잡성 축소'를 중시한다. 그래서 한번 정해지면 무의식적으로 진행되는 특정 패턴이 있다. 그 덕분에 우리는 특정 나이부터 넘어지지 않고 잘 걷고, 손으로 작은 물건을 집고, 자동으로 여러 동작을 조합하여 움직일 수 있다. 우리의 뇌는 최대한 에너지를 아끼며 세상을 항해하기 위해, 동작뿐 아니라 태도에도 그런 패턴을 적용한다.[6] 그것이 바로 우리의 롤러코스터 좌석, 마음가짐, 내적 자세이다.

거의 모든 결정을 무의식적으로 내리고, 심지어 의식적 숙고 없이도 시행착오를 통해 배울 수 있는 것은 큰 장점이다. 의식적 사고에는 에너지가 아주 많이 들기 때문에, 뇌는 대다수 학습 과정을 무의식 영역으로 보낸다. 경험들이 무의식적으로 영구히 저장되어 새로운 결정의 토대가 된다. 예를 들어 불판에 손을 데면, 다음부터는 자동으로 불판에서 손을 멀리 둔다. 그러나 학습 과정이 항상 매끄럽게 진행되는 건 아니다. 우리가 주변 환경에서 잘못된 정보를 받으면, 설령 뇌가 '무오류'로 작업을 수행하더라도, 잘못된 정보가 잘못된 결론으로 이어지는 일이 생길 수 있다.[7]

그러므로 우리가 듣는 내면의 목소리, 우리의 자아는 뇌에서 진행되는 과정의 극히 일부만을 반영한다. 우리는 전혀 의식하지 못하지만, 자아는 뇌의 수많은 작업으로 만들어진 판타지이고, 이것은 매 순간 최신 버전의 '나'를 제시한다.

경험하는 나, 기억하는 나

우리는 경험을 두 가지 관점에서 볼 수 있다. 경험하는 그 순간에 실시간으로 보고, 경험한 것을 돌이켜본다. 말하자면 두 자아가 있다. '경험하는 나'와 '기억하는 나'. 노벨상 수상자 대니얼 카너먼(Daniel Kahneman)이 놀라운 실험을 했다.[8]

피험자를 두 집단으로 나누고, 세 가지 테스트를 했다. '짧은 테스트'에서 참가자들은 한 손을 14도 찬물에 60초 동안 담그고 있어야 했다. 실제로 손에 통증을 일으키는 수준이었다. '약간 더 긴 테스트'에서 그들은 손을 똑같이 찬물에 담가야 했지만 60초 뒤에 30초를 더 견뎌야 했다. 단, 60초 뒤에는 따뜻한 물을 조금 섞어 수온을 1도 정도 높여, 추가된 30초는 약간 더 참을 만했다. 두 실험을 끝낸 뒤 참가자들은 잠깐 쉰 다음, 어떤 테스트를 한 번 더 반복할지 결정해야 했다. 참가자의 80퍼센트가 '90초 테스트'를 반복하겠다고 답했다. 그것이 덜 아프게 기억되었기 때문이다.

'경험하는 나'에게는 60초 테스트보다 90초 테스트가 더 나쁘다. 후반부 30초가 약간 덜 불편하더라도, 아무튼 불편한 경험 뒤에 또 다른 불편한 경험이 더해지기 때문이다.[9] 경험하는 나는 경험만 할 뿐, 잠시 뒤에 이 경험을 기억하지 않는다. 기억 임무는 '기억하는 나'의 몫이다. 기억하는 나는 아주 탁월한 이야기꾼으로 과거의 해석과 스토리를 계속 고안하고, 경험을 토대로 미래를 위한 계획을 짠다. 기억하는 나는 경험을 요약하여 단지 긍정적 또는 부정적 '절정'과 '종점'에만 집중한다. 그리고 평가 때는 경험의 중간값을 취한다. 말하자면 경험을 제멋대로 해석한다. 그래서 피험자들의 '기억하는 나'는 시간에 아랑곳하지 않고 대다수가 90초 테스트를 다시 하겠다고 결정했다. 돌이켜볼 때, 물이 절정에서 아프게 찼지만 결국 약간 더 따뜻해졌고 그것이 긍정적으로 평가되고 기억에 남았기 때문이다.

이것을 토대로 보면, 우리가 계획을 짤 때 왜 그렇게 자주 시간에서 오차가 생기는지 알 수 있다. 기억하는 나에게 시간은 중요한 역할을 하지 않는다. 기억하는 나는 오로지 절정과 종점의 중간값만을 중시한다. 기억하는 나는 대개 시간을 잘못 기억하기 때문에, 결정과 계획에도 오류를 일으킨다. 업무에서만 그런 게 아니다. 당신이('경험하는 나') 오래 유지될 거라 확신하지 못했던 관계가 결국 깨졌다고 가정해보자. 우습게도 당신의 '기억하는 나'는 이별 뒤에 오로지 멋진 일만 얘기하고, 기회가 있을 때마다 과거를 아름답게 꾸미고, 오직 좋았던 일만 기억한다. 어쩌면 당신도 이런 경험을 이미 했을 터이다. 그런데 롤러코스터 조종석에 앉은 이 자아는 도대체 누구란 말인가? 그것이 나라면, 나는 몇 명인가?

전속력으로 달려! 나무늘보, 꿀벌, 참새 등이 경주한다

우선 누가 롤러코스터에 탑승했고, 누가 우리를 시간과 공간 속에서 지휘하는지(롤러코스터를 조종하는지) 알아보자. 재미와 이해를 위해 뇌의 몇몇 특징을 여러 동물에 비유하여 시각화하고자 한다. 이런 비유가 당연히 뇌의 복잡한 인지 현상과 과정을 심하게 단순화하지만, 뇌에서 벌어지는 일을 이해하는 데는 분명 도움이 될 것이다. 우리가 무엇에 어떻게 시간을 쓰고 미래의 진로를 어떻게 정하는지를, 이 동물들이 결정하기 때문이다.

중요한 결정기관은 절대적으로 최고의 능력을 발휘하는 '전전두엽'이다. 전전두엽을 상징하는 우리의 동물은 '텍사스 출신 산호물고기(Coralfish from Texas)'로 롤러코스터 앞자리에 또는 조종석에 앉아있다. 그러나 모두가 경험으로 알고 있듯이, 우리가 늘 합리적으로만 결정하는 건 아니다. 우리에게 훨씬 더 많이 영향을 미치는 다른 탑승자들이 있다.

우리의 뇌는 때때로 게으른 '나무늘보'이다. 나무늘보는 꼭 필요한데, 그의 과제가 바로 우리의 수명을 길게 유지하고 가능한 한 에너지를 아끼는 것이기 때문이다. 집중, 갈등 해결, 결정, 학습에는 에너지가 쓰인다. 그래서 이런 활동들은 때때로 부정적 감정을 일으킬 수 있고, 기본적으로 금세 우리를 지치게 한다.[10] 그러므로 나무늘보 역시 기꺼이 앞자리에 앉아 조종에 관여하고자 한다. 나무늘보는 대부분의 결정이 무의식적으로 자동으로 진행되어 팝콘을 먹으며 주행을 즐기기를 가장 좋아한다. 나무늘보의 목표는 불쾌한 일과 힘든 일을 최소화하고 보상을 최대화하는 것이다. 그러므로 큰 노력 없이, 에너지와 시간 낭비 없이 소망이 즉시 채워지면 나무늘보가 가장 기뻐한다. 아주 큰 보상이 기대될 때만 나무늘보는 롤러코스터의 맨 뒤로 물러나 얌전히 웅크리고 있을 수 있다.

이럴 땐 부지런한 '꿀벌'이 앞쪽으로 나온다. 그러나 우리가 어떤 활동을 좋아하고 거기서 의미를 발견할 때, 그러니까 스스로 의욕이 넘칠 때라야 꿀벌이 빛을 발한다. 꿀벌에게는 불쾌하거나 힘든 일을 지금 당장 처리하여 미래에 보상을 받는 것이 중요하다. 그러므로 꿀벌은 종종 나무늘보와 다툰다. 종종 매혹적이고 쉬운 일이 우선순위를 차지하고 나무늘보가 앞에 나서는데, 에너지가 많이 소모되거나 재미없는 과제들은 주로 불편한 감정을 주기 때문이다. 심지어 우리는 때때로 실패가 두려워 차라리 아무것도 하지 않는다. 그러므로 꿀벌은 다른 탑승자에 맞서 자신의 주장을 관철하기 위해 정말로 열심히 애써야 하고, 그들의 앞자리를 넘겨받기 위해 힘겹게 싸워야 한다. 그러나 꿀벌이 일단 앞자리를 차지하는 데 성공하면, 나머지 일은 순탄하게 착착 진행된다!

나무늘보 외에 트러블메이커가 하나 더 있다. 바로 변덕스러운 '카멜레온'이다. 이 동물은 감정을 상징한다. 우리의 감정은 이 파충류처럼 재빠르게 색을 바꿀 수 있기 때문이다. 명확히 말해, '감정'은 '변연계'에서 생기고, 그것이 '기분'과 '신체 반응'으로 발현되고 우리가 그것을 의식적으로 감지하는 것이다. 우리의 생각, 결정, 행동이 감정의 영향을 받기 때문에 카멜레온은 대단히 강력하고, 롤러코스터의 앞자리에서 절대 밀려나지 않는다. 게다가 카멜레온은 자신의 기분을 모든 탑승자에게 전염시킨다. 차를 오래 타고 가다 보면 알 수 있듯이, 한 명만 기분이 나빠도 차 안 전체 분위기가 어두워질 수 있다. 당연히 좋은 기분도 전염된다.

우리의 뇌는 매우 감정적이다. 힘든 과제일 경우, 우리는 그것을 빨리 처리하는 것이 더 낫다는 걸 잘 알지만, 그럼에도 우리는 그 일을 미룬다. 카멜레온과 나무늘보가 동맹을 맺고 현재 그들의 전략이 최선이라고 다른 탑승자들을 설득한다. 그리고 이 순간에 우리는 "지금 하기는 싫으니 나중에 하자"라고 생각하고, 시간을 통제한다고 여겨 기분이 좋아진다. 힘겨운 의무를 이긴 작은 승리로 여긴다. 카멜레온과 나무늘보가 꿀벌과 산호물고기를 이긴다. 그러나 그것 때문에 우리가 중요한 과제를 제때에 끝내지 않는다면, 그것은 때때로 피로스의 승리(많은 희생을 치르고 얻은 승리로, 결과적으로 패배와 다름이 없는 승리—옮긴이)

롤러코스터에 탑승한 우당탕탕 크루들

이다. 우리가 완벽하게 분별 있는 경우는 아주 드문데, 장기 계획은 언제나 지키기가 힘들기 때문이다. 우리는 모순적 존재이지만 그래서 사실 인생이 또한 흥미진진해진다. 당신의 나무늘보를 어떻게 이길 수 있는지는 7장에서 읽게 될 것이다.

다른 한편으로, 우리의 뇌는 지식에 대한 호기심이 매우 높고 학구열에 불탄다. 폴짝폴짝 부지런히 뛰어다니는 호기심 많은 '참새'처럼, 언제나 새로운 정보를 수집하여 지식을 업데이트하고 미래를 위한 가치와 유용성을 관리하고자 한다. 참새는 모든 정보를 기존 패턴에 맞게 정렬하고, 새로운 정보가 기존 패턴에 맞지 않으면 상부에 보고한다. 새로운 정보가 유용하면, 카멜레온이 모두를 위해 긍정적 감정으로 보상한다. 뭔가 안 좋게 진행되면, 참새만 부정적 피드백을 받는 것이 아니다. 카멜레온은 모두에게 불쾌한 기분을 전염시킨다.

우리의 뇌는 또한 산만하게 여기저기 돌아다니며 세상을 탐험하는 강아지처럼 한눈팔기를 무척 좋아한다. 그래서 우리는 때때로 중요한 일에 집중하기가 아주 힘들다. 이런 특징은 진화의 유산인데, 덤불에서 나는 부스럭거림, 예기치 않은 일과 새로운 일, 악명 높은 검치호랑이 등 모든 것을 살피는 태도는 야생생활에서 도움이 되었기 때문이다.[11] 그러나 이것은 엉뚱한 곳에 한눈을 팔아 시간을 허비하는 것처럼 보이게 한다. 강아지는 참새의 좋은 친구이다. 주의산만과 호기심은 종종 함께 다닌다. 참새가 "여기야!"라고 외치면, 강아지가 즉시 그곳으로 달려간다.

그러니까 우리의 롤러코스터에는 분별 있는 산호물고기, 게으른 나무늘보, 부지런한 꿀벌, 변덕스러운 카멜레온, 호기심 많은 참새, 산만한 강아지가 앉아있다. 그들은 롤러코스터의 '올바른' 방향을 두고 서로 싸운다. 목소리가 제일 크고 이른바 가장 강력한 주장을 가진 자가 앞자리 또는 조종석을 차지한다. 그러나 카오스를 더 크게 키우는 동물이 한 마리 더 있다. 우리의 마음의 소리를 상징하는 '앵무새'다. 앵무새는 롤러코스터 좌석이 아니라 맨 앞 꼭대기에 앉아, 엉망진창 카오스 속에서 최선을 찾아내려 애쓴다. 앵무새가 항상 옳은 말만 하는 건 아니지만, 우리가 종종 의식적으로 인지하지 못하는 마음의 소리 형식으로 온종일 가장 많이 말하고 '자아'를 대변한다. 앵무새는 모든 탑승자의 얘기를 주의 깊게 듣고 왁자지껄 외침을 어떻게든 요약하여 최종 업데이트를 제공하려 노력한다.

이제 당신은 뇌에서 벌어지는 야단법석 대혼란을 대략이나마 상상할 수 있으리라. 우리의 뇌에는 적어도 열 개의 서로 다른 자아가 존재한다. 그 상태로 우리는 주변 환경을 감지하고, 뭔가를 깊이 생각하고, 기억을 불러내고, 상상하고, 허기나 갈증을 느끼고, 시간과 공간 속에서 자기 자신을 인지한다. 이런 다양한 자아가 뒤섞인 뇌의 여러 활성 패턴은 신경심리학적으로 잘 입증되었다.[12] 그것은 대단한 카오스이다!

개인의 시간 지각과 그것에 미치는 영향

이렇게 완전히 다른 모순된 동기를 가진 생명체는 사람밖에 없다. 그리고 우리의 시간 지각은 아주 명확히 성격에 좌우된다. 외향적인 사람이 내향적인 사람보다 시간을 더 정확히 가늠한다. 그리고 체중이 많이 나가는 사람이 시간을 특히 잘 가늠한다. 충동적이고 범죄 성향이 있는 사람의 생체 시계는 더 빨리 가고, 침울한 사람의 생체 시계는 더 느리게 간다.[13] 우울증이 있는 사람은 시간 길이를 실제보다 거의 두 배 더 길게 가늠한다. 그러니까 그들의 시간은 '절반 속도'로 흐른다.[14] 주의력결핍 및 과잉행동 장애(ADHD) 역시 시간을 아주 느리게 가게 한다. ADHD 어린이에게는 5분이 한 시간처럼 길 수 있다. 그러므로 그 긴 시간을 얌전히 앉아있기가 얼마나 힘들겠는가.[15]

바쁜 일상에서 많은 과제를 처리하는 동안 우리는 시간을 거의 지각하지 않고, 종종 자동조종장치를 켠 것처럼 걷는다. 지루한 강연을 들을 때, 바쁜데 차가 막힐 때, 아주 멋진 순간을 맞았을 때 비로소 우리는 시간과 대면한다. 우리의 뇌는 대개 잘못된 보고나 다른 중대한 상태보고를 받으면 시간을 지각한다. 보고의 내용은 예를 들어 이렇다. "영화가 너무 빨리 끝나서, 강연이 너무 길어서, 교통 체증에 너무 오래 갇혀 있어서 깜짝 놀랐습니다!" 실제로는 겨우 몇 분에 불과하더라도, 지루해 죽을 것처럼 길게 느껴질 수 있다.

시간 실험

감으로 60초 맞히기

시계를 보지 말고 정확히 1분이 지났을 때 스톱워치를 멈춰라. 이 실험을 변형하여 다양한 활동을 하면서 1분을 가늠해보라. 창가에 서서 또는 책을 읽으면서 가늠해도 되고, 60초를 속으로 세도 된다. 하고 싶은 대로 하면 된다. 아주 다양한 상황에서 시도해보라.

1분 이내에 스톱워치를 멈췄다면, 당신은 1분을 너무 짧게 가늠했다. 말하자면 시간을 '과소평가'했다. 시간은 당신이 생각한 것보다 '더 느리게' 갔다. 1분이 아직 안 되었음에도 당신은 1분이 되었다고 여겼다. 1분 이후에 시계를 멈췄다면, 당신은 1분을 너무 길게 가늠했다. 말하자면 시간을 '과대평가'했다. 시간은 당신이 생각한 것보다 '더 빨리' 갔다. 1분보다 더 긴 시간을 당신은 1분으로 여겼다.

우리가 원하든 원치 않든, 시간에 주의를 기울이면, 시간이 특히 느리게 가는 것처럼 느껴진다.

새로운 인상이 시간을 늦춘다

신경과학자 피터 체(Peter Tse)가 피험자들에게 똑같은 검은 동그라미들을 연달아 보여주었다. 동그라미들은 모두 똑같이 모니터에 1초 동안 떠 있었다. 얼마 후 이 조화로운 행진이 멈추고 갑자기 검은 동그라미 하나가 나타나 점점 커지다가 붉은색으로 변한 후 다시 사라졌다. 피험자들은 마지막 동그라미가 다른 동그라미들보다 두 배 더 오래 모니터에 떠 있었다고 가늠했다. 그러나 사실은 모두가 똑같이 단 1초 동안 모니터에 떠 있었다.[16] 이것을 '괴짜 효과(oddball effect)'라고 부른다.[17] 우리의 주의를 끄는 예기치 못한 인상 때문에 우리는 짧은 순간을 더 길게 느낀다. 호기심 많은 참새가 관심을 보이고 강아지가 주의를 기울인다. 과학적 호기심에 사람을 탑에서 밀었던(이 얘기는 조금 있다 자세히 하기로 하자) 신경과학자 데이비드 이글먼(David Eagleman) 은, 호기심을 유발하는 상황에서 뇌에서 방출되는 에너지와 괴짜 효과가 관련이 있다고 믿는다. 새로운 것은 주의력을 요구하고 그래서 더 많은 에너지가 필요하다. 그러므로 모든 새로운 경험은 어쩐지 더 길게 느껴진다.[18]

아마도 당신은 산책 때 가는 길보다 돌아오는 길이 더 짧게 느껴져서 놀라본 적이 있을 터이다. 그 이유는 간단하다. 돌아올 때는 그 구간을 이미 알기 때문에 그렇게 많은 주의가 요구되지 않아 에너지가 덜 필요하고, 새로운 인상이 없어 더 짧게 느껴진다. 그러나 산책 중에 열쇠 같은 아주 중요한 물건을 잃어버렸다고 상상해 보라. 그러면 천천히 걸으며 수색하고 수많은 세세한 것들에 주의를 기울이기 때문에, 돌아오는 길은 한없이 길어진다. 당신은 고도로 집중하게 되고, 게다가 열쇠를 잃어버린 상황이라면 감정도 동요할 것인데, 그 망할 열쇠를 찾지 못하면, 열쇠공을 불러야 하기 때문이다!

몰입 경험과 극단적 상황

시간은 때때로 완전히 녹아버리는 것 같다. 심리학자 미하이 칙센트미하이(Mihály Csíkszentmihályi)가 '힘들지 않은 집중 상태'라고 불렀던 이른바 '몰입' 상태일 때 그렇다. 그러면 우리는 시간뿐 아니라 주변의 모든 것 그리고 자기 자신마저 잊는다. 우리는 지루함과 스트레스의 정확히 중간에 있고 최고의 실력을 발휘하기에 가장 좋은 상태가 된다. 이런 특별한 상태에서는 관여된 뇌 영역 모두가 동시에 완벽하게 협력하기 때문에, 완전한 몰두와 행복감과 조화가 있다. 몰입 상태에서 우리는 시간을 잊고, 즉각적인 피드백으로, 실수나 실패가 있더라도 그 과정에서 알아차리고 조정할 수 있다. 우리의 활동은 우리의 실력과 요구에 정확히 일치한다. 그러니까 너무 어렵지도 않고 너무 쉽지도 않다. 우리는 상황을 통제하고 있다고 느끼고 그래서 매우 만족하며, 힘들이지 않아도 일이 잘 진행된다.[19]

운동선수의 경우 몰입 경험이 이른바 '슬로모션'이라는 아주 특별한 효과로 나타나기도 한다. 테니스선수 지미 코너스(Jimmy Connors)는 테니스공이 아주 커다랗게 보이고 아주 천천히 네트를 넘어 날아오는 순간을 경험했다. 마치 세계의 모든 시간이 그의 것이고, 제대로 받아칠 시간이 아주 넉넉했다고 한다.[20] 유명한 미식축구선수 존 브로디(John Brodie) 역시 상대 선수가 그를 향해 달려올 때 비슷한 기분을 느꼈다. 심지어 야구선수 테드 윌리엄스(Ted Williams)는 날아오는 야구공의 실밥까지 보이는 것 같았다고 말했다. 여담으로 말하면, 투수가 던진 후 타자가 치기까지의 시간은 1초도 채 안 된다.[21]

어쩌면 당신은 어떤 위험한 상황에서 모든 것이 슬로모션으로 보이는 극단적으로 느린 시간 지각을 경험했을 터이다. 그런 현상은 나중에 머리에서 생기는 환상일까? 아니면 정말로 그런 상황에서 시간 지각이 바뀔까? 아니면 더 빨리 반응할 수 있도록 우리의 지각 능력이 심지어 높아질까? 신경과학자 데이비드 이글먼은 이 질문의 답을 찾고 싶었다. 실험을 통해 시간 지각의 실마리를 잡기 위해, 그는 사람들을 50미터 높이의 탑에서 아래로 떨어지게 했다. 당연히 안전장치를 철저히 갖추고 실험했다.[22] 그는 두려움 또는 예외적 상황에서 인간의 뇌가 더 많은 정보를 지각하는지 알고자 했다. 예를 들어 손목에 찬 LED 화면에서 평상시 지각할 수 있는 속도보다 훨씬 더 빠르게 지나가는 숫자를 추락하는 순간 읽을 수 있을까? 실험 결과, 읽을 수 없었다. 그러나 피험자들의 주관적 느낌이 바뀌었다.[23] 참가자 모두가 1초가 영원처럼 길었다고 대답했다. 그들은 다른 사람이 떨어지는 것을 볼 때의 시간보다 자신이 떨어질 때의 시간을 훨씬 더 길게 가늠했다.

이것은 다음의 명제로 해명된다. 위험 상황에서는 모든 것이 의미가 있을 수 있으므로 우리의 뇌는 시각 인상을 더 강렬하게 더 철저히 작업한다. 그래서 시간이 더 길게 느껴진다. 그런 극단적 상황은 당연히 신체적 흥분 상태도 높인다. 스트레스 또는 심지어 목숨이 위태로운 상황에 있으면, 강렬한 경험이 '기억 과잉'을 유발한다.[24] 각각의 모든 순간이 새롭고 달라서, 시간의 길이를 잘못 가늠하게 된다.

시간 감각, 흥분 상태, 감정

행복을 만끽하는 특별한 순간은 어쩐지 금세 달아나는 것 같고, 어떨 땐 아주 잠깐 시간이 정말로 멈춘 것처럼 느껴지기도 한다. 그리고 우리는 나중에 이 순간을 특히 좋았던 때로 기억한다. 특별히 기분이 좋은 순간에는, 카멜레온이 환호하며 미친 듯이 질주하거나 행복감에 굳어버리고, 시간이 잠시 멈춘 것 같다.

멋진 일이 끝나거나 나중에 시계를 보면, 시간이 너무 많이 지나 깜짝 놀란다. 부정적 감정일 때는 대개 이와 반대다.

과학자들이 한 실험에서 거미를 무서워하는 사람들의 손에 거미를 올리고 45초를 견디게 했다. 이때 피험자들에게 45초가 언제 끝나는지 가늠하게 했다. 예상대로 피험자들은 언제나 너무 일찍 '스톱'을 외쳤다. 두려운 상황일수록 시간이 더디게 가는 것처럼 느껴진다. 겁쟁이 카멜레온은 힘겨운 상황에서 빠져나가기 위해 이른바 슬로모션으로 움직인다. 또 다른 실험에서 과학자들은 피험자에게 공포영화의 한 장면을 45초 동안 보여주었다. 피험자들은 나중에 이 45초를 훨씬 더 길게 가늠했다. 의식적으로 자신의 신체 반응에 주의를 기울이게 하면, 이 효과는 더욱 커졌다.[25]

시간 실험
하루가 다 같은 하루가 아니다.

지난주와 지난달의 시간이 어떤 속도로 흘렀는지 생각해보라. 그때 당신의 감정은 어떤 역할을 했나? 예를 들어 코로나 기간은 당신에게 얼마나 길었나(짧았나)? 도보여행 때 길에서 누군가를 만나고, 호숫가 카페 테라스에서 커피 한 잔을 마셨던 하루와 종일 집에서 빨래하고 텔레비전을 봤던 하루를 비교해 보라.

긍정적이든 부정적이든 상관없이 강렬한 감정은 기억에서 접착제 구실을 한다. 강렬한 감정이 동반된 장면, 소리, 냄새 등이 오래도록 기억에 딱 붙어있다. 다시 말해, 흥분되고 다사다난한 생활은 시간을 늘린다. 이때 우리의 기억, 더 정확히 말해 '기억하는 자아'가 중요한 역할을 맡는다. 청소년 시절을 돌이켜보면, 그때는 시간이 지금보다 더 느리게 흘렀던 것 같다. 우리는 15세에서 25세였을 때를 가장 잘 떠올릴 수 있다. 과학자들은 이 기간을 '기억 언덕'이라고 부른다. 이 기간에는 우리가 특히 좋게 간직하는 새로운 경험들과 최초로 발생하는 사건들이 아주 많이 들어 있다. 그러나 노년에도 똑같이 적용된다. 새로운 경험을 많이 할수록 시간이 더 길어진다.

새로운 감정은, 늘 똑같은 루틴만 반복할 때보다 모든 것이 기억에서 훨씬 더 길게 느껴지도록 한다. 그러나 루틴이 나쁘거나 없애야 한다는 얘기는 절대 아니다. 오히려 반대다! 루틴에는 과제를 쉽고 빠르게 처리할 수 있고 뇌를 잠시 쉬게 하는 큰 장점이 있다. 익숙한 절차나 잘 알려진 장소 또한 안정감을 준다. 맛있는 트러플 파스타는 골목 끝의 단골 이탈리아 식당이 가장 잘 만든다.

시간 실험
시간이 흘러가지 못하게 잡아두기

"행복할수록 시간은 짧다."[26] 고대 로마 학자 플리니우스의 말이다. 이 말은 경험과 특히 잘 맞다. 적어도 과거를 추억할 때 시간이 더 천천히 흐르게 하려면, 가능한 한 많은 새로운 경험들로 과거를 채우면 된다. 매일 새로운 것을 배우고, 행복을 느끼고, 당신이 보거나 느끼는 것을 사랑하면 된다.[27] 당신의 참새, 강아지, 카멜레온이 기뻐한다!

다행스럽게도, 시간이 날아가 버린 이유를 안다면(그 이유가
뭐냐고? 당신이 좋아하는 장소에 있거나 자신의 루틴에 흡족해하기 때
문이다), 시간이 쏜살같이 흘러가 버린 듯한 기분은 아무 문제가
안 된다. 시간이 금세 흘러갔다는 것은 결국 당신의 삶이 활기차
고 모험적이며 행복하다는 증거일 수 있다.[28] 그러나 당신은 소
파에서 보내는 편안한 시간을 똑같이 좋아할 수 있다. 무엇보다
단 한 가지 이유로. 편안하다! 그러면 사실 시간이 얼마나 빨리
또는 느리게 가느냐는 아무 상관 없다.

달콤한 휴식

할 일이 많고 바빠 죽겠는데, 마트 계산대 앞에 사람들이 길
게 줄을 서 있으면 당신은 아마도 짜증이 나서 한숨을 토해낼 것
이다. 그러나 이 순간이 기회임을 알아차리기만 한다면, 기다리
는 시간은 그렇게 나쁘지 않을 것이고 어쩌면 오히려 한숨 돌리
며 쉬는 반가운 휴식일 수 있다.

이런 순간을 그냥 아무것도 하지 않아도 되는 기회로 활용하
라. 다음에 누구를 집에 초대할지, 어디로 여행을 가고 싶은지,
흐르는 대로 자유롭게 생각을 따라가라. 단, 시계를 봐선 안 된
다! 또는, 의식적으로 서너 번 깊게 호흡을 해도 좋다. 스트레스
레벨이 아주 높을 때는 이런 심호흡이 아무튼 크게 도움이 될 수
있다. 현재의 상태를 긍정적 시나리오로 바꾸려 시도하라.

스마트폰 보기도 시간을 빨리 가게 할 수 있다. 수동적으로
경험하는 모든 것이 시간을 더 빨리 가게 한다. 만약 배터리가

부족하여 스마트폰에 한눈을 팔 수 없다면, 주변을 관찰하며 주의력을 훈련하거나 뭔가 새로운 것을 발견하려 노력하는 것도 한 가지 방법일 수 있다. 그리고 지금 왜 이렇게 지루하고 시간이 느리게 가는지 알 수 없다면, 웃어라. 웃음은 영혼을 위한 영양제와 같기 때문이다. 웃으면 틀림없이 기분이 좋아질 것이다. 그리고 이미 알고 있듯이, 기분이 좋으면 시간이 더 빨리 간다.

인생에는 즐겁게 돌아볼 수 있는 순간들이 많이 있다. 우리의 뇌가 추억 형식으로 재구성한 수많은 과거의 '지금'을 담은 스냅 사진들. '지금'이 무엇이고 그런 순간이 어떻게 생겨나는지 다음 장에서 살펴보자.

시간을

바르게 이해하고

다르게 경험하기

- 뇌의 작업을 통해 자아가 생기고 그래서 뇌에서는 엄청난 일이 벌어진다!

- 롤러코스터 좌석에는 산호물고기, 카멜레온, 나무늘보, 꿀벌, 참새, 강아지가 앉아있다. 롤러코스터 앞머리에는 앵무새가 앉아 탑승자들의 외침을 요약하고 자기 의견을 덧붙인다.

- 경험하는 순간에는 아주 길게 느껴지는 무의미한 상황들이, 나중에 과거가 되어 회상되면 훨씬 짧게 느껴진다. 의미 있는 내용으로 가득한 멋진 상황들은 그 반대이다. 경험하는 순간에는 빨리 지나가고, 기억에는 훨씬 더 길게 남는다.

- 현재의 감정 상태, 주의, 기억, 경험이 시간 지각에 영향을 미친다.

- 시간이 빨리 지났다면, 그것은 좋은 신호일 수 있다. 우리가 행복했거나 몰입했다는 증거이기 때문이다.

- 언제 왜 시간이 빨리 또는 느리게 가는지 의식적으로 주의를 기울여보라.

모든
소중한
순간

4장

지금 여기를 위한 결정

"그대가 누구였는지 알고 싶다면,
그대가 지금 누구인지 보라.
그대가 어떤 사람이 될지 알고 싶다면,
그대가 지금 무엇을 하는지 보라."

부처

덧없는 순간들의 연속

나는 50년도 더 된 낡은 식탁에 앉아있고, 내 앞에는 읽어야 할 책들이 양쪽에 탑처럼 쌓여있다. 그러나 나는 책이 아니라 창 밖을 내다보고, 빗물받이를 따라 쪼르륵 기어오르는 다람쥐를 보고 반가워한다. 다람쥐는 내게 눈길도 주지 않는다. 다람쥐가 사라진 지 오래임에도 나는 여전히 멍하니 창밖을 본다. 문득 양심의 가책이 약간 느껴진다. 이렇게 멍하니 시간을 낭비할 것이 아니라 글을 써야 하는데….

방금 나는 정말로 멍하니 시간을 낭비했을까? 곰곰이 생각해본다. 뭔가 이상하다. 나는 시간의 소중함을 알고, 그런 소중한 시간을 허비하고 싶지 않아, 시간 낭비처럼 보이는 일을 외면할 때가 많다. 이를테면 물감과 팔레트를 구석에 처박아 두고, 피아노 앞에 앉지 않고, 테니스 라켓을 꺼내지 않는다. 그럼 그 시간에 뭘 할까? 아무것도 안 한다! 나는 적어도 시간을 허비하는 무의미한 일은 하지 않는다. 물론, 나는 스마트폰을 보고, 조카의 표현을 빌리면, "인터넷에 붙잡혀 있다." 그러나 인터넷에서 시간을 허비하는 것만은 아니다. 나는 뭔가를 배우기도 한다. 예를 들어, 우리 뇌에서 '지금'은 3초이고, 1년은 대략 1300만 번의 '지금'이 연속된 것임을 나는 방금 인터넷에서 배웠다. 지금까지 얼마나 많은 이런 '지금'을 놓쳤던가! 그러나 동시에 1300만이라는 엄청난 수가 안도감을 주기도 한다. 그렇게 많은 '지금' 중에서 몇 번 정도 그냥 허비한들 무슨 대수겠는가!

모든 순간은 한 번뿐이고 덧없다. 우리가 세계를 오로지 '지금', 아주 짧은 순간에만 경험하는 것은 아주 매혹적인 것 같다. 우리는 이 짧은 순간에 세상을 보고, 그것을 의식적으로 지각하자마자 그 순간은 기본적으로 과거가 된다. 나는 다람쥐가 두 앞발로 발코니 난간을 기어오르는 모습을 보았고, 버거운 듯 버둥대는 모습에 나도 모르게 웃음이 터졌다. 다람쥐는 내가 올려놓은 개암 열매 두 개를 노려보고 있었다. 한 번뿐인 이 귀한 순간을 놓치지 않아 나는 너무나 기쁘다!

인생에서 유일하게 변하지 않는 것은, 모든 것은 변한다는 사실이다

동물들은 먹이를 먹거나 열매를 숨긴 뒤에 쉰다. 그러나 우리 인간은 쉬지 않는다. 계속해서 발전하고자 하고 새로운 것을 궁리한다. 주변의 모든 것이 계속해서 변하고, 우리는 수많은 외적 상황에 둘러싸였고, 영향권 밖에 있는 일들에 좌우된다. 때때로 우리는 '활용'하지 않은 모든 시간에 대해 곰곰이 생각한다. 시간을 허비한 것처럼 보이기 때문이다. 뭔가를 포기하고 싶지 않기 때문에 우리는 늘 분주하다.[1] 우리는 마치 온종일 쉴 없이 힘을 낼 수 있을 것처럼 행동한다. 그러나 우리의 몸은 활동과 휴식이 적절히 섞이기를 바란다. 모두가 자기만의 고유한 활동-휴식 리듬이 있다.

모든 순간이 새롭고 유일하고 한 번뿐임을 아는 것은 언뜻 사소해 보이지만, 이 기적을 인정하는 순간 세상은 매우 흥미진진한 장소가 된다. 우리의 생각은 '지금' 언제나 새롭고 직접적이고 이슬만큼 신선하다. 그것은 '지금' 오직 우리만을 위해 만들어졌다.[2] 놀이공원에서 찍은 사진을 보라. 롤러코스터나 탐험보트의 아찔한 순간에 셔터를 눌렀고, 사람들의 얼굴이 기쁨에 빛나거나 공포에 질려 있는 그런 사진 말이다. 이론적으로 인생의 모든 순간이 그런 폴라로이드 사진에 담길 수 있으리라.

매일 아침 우리는 어제와 조금 달라져서 일어난다. 우리의 뇌가 어제의 새로운 경험들을 밤에 작업했기 때문이다. 오늘 우리는 다시 새로운 것을 발견하고, 의식적으로 지각하고, 롤러코스터를 위한 새로운 선로를 놓을 수 있다. 이론적으로 매 순간 우리는 인생을 바꿀 아이디어를 낼 수 있다. 분주해서, 한눈을 팔아서, 또는 자동조종장치를 켠 상태로 걸어서, 그런 순간을 놓쳐선 안 될 것이다.

지금 여기에 없다면, 어디에 있는가

열쇠나 다른 물건을 잃어버렸다가 다시 찾았을 때, 그 물건이 어떻게 거기에 있게 되었는지 도저히 알 수 없어 당황했던 적이 있는가? 전화기 옆에, 신문 밑에, 알 수 없는 이유로 냉장고에, 욕실 세면대 옆에 열쇠를 두었던 그 순간을 기억해낼 수가 없다. 실제로 우리의 생각은 종종 다른 곳에 가 있고, 이른바 '자동조종 모드'에 있다. 뇌의 이런 상태를 '디폴트 모드' 또는 '공회전 모드'라고 부른다. 이런 상태에서 우리의 뇌는 생각에 깊이 빠지고, 지난 상황과 새로운 연결을 만들고, 전화벨 소리에 놀라 갑자기 '지금'으로 돌아오고, 미래를 꿈꾸고, 과거를 회상하는 등 아주 많은 걸 한다.

우리는 깨어 있는 동안 평균 59회, 그러니까 대략 16분마다 한 번씩 미래를 생각한다.[3] 주의하지 않으면, 아주 많은 시간을 그것에 써버릴 수 있다! 미래를 생각하지 말라는 얘기가 아니다. 우리가 생각하는 미래는 결국 미래의 '지금'이기 때문이다. 그러나 생각을 여기저기 배회하게 두면, 우리는 아주 드물게만 진정한 '지금'에 머물 수 있다. 어떤 작업을 아주 집중해서 하더라도, 우리는 종종 딴생각에 빠진다.

철학이 말하는 시간의 본질

철학자 세 명을 보자. 그들이 말하기를, 현재에 과거와 미래를 연결하지 않으면, 뭔가 중대한 것, 바로 '시간이 그 시간에 하는 것'을 놓치게 된다고 한다.[4] 아우구스티누스는 4세기에 이미, 현재가 '가버린 과거와 아직 오지 않은 미래'에[5] 둘러싸여 있음을 명확히 알았다. 그리고 시간이 사라지는 동안, 이 사라진 시간이 잠시 더 머문다고, 그러니까 잔상이 기억에 남는다고 보았다.

시간 실험
당신의 뇌가 허상을 만든다!

우리의 뇌는 때때로 존재하지 않는 것을 존재하게 한다. 실험을 위해 이 책을 조명 아래에 두고, 다음의 윙크하는 꿀벌의 가운데 눈동자를 약 20초 동안 집중하여 보라.

이제 흰색 벽을 보라.

무엇이 보이는가? 당신의 뇌가 꿀벌의 머리를 그곳에 옮겨두었다. 그러나 꿀벌의 머리는 이제 검은색이 아니라 흰색이고 눈은 회색으로 바뀌었다. 오직 책에만 존재하는 것을 당신의 뇌가 벽에 옮겨놓았다. 뇌는 과거의 감각 인상을 미래로 가져간다.[6]

시간의 경우도 비슷하다. 시간은 존재하면서 동시에 벌써 사라진다. 계속해서 미래가 다가오고, '지금' 우리를 만나고, 과거로 사라진다. 이런 철학적 견해는 현대 뇌과학의 '현재 창'과 일치한다. 이 창은 약 3초간 열려 있다. 이 얘기는 뒤에서 자세히 다루기로 하자.

1927년에 노벨 문학상을 받은 철학자 앙리 베르그송(Henri Bergson)의 주장처럼, 시간은 "의식의 한 형식"이고 그래서 존재자의 본질적 핵심 역할을 한다.[7] 베르그송은 과거뿐 아니라 미래도 현재에 존재하는지 그리고 특히 얼마나 존재하는지에 관심이 있었다. 그렇게 그는 'la durée(지속)'라는 개념을 확립했다. 시계의 똑딱거리는 초침은 양적이다. 우리는 1초마다 짧은 선을 종이에 그릴 수 있다. 선 위에 매 순간의 고유한 공간이 있다. 1초가 있는 곳에 다른 초가 있을 수는 없다. 정말 그럴까? 베르그송은 시간의 일부가 질적으로 지속한다고 보았다. 그는 오케스트라에 비유하여 이것을 설명한다. 연주 때 다양한 소리의 개별 멜로디가 서로 파고들어, 매 순간 다음 순간으로 파고든다. 그러니까 다음의 '지금'에 효력을 미친다. "존재하는 모든 것은 영원한 변화 속에 있고, 변화는 오직 시간 안에 있고, 시간은 의식이므로, 존재하는 모든 것은 기본적으로 의식이다."[8]

철학자이자 수학자인 에드문트 후설(Edmund Husserl) 역시 의식을 미래와 연결했다. 늘 현재와 함께 진동하는 이런 미래의식을 그는 '예지(Protention)'라고 불렀다. 에스컬레이터에 첫발을 내딛는 순간에 우리는 '예지'를 알아차린다. 후설은 지금 현존하는 의식을 '인상(Impression)'이라고 불렀고, 과거의 잔류의식을 '파지(Retention)'라고 불렀다. 파지는 과거를 재현하는 것이 아니라, 방금 지각된 세계가 잔류하는 것이다.[9] 이 견해는 현대 뇌과학 지식과 대략 일치한다.

3초 시간 창과 시간 지각의 한계

'지금'은 결과적으로 언제나 '방금'이면서 동시에 '곧'이다.[10] 시간 창은 아주 작고, 금세 사라진다. 우리가 시간을 지각할 수 있는 것은 마법과도 같은데, 뇌는 아무리 늦어도 3초 후에 업데이트 버튼을 누르기 때문이다. 그렇게 우리의 뇌는 주의를 기울일 만한 중대한 새로운 정보가 있는지를 계속해서 점검한다. 심리학자이자 뇌과학자인 에른스트 푀펠(Ernst Pöppel)은 이 3초를 '현재 무대'라고 부른다.[11]

우리의 뇌는 3초 이내에 모든 감각 인상을 한 단위로 결합하거나, 한 가지 생각을 말로 표현할 수 있다. 이런 짧은 시간 창이 온종일 '지금'을 우리에게 보여준다. '지금' 상태가 과거와 비교되고, 중요하지 않은 것으로 분류된 모든 것은 거의 확실히 영원히 잊힌다. 오직 특별한 것만 작업을 거쳐 장기 기억에 도달한다. 그리고 거의 동시에 벌써 새로운 현재가 등록된다. 우리가 지각하지 못한 채, 현재 무대들이 끊임없이 이어진다. 개별 사진들이 빠르게 연속되는 영화처럼. 뇌에서 세상을 향한 창은 3초지만, 여기에는 거의 '무한한 시간'이 또 있다. 감각기관에서 자극들은 똑같은 속도로 들어오지 않고 그것의 작업속도 역시 다르다. "그러므로 자극들은 덩어리로 수집되어 분류되고, 지연을 고려하여 재구성된다."[12]

우리의 뇌는 청각 신호에 매우 민첩하다. 대략 1밀리초에 청각 신호가 신경 정보로 전환된다. '같은' 음이 두 개면 그것을 둘로 지각하는 데 약 3~5밀리초가 걸린다. 이보다 짧은 시간이면, 우리의 뇌는 그것을 하나로 여긴다. 높이가 '다른' 음들이 20밀리초 이내 간격으로 연주되면, 우리는 어떤 음을 먼저 들었는지 구분하지 못한다.[13] 시각 신호가 신경 정보로 전환되는 시간은 최소한 30밀리초이다(촉각 역시 대략 그 정도의 시간이 필요하다). 12미터 이내에서 누군가 우리를 부르면, 우리는 소리를 먼저 듣고 약간 뒤에 입술의 움직임을 본다. 약 12미터 떨어져 있으면, 소리를 듣는 시간과 입술의 움직임을 보는 시간이 대략 일치한다. 12미터 이상 떨어져 있으면, 시각 정보의 전환이 청각 정보의 전환보다 빠르다.[14] 그러나 우리는 이 과정에 대해 아무것도 알아차리지 못하는데, 우리의 뇌는 언제나 일관된 그림으로 세상을 보여주기 때문이다. 그것을 위해 뇌는 시간이 없는 아주 작은 시간 창이라는 메커니즘을 '발명했다'. 그것은 약 30밀리초인데, 그 안에는 시간도 존재하지 않고 자극의 전후 관계도 지각되지 않는다.[15] 모든 감각 정보는 이 '문턱' 이내에 분석되고 조율된다.[16]

설계의 지평 — 직접적 현재와 먼 미래의 영원한 전투

우리는 기쁨과 인정을 얻고, 두려움이나 근심, 후회 등을 피할 목적으로 매일 결정을 내린다. 개별로 보면 이런 결정은 수많은 순간들에 일어나는 아주 사소해 보이는 활동이지만, 장기적으로 보면 바로 이런 각각의 순간들이 우리를 만들어낸다. 이런 순간들이 우리가 누구였고, 누구이며, 누가 될 수 있는지를 결정한다.

오직 지금 여기에서만 부지런한 꿀벌이 뭔가를 할 수 있고, 여기에서만 게으른 나무늘보가 빈둥댈 수 있으며, 여기에서만 산호물고기와 카멜레온 등이 삶을 누릴 수 있다. 우리는 뭔가를 결정할 수 있고, 감정과 생각을 의식적으로 지각하고 정리할 수 있으며, 적어도 거칠게나마 미래를 계획하고 실행할 수 있다. 그러나 우리는 미래를 알지 못하므로 계획을 너무 많이 또는 너무 크게 세워봐야 소용이 없을 것이다. 그것과 상관없이 우리는 내일 모든 것을 다시 수정할 수 있다. 그런가? 하지만 내일은 벌써 다시 오늘이다.

우리가 '지금'을 위해 아니면 '미래'를 위해 결정을 하느냐는, 기대하는 보상에 대한 감정적 평가가 얼마나 크냐에 달렸다.[17] 예를 들어, 침대에서 나가고 싶지 않더라도 우리는 매일 아침 출근을 한다. 미래에 받을 월급이나 승진 형식의 동기부여가 '지금' 누리는 편안함보다 더 크기 때문에, 꿀벌이 나무늘보를 이긴다. 설거지를 지금 끝내버릴까 아니면 잠깐 쉴까? 소파에 편히 앉아 쉬는 것은 당연히 매혹적이지만, 나중으로 미루면 오물이 말라붙어 설거지하기가 더 어려워질 것이다. 에잇, 상관없어! 이번에는 나무늘보가 이긴다. 이런 단기적 결정은 누구에게도 해를 입히지 않는다. 그러나 기후변화라면 다르다. 워워, 11장까지 이 주제를 꺼내지 않겠다던 약속을 지킬 테니 걱정하지 마시라. 그러나 기후변화는 글자 그대로 실존적 주제이다! 정치인만 생각이 짧다고 비난해선 안 된다. 그들에게 투표한 유권자들도 비난받아야 마땅하다.[18] 우리는 모두 현재를 살고, 우리가 초래할 결과와 비용을 무시한다. 그러나 우리는 놀라운 기술 진보와 환경에 미치는 효력을 통해 오늘 벌써 미래를 책임지며 미래를 살아야 한다.

시간적·감정적 근시안

우리는 거의 모두 '시간적 근시안'이다.[19] 우리는 오래 기다려야 하는 보상보다 지금 당장 받는 보상을 더 좋아한다. 조금 과장해서 말하면, 우리는 '미래 바보'이면서 동시에 '현재 광팬'이다. 돈과 관련된 실험에서, 우리의 시간 지향성이 얼마나 현재를 기준으로 하는지 확인할 수 있다. 피험자들은 지금 받는 1유로와 일주일 뒤에 받는 50유로 사이에서 결정할 수 있으면, 모두가 일주일을 기다린다. 그러나 지금 받는 금액이 20유로가 넘으면, 적지 않은 수가 나중에 받는 50유로보다 선호한다. 그리고 지금 받는 금액이 아주 아주 소액이더라도 기다려야 하는 기간이 길면, 대다수가 당장 받기를 선택한다.[20]

우리의 나무늘보는 시간적 근시안이고, "그렇게 오래 기다릴 수는 없어!"라고 불평한다. 카멜레온이 덩달아 외친다. "나는 기다리는 거 진짜 진짜 싫어!" 카멜레온은 특히 감정적 근시안이다. 멀리 보고 미래를 생각할 줄 아는 꿀벌과 산호물고기는 "기다리는 게 더 좋겠어!"라고 주장해 보지만, 카멜레온과 나무늘보의 강력한 동맹 앞에서 그들의 주장은 미미하기 짝이 없다. 그들의 주장은 힘을 발휘하지 못한다. 아무튼, 정확히 1년 뒤에 받든 1년 1주일 뒤에 받든 아무런 상관이 없다.

권한과 책임이 막중한 곳일수록 단기적 사고가 만연하고, 때로는 심지어 막대한 결과가 따른다. 경제학자이자 미래경영학자인 페로 미킥은 인간을 '호모 프레젠스(Homo präsens, 현재 인간)'라고 불렀다.[21] 인간은 자신의 행위가 장기적으로 어떤 결과를 낳을지 바르게 가늠하지 못하고, 당연히 그 결과를 제대로 처리하지 못한다는 것이다. 우리는 이 문제를 모르지 않는다. 모두가 장기적 설계가 얼마나 중요한지 이론적으로 잘 알고 있다.

다만, 종종 그것과 다르게 행동할 뿐이다. 우리는 '지금주의', 진정한 '현재 패티시'에 갇혀있다.[22] 단기적 사고는 어김없이 단기적 행위로 이어진다. 우리는 종종 현재의 평안을 최우선으로 생각하여 결정하고, 그래서 자기 자신뿐 아니라 다른 사람에게도 해를 끼친다.[23] 우리는 그 증거를 11장에서 상세히 보게 될 것이다. 그때까지 나는 기후에 관해 절대 입을 열지 않을 것이다. 약속한다![24]

시간 관점 — 현재를 보는 개별 시각

필립 짐바르도(Philip Zimbardo)와 존 보이드(John Boyd), 두 심리학자가 '시간 관점'과 '현재 지향'이라는 개념을 개발했다.[25] 인간은 과거, 현재, 미래를 어떻게 다루느냐에 따라 나뉜다. 인간은 과거와 현재와 미래에 대해 긍정적 또는 부정적 관점을 가질 수 있고, 심지어 현재에 대해서는 긍정과 부정 이외에 세 번째 관점이 하나 더 있다. 하나씩 찬찬히 살펴보자.

실제로 개인의 성향과 시간 지향성이 행동에 영향을 미친다.[26] 예를 들어, 과거와 경험에 의존하는 성향인 사람은, 친구들과 술을 마시며 갈증을 해소한 다음 날 숙취로 끔찍한 하루를 겪었다면, 그 후로는 이것을 기억하여, 내일의 숙취를 피하려 오늘의 술자리를 거절한다. 또는 그럼에도 이 기억을 떨쳐내고 현재 지향적으로 결정하여 지금 이 순간을 즐기려 친구들과 1차, 2차, 3차를 또 간다. 경제 용어로 말해 '비용-효용 계산'이라 할 수 있겠다. 효용이 더 높으면, 기꺼이 술자리에 응한다. 그러나 과거, 현재, 미래 어디에 우선순위를 두느냐가 대부분 무의식적으로 우리의 결정에 관여하고 영향을 미친다.[27]

두 심리학자의 조언처럼, 과거를 긍정적으로 보고, 현재의 쾌락을 적절히 누리고, 미래를 숙명론적으로 보지 않고, 낙관하며 즐겁게 실천할 수 있는 목표를 가지는 것이 최고의 조합이다. 우선순위를 두지 않고 과거와 현재와 미래를 모두 고려할 때, 이 조합의 고유한 장점이 살아난다. 귄터 그라스(Günter Grass)의 말을 빌리면, 긍정적 '과현래(Vergegenkunft)'(Vergegenkunft는 Vergangenheit(과거), Gegenwart(현재), Zukunft(미래)를 합친 단어이므로, '과현래'로 옮겼다―옮긴이)일 것이다.[28] 과거를 부정적으로 보고 현재를 숙명론적으로 평가하는 조합은 좋지 않다. 다행스럽게도 우리는 개인의 시간 관점을 바꿀 수 있다. 그것은 타고나는 것이 아니라 습득하는 것이기 때문이다.[29] 이제 세 가지 현재 유형을 더 상세히 살펴보자.

쾌락주의자, 숙명론자, 전체론자 ― 현재 유형

현재를 지향하는 '쾌락주의자'는 편안함을 찾아 누리고, 힘들고 수고스럽고 규칙적이고 지루하고 불편한 모든 것을 피하고자 한다. 그들은 적극적으로 쾌락을 찾고, 그들에게 가장 중요한 것은 즉각적 만족이다. 그들은 즉흥적으로 뭔가를 하고 투두리스트를 좋아하지 않는다. 그들은 '지금 여기'를 충분히 누릴 줄 안다. 매혹적으로 들린다! 그러나 동전의 뒷면에는 자제력 부족과 '길들지 않은 에고'가 있다.[30] 그들은 경향적으로 불안정하게 살고 모든 종류의 중독에 매우 취약하다. 그들에게 미래는 추상적이고 아주 멀어 보이기 때문에 미래에 관한 얘기를 거의 하지 않는다. 그들은 자신의 건강을 덜 돌보고, 기꺼이 위험을 무릅쓰고, 결과를 생각하지 않고 행동한다.

숙명론적 관점으로 현재를 보는 '숙명론자'는 대개 자기 효능감을 경험하지 못한 사람들이다. 숙명론자들은 스스로 자유롭다고 느끼지 않고, 지금의 족쇄에서 벗어날 힘을 느끼지 못하고 그래서 미래의 계획도 세우지 못한다. 그들은 명확히 공격적이고 활기가 없고 걱정이 많고 우울하다.

마지막 세 번째 현재 유형은 '전체론자'이다. 이들은 과거와 미래까지 포함하는 '절대적 현재'에 집중한다. '지금'은 과거의 반죽도 아니고 미래를 위한 공구나 도구도 아니다. 명상에서 과거나 미래를 배제하고 오직 현재만을 본다. 절대적 현재는 불교의 중심 개념으로, 서방의 시간 관점과 구별된다. 서방에서는 시간을 어떤 식으로든 생산적으로 이용하는 것이 중요하다. 그러나 명상을 통해 정신을 지금 이 순간에 집중하면, "모든 것이 하나"라는 기분을 느낄 수 있다. 과거와 미래가 배제되지만 그럼에도 이 순간과 연결되어 있다. 그렇게 미래의 갈망, 소망, 꿈이 무의미해지고 지금 이 순간을 위해 버려질 수 있다. 과거도 마찬가지다. 후회되는 과거들이 더는 아무 역할도 하지 않는다.[31] 또한 명상을 통해 당신은 어떤 생각을 받아들이고 어떤 생각을 버릴지 스스로 결정할 수 있다.

현재의 확장 ─ '지금 여기'에 머물기

필립 짐바르도는 《나는 왜 시간에 쫓기는가(The Time Paradox)》에서, "현재가 당신의 정신과 신체를 확장하고 채운다" 같은 암시를 주는 최면 체험담을 들려준다. 그는 성공적인 스탠퍼드 교수가 되는 데 큰 역할을 했고 자신에게 깊이 각인된 엄격한 미래 지향성을 이런 최면을 통해 조금이나마 줄이고자 했었다. 그는 최면을 통해 깨달은 '존재의 가벼움'을 얘기하고 자신이 웃음과 울음 사이를 오가며 어떻게 지금의 행복에 도달했는지를 들려준다.[32]

그는 최면 실험도 진행했는데, 모든 피험자가 최면 뒤에 다양한 테스트에서 현재에 집중하는 모습을 보였다. 예를 들어 그들은 현재 진행 중인 사건들에 관해 썼다. 그들은 웃긴 광고를 볼 때 비교집단보다 더 많이 웃었고, 도자기 만들기에서 더 우수한 결과를 냈고, 결과보다 과정에 더 주의를 기울였다.[33] 지금 당장 최면에 걸리라는 얘기가 아니다. 그러나 이 실험 결과는, 시간 관점이 사회적·문화적 환경에 영향을 받고 바뀔 수 있음을 보여준다.

현재를 직접 경험하는 것은 결코 새로운 일이 아니다. 그것은 세계 여러 문화와 지역에 기본적으로 존재한다.[34] 요가, 최면, 마인드컨트롤, 명상은 '지금 여기'로 가는 탁월한 길이다. 그러나 반드시 전문가가 동행해야 한다. 방법을 익히기까지 시간이 적잖이 걸리지만, 익힐 가치가 충분하다. 이것 외에, 현재로 재빨리 돌아올 수 있는 길이 더 있다. 바람에 흔들리는 나뭇잎 소리를 들으면, 호흡이나 심장박동 등 자신의 몸에 집중하면, 현존하는 뭔가에 의식적으로 집중하면, 우리는 지금 여기에 머문다. 신경과학에서는 뇌의 이런 상태를 '직접 경험 모드'라고 부른다. 이것은 불안하거나 두려울 때 특히 도움이 되는데, 지금 여기에 집중하면 상황 통제력을 다시 쥐게 되기 때문이다.

시간 실험
지금

다음의 각 질문에 즉흥적으로 떠오른 단어 다섯 개를 적어라.[35]

· 지금 나는 누구인가?
· 지금 나의 기분은 어떠한가?
· 지금 내 몸 상태는 어떠한가?
· 언제 나는 현재에 있는가?
· 어떤 장소에서 나는 '지금 이 순간'에 있는가?
· 나는 어떻게 '지금'에 도달하는가?

이런 식으로 당신은 명상 없이 그리고 아주 직관적으로 지금 여기에 도달할 수 있다.

마음챙김과 명상의 도움으로 현재에 도달하는 방법

마음챙김은 종종 비웃음을 받는다. 나 역시 비웃었다. 그러나 나는 직접 시도해보고 싶어졌고, 세계에서 가장 과학적인 마음챙김 강좌로 알려진 MBSR에 등록했다. MBSR은

'Mindfulness Based Stress Reduction'의 줄임말로 '마음챙김에 근거한 스트레스 완화'라는 뜻이다. 게다가 의료보험조합이 8주에 걸친 MBSR 강좌 비용 대부분을 내준다. 내가 직접 시도해보기로 한 가장 큰 이유는, 명상과 마음챙김이 여러 면에서 효과가 있음이 증명되었기 때문이다.

일례로, 내적 경험에 자동으로 반응하지 않는 이른바 '비반응성'이 증가한다. 즉, 우리는 자기의 생각, 감정, 감각을 메타인지 형식으로 관찰하는 법을 배우고, 이것이 더 많은 의식과 집중으로 이어진다. 이런 방식으로 우리는 생각, 감정, 감각을 잘 다룰 수 있고, 비합리적이거나 부적절해 보이는 감정이 생길 때, 자기 자신을 질책하거나 비판하지 않는다.[36] 또한, 명상할 때 좌뇌의 활동이 뚜렷이 상승한다.[37] 좌뇌는 주로 긍정적 감정 생성에, 우뇌는 부정적 감정 생성에 관여한다(이것에 관해서는 7장에서 자세히 보기로 하자). 명상은 공감과 연민을 높이고 면역력과 마음의 안정을 강화하며 심지어 상처도 빨리 아물게 할 수 있다. 명상은 답보 상태의 목표에 맹목적으로 집착하는 미련도 없애준다. 우리가 아무 목표도 가지지 않게 된다는 것이 아니라, 목표에 지배당할 확률이 낮아진다는 뜻이다. 그리고 명상하는 동안 현재의 새로운 측면을 발견할 수 있다는 뜻이다. 그것이 '무(無)'라도!

나의 여러 자아 가운데 한 자아는 마음챙김 강좌에 회의적이었다. 이 자아는 느림을 싫어하고 마음챙김을 느림과 연결하기 때문이다. 하지만 또 다른 자아, 예를 들어 참새는 호기심이 생겼다. 그러나 나의 부주의로 첫째 날 첫 강좌를 완전히 놓쳤다. 젠장, 요즘 나는 완전히 건망증 세계챔피언이다! 어쩌면 나무늘보와 카멜레온 때문에, 마음챙김 강좌에 다시 흥미를 잃었거나 두 시간 넘게 현재에 집중하기가 두려웠는지도 모른다. 둘째 날에는 출석했다. 코로나 시기라 당연히 온라인으로. 첫 번째 연습은 45분 동안 내 몸을 스캔하는 것이었는데, 45분이 영원처럼 길었다. 그럼에도 45분 동안 아무것도 하지 않고 그냥 바닥에 누워 오직 내 몸에만 주의를 기울여도 되는 새로운 경험이 매혹적이면서도 안도감을 주었다. 여기서 중요한 것은 주의력의 질이다. 먼저 발에 집중하고 그다음 종아리, 그렇게 조금씩 위로 올라 머리에 도달한다. 아무것도 배제되지 않고 그 무엇도 더해지지 않는다. 이것이 모토이다. 이때 나는 내가 일상에서 얼마나 적게 내 몸에 주의를 기울였는지, 명확히 깨달았다. 이제부터 매주 6일씩 이렇게 내 몸을 스캔하고 조용히 앉아서 명상해야 한다. 그것을 통해 내가 현재를 더 많이 발견했을까? 그 답은 이 책 끝에서 알게 될 것이다.

생각 사이의 틈

선불교의 명상 수행법인 좌선의 기본원리는 MBSR 강좌와 마찬가지로 현재이다. 그런데 흥미롭게도 현재는 명상을 통해 도달하는 것이 아니다. 현재는 이미 거기 있기 때문이다. 그러므로 선불교의 명상은 '무'이다. 도달할 것이 없다. 현재는 이미 있으니, 곧바로 시작할 수 있다.

시간 실험

원만한 진입을 위한 미니 명상

> 긴장을 풀고 허리를 펴고 앉아, 타이머에 10분을 설정하라. 시
> 선은 약 45도 아래로 향한다. 눈은 힘을 풀고 절반 정도 뜬다.
> 자연스럽게 호흡하며 천천히 속으로 호흡을 센다. 하나, 들이
> 쉬고 내쉬고, 둘, 들이쉬고 내쉬고. 열 번이 채워지면 처음부터
> 다시 센다.

그냥 한번 해보기를 권한다. 명상은 의식적이고 멋진 시간 경험과 달라진 시간 지각을 갖게 할 것이다. 명상은 잘못될 일이 없고, 오직 이롭기만 하다. 이 얼마나 멋진 일인가! 어쩌면 당신은 명상에 매료되어 전문가의 안내가 있는 명상 강좌에 등록하게 될지도 모른다.

산책할 때, 그림 그릴 때, 악기를 연주할 때도 몰입에 도달할 수 있으니, 굳이 명상할 필요가 없다고 생각하는가? 그런 몰입은 아주 멋진 일이긴 하지만, 명상과 똑같진 않다. 예를 들어 독서에 몰입하면, 우리는 책에 완전히 빠져들어 시간을 망각한다. 그러나 독서 중에 우리는 내용을 이해하기 위해 우리 자신이 아니라 오로지 글자나 단어 또는 맥락에만 집중한다. 명상 때 만트라에 집중하는 것과 같다. 음악을 듣더라도, 특정 멜로디를 떠올리게 하는 옛날 추억이 생각나 총체적 경험이 된다. 그러니까 이것은 '기억하기'이다.

그러므로 명상에서 경험할 수 있는, "비교 능력과 비판적 사고가 잠든 상태"와 이런 형식의 시간 망각을 혼동해선 안 된

다.[38] 명상에서는 생각 사이의 틈, 즉 아무것도 생각하지 않는 상태를 포착하여 경험하는 것이 중요하다. 아마도 많은 사람에게 그것은 끝날 때를 기다리는 것처럼 느껴질 것이다. 그러나 명상에서는 아무것도 기다리지 않는 것이 중요하다. 기다림에는 '기대'가 내포되었고 그래서 미래에 대한 생각이 다시 끼어들 것이기 때문이다.[39]

지루함과 대기시간을 즐기는 법

마음챙김과 명상 체험으로 나는 대기시간을 새롭게 평가할 수 있게 되었다. 나의 현재 상태를 수용하지 못하는 한, 나는 나 자신과 긴 싸움을 벌이게 되고, 그것은 대단히 많은 에너지를 소비한다.[40] 일상에서 기다려야 하는 상황에 있을 때, 그것을 확인할 수 있다.

식당 대기 줄에 섰을 때, 병원에서 진료 순서를 기다릴 때, 우리는 지금이 아니라 미래에 집중한다. 이것이 불만을 만든다. 원하는 것을 지금 얻을 수 없으므로, 현재 상황을 부정적으로 보게 된다. 우리는 기다리는 시간을 인식한다. 시간이 계속해서 인식된다. 여기서 '영원히' 기다려야 하는 것이 지루해진다! 기대하는 것(기다리는 것)이 여전히 오지 않았기 때문에 당연한 결과로 불안과 불만족이 생긴다.[41] 대기실 창밖의 새들이나 다람쥐를 느긋하게 관찰하거나 뭔가를 읽는 대신에, 얼마를 더 기다려야 하는지를 따지며 열을 낸다고 해서 대기시간이 짧아지진 않는다. 이 시간을 의미 있게 이용하거나 그냥 긴장을 풀고 편히 쉬면서 뇌에 공회전 모드를 허락하는 대신, 우리는 확실히 스스로 스트레스를 주는 쪽을 택하는 것 같다.

과거와 미래와 현재의 연관성

우리는 의식적으로 또는 무의식적으로 세 가지 시간 차원에, 그러니까 기억, 실시간 사건, 미래계획에 몰두한다. 그리고 이 셋은 항상 서로 얽혀있다. 지금의 우리는 미래를 계획하기 위해 무의식적으로 과거의 경험을 회상한다.

우리는 지금을 살도록 창조되었지만, 너무 자주 과거나 미래의 생각 안에 더러는 무의미하게 매달려 있다. 그것이 지금 행동하고 미래 전망이 있는 결정을 내리지 못하게 막는다. 그러나 순간을 의식적으로 경험하고 딴생각을 차단하려 애쓰는 것은, 순간을 쾌락적으로 영원히 즐기는 것이 목표라는 뜻이 아니다. 정반대이다. 의식적으로 '지금'을 지각하고 과거와 미래를 미뤄둠으로써 명료함을 얻을 수 있다. 예를 들어 부정적인 생각이 꼬리에 꼬리를 물기 시작하면, 마음챙김과 명상의 도움으로 '지금'을 포착하라. 명상으로 '도망'치라는 얘기가 아니다. 명상에서 배우고 경험한 것을 일상에 활용하라는 얘기다.

명심하자. 오늘 우리가 무엇을 하는지를 보면, 내일 우리가 어떤 사람이 될지 알 수 있다. 그러나 지금 새로운 미래에 도달하려면, 먼저 과거를 극복해야 한다. 그러므로 과거로 시간 여행을 떠나보자.

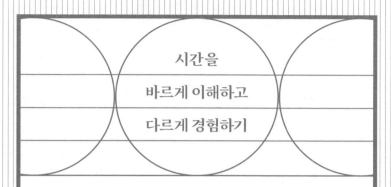

시간을
바르게 이해하고
다르게 경험하기

· 우리는 1년에 1300만 개의 연속된 '지금-순간'을 경험한다.

· 현재는 약 3초이고, 약간의 과거와 미래가 포함되어 있다.

· 우리는 시간적·감정적 근시안이다.

· 한 가지에 과도하게 초점을 두지 않고, 과거를 긍정적으로
보고, 현재의 쾌락을 적절히 누리고, 즐겁게 실천할 수 있는
목표를 가지고 미래를 낙관하는 것이 시간 관점의 최고 조합
이다.

· 명상은 명료함을 준다. 명상 때 우리는 생각과 생각 사이의
틈을 크게 벌리려 노력한다.

· 오늘부터 의식적으로 순전히 현재를 위해 예약해 둘 수 있는
시간이 언제인지 곰곰이 생각하라.

달라진
눈으로
돌아보기

5장

감정의 안경을 끼고 보는 과거

"흡족한 마음으로 자신의 과거를 회상할 수 있게
사는 사람은 두 번을 산다."

마르쿠스 마르티알리스(Marcus Martialis)

예전의 나로 돌아갈 길은 없다

코로나로 세상이 완전히 바뀌기 직전에, 나는 숙취에 젖은 피곤한 몸이 아니라 활기차고 쌩쌩한 상태로 아침을 맞고 싶어 친구들과의 파티를 포기했던 적이 있었는데, 방금 그때가 다시 떠올랐다. 당시에는 그것이 매우 분별 있는 결정이라 여겼었다. 이렇게 될 줄 몰랐으니까. 지금 나는 그때의 결정을 간절히 되돌리고 싶다! 그러나 안타깝게도 시간은 되돌릴 수 없다.

내게 타임머신이 있다면 과거로 돌아가 다른 결정을 내리게 될까? 모두 바꾸지는 않겠지만, 분명 몇몇은 다르게 결정할 것이다! 예를 들어, 여덟 살 때 나는 발이 너무 크다는 이유로 발레학교에서 퇴짜를 맞았고, 그 후로 나는 내 인생에 무용은 없다고 결론 내렸다. 발레 말고 다른 무용을 할 수도 있었는데, 그렇게 하지 않았다. 그때로 돌아가면 다른 결정을 내리게 될까? 예스! 되돌릴 수 있을까? 놉! 그러나 지금이라도 나는 다시 무용을 시작할 수 있다.

나의 상상이 곳곳에서 내 계획을 방해했다. 11살에 나보다 훨씬 어린 배우를 보았을 때, 나는 배우로 성공하기에 이미 너무 나이가 들어버렸다고 생각했었다. 그리고 배우의 꿈을 접었었다. 대학생 때 나는 내 인생을 30세까지만 생각할 수 있었고, 30세 이후의 삶은 그냥 뿌옇게 비어 있었다. 나는 30세 이전에 모든 것을 이뤄내야 한다고, 안 그러면 너무 늦다고 생각했었다. 그러나 절대 그렇지 않다!

나는 실수를 통해 배웠다. 그래서 이제부터는 가고 싶은 모든 파티에 참석할 것이다. 내일 무슨 일이 벌어질지 아무도 모르기 때문이다. 아직 실현되지 않은 뭔가를 소망한다면, 그것을 실현하기 위해 오늘 뭔가를 시작해야 한다. 그래야 언젠가 그것이 실현될 수 있다. 하고 싶은 일이 남았다면, 지금 그것을 해야 한다. 적어도 시작은 해야 한다. 비록 (바라건대) 끝이 보이려면 아직 멀었더라도, 우리에게 주어진 시간은 유한하기 때문이다. 내 롤러코스터의 남은 경로는 매일 조금씩 더 짧아진다.

타임머신을 타고 시간을 되돌릴 수 있다면, 과연 내가 포기했던 멋진 파티가 아직도 거기에 있을까?

유동성 아니면 항상성? 시간을 보는 철학적 시각

철학에는 시간을 보는 또는 시간의 현상을 해석하는 두 가지 대립적 견해가 있다. 헤라클레이토스의 견해와 파르메니데스의 견해로, 두 사람은 기원전 500년경에 살았고 시간에 대한 그들의 견해가 이후 수백 년 동안 서양철학에 각인되었다. 헤라클레이토스의 시간은 유동성을 띠고 파르메니데스의 시간은 항상성을 띤다.[1]

헤라클레이토스의 시간은 과정과 관련이 있다. 생성과 소멸의 영원한 변화와 연결된다. 우리는 태어나고 죽는다. 식물은 자라고 시든다. 그에게 성장은 현상의 흐름이고, 그래서 같은 강에 두 번 들어갈 수 없다는 명언을 남겼다. 그의 시간은 과정, 현재, 상황을 나타내는 개념이다. 나중에 아우구스티누스도 이 개념을 옹호했다. 이 개념에서 과거, 현재, 미래의 순서를 발견한다.

철학에서는 이 순서를 'A-시리즈'라고 부른다. 헤라클레이토스의 견해는 우리가 일상에서 경험하는 주관적 시간과 일치한다. 코로나 직전에 내가 포기했던 파티는 당시 시점에서 현재였지만 지금 시점에서는 과거이고 더는 존재하지 않는다.

그러나 A-시리즈 옆에 'B-시리즈'도 있다. 파르메니데스의 시간은 "영구적 질서"이다.[2] 시간은 변하지 않고, 신뢰할 수 있는 유일한 진실이다. 아침에 다시 해가 뜨고, 여름이 가면 반드시 다시 겨울이 오리라 확신할 수 있기 때문이다. 파르메니데스는 덧없음과 변화가 우리의 환상에 불과함을 입증하고자 애썼고 다음과 같은 명언을 남겼다. "진짜 세상은 영원히 변하지 않고, 시작도 끝도 없다."[3] 아인슈타인의 상대성이론은 B-시리즈와 더 잘 맞는데, 여기에는 특정 현재 시점 없이 오직 이전과 이후만 있기 때문이다. 이런 시간 개념은 '영원주의(Eternalism)'라고도 불리는데, 여기서는 현재와 과거와 미래가 똑같이 현실이기 때문이다.[4] 이런 관점에서 보면, 나는 타임머신을 타고 과거로 돌아가 멋진 파티에 참석할 수 있다. 파티가 여전히 그곳에 존재하기 때문이다. 야호!

열심히 일하는 이야기꾼

회상할 때 시간이 변한다. 영원처럼 길었던 시간이 기억 속에서 꼬깃꼬깃 접은 쪽지처럼 축소된다. 과거를 한번 펼쳐보자. 마르셀 프루스트(Marcel Proust)의 세기의 소설 《잃어버린 시간을 찾아서(À la recherche du temps perdu)》 이후, 우리는 한 기억이 마법처럼 다음 기억을 계속 불러낼 수 있음을 안다.

　우리가 보통 말하는 '나'는 대개 '기억하는 나'를 뜻한다. 우리는 현재 경험하는 사건들의 흐름보다는 과거의 이야기들에서 자신의 정체성을 찾는다. 그러나 기억하는 자아가 들려주는 이야기들이, 경험하는 자아가 현재를 어떻게 느끼느냐에 막대한 영향을 미친다. 말하자면 두 자아는 서로 밀접하게 연결되어 있다.[5]

　'기억하는 나'는 모든 중요한 경험이 저장된 기억을 활용해 이야기를 만든다. 우리의 롤러코스터에 설치된 카메라가 매 순간 폴라로이드 사진을 찍고, 그중에서 인상적인 사진들만 선택되고, 나머지 사진들은 일단 지하실로 던져져 먼지에 덮인다. 그러니까 잊힌다. 기억할 만하고 추억거리가 된다고 선택된 사진들은 이른바 콜라주 기법으로 부착된다. 그다음 조각조각 흩어져 장소, 얼굴, 색상, 형태, 소리, 맛, 감정 등 각각의 담당 영역으로 분류된다. 이때 경험의 정확한 시점은 함께 저장되지 않는데, 우리의 뇌는 정확한 일정표를 작성하지 않기 때문이다.[6] 우리가 특정 기억을 불러내면, 그에 상응하는 그림들과 정보들이 퍼즐처럼 다시 조립된다. 이때 몇몇 조각이 비면, '기억하는 자아'가 그럴듯하게 어울리는 조각을 발명하여 틈을 메운다.[7] '기억하는 나'는 타고난 이야기꾼이다.

시간 실험

당신의 롤러코스터 경로는 어떻게 생겼나?

당신의 롤러코스터가 어떤 경로를 주행했는지 회상해보는 시
간이다. 당신의 삶에서 특별하고 인상적인 사건을 대략 20개
정도 찾아내라. 긍정적이든 부정적이든 상관없다. 20개가 넘
어도 괜찮다. 길게 생각하지 말고 모든 사건을 메모지에 기록
하라.

이제 커다란 종이를 펼치고 세로축과 가로축이 있는 좌표평면
을 그려라. 가로축은 태어난 날부터 지금까지의 시간-축이고,
세로축은 감정을 나타내는 감정-축이다. 세로축에서 위로 갈
수록 긍정적 감정이다. 첫 기억에서 시작하여 0부터 100까지
의 눈금자에 당신의 감정을 표시하라(0=땅 밑으로 더 들어갈 정
도로 나쁜, 100=형언할 수 없는 기쁨 그 이상). 기분이 좋고 맘이
편할수록 감정-축에서 더 높은 곳에 점이 찍힌다. 시간-축은
따로 설명이 필요 없을 터이다. 끝으로 모든 점을 서로 연결하
라. 짜잔, 이것이 지금까지 당신의 롤러코스터가 달려온 주행
경로이다! 이 그림을 이어나가고자 한다면, 나중에 계속 점을
찍거나 목표를 그려 넣을 수 있게 오른쪽에 약간의 공간을 비
워두면 된다.

당신의 그림을 보라. 당신의 여정을 영웅 및 모험 이야기로 새
롭게 꾸밀 방법을 곰곰이 생각하라. 당신의 인생에서 가장 용
감하고 아름답고 흥미진진하고 인상적인 이야기는 무엇인가?
과거에 또는 지금 위기를 맞아, 가파른 내리막이나 거센 회전
구간에 있는 것 같은가? 그것은 완전히 괜찮다. 조지프 캠벨
(Joseph Campbell)이 말했듯이, 영웅 역시 자신의 한계를 뛰어
넘어 성장하려면 자신의 여정에서 거친 협곡을 이겨내야 한

다.[8] 수많은 동화, 소설, 영화, 텔레비전에 이런 패턴이 있다. 《반지의 제왕》에서 프로도 또는 〈겨울왕국〉에서 안나와 엘사를 생각해보라. 그러므로 당신과 당신의 삶을 인자한 눈으로 보고 자신에게 물어라. 과거 또는 현재에 겪는 위기는 무엇에 도움이 될까?

당신의 기억들을 보물창고로 여겨라. 당신의 과거는 독특하고, 오로지 당신 혼자서 이 순서로 이런 일들을 겪었다. 우리가 미래를 채색할 때 과거의 기억이 영감을 준다. 과거가 없으면 미래를 상상할 수 없다. 아무튼, 우리가 미래를 상상하면 기억이 저장된 뇌 영역이 뇌스캔에서 밝게 빛난다.[9] 사고나 질병으로 기억 일부를 잃은 사람들은 미래를 채색할 능력을 잃고, 시간 감각도 같이 잃는다.[10]

철학자 미하엘 슈미트살로몬(Michael Schmidt—Salomon)은 《초연(Gelassenheit)》에서 과거를 대하는 여유로운 태도를 다음과 같이 기술했다. "자기 자신을 내려놓을 수 있는 사람은 초연한 자아를 발달시킨다."[11] 다시 말해, 자신이 어떤 사람이고 어떻게 행동해왔는지를 있는 그대로 받아들이면, 자신이 바꿀 수 있는 상황은 적극적으로 바꾸고, 바꿀 수 없는 일은 초연하게 인정하게 되어 더 자신 있고 더 유머러스해질 수 있다. 이때의 모토? "최악을 예상하고 최선을 고대하라!"

자유 또는 부자유?

우리의 '자아'는, 3장에서 설명한 것처럼, 뇌에서 진행되는 무의식적 과정에서 만들어진다. 현재 우리가 몰두하는 일은 종종 과거와 관련이 있다. 어렸을 때 모든 무용을 완전히 그만두었던 나처럼, 특정 상황에서 다르게 결정했거나 실행하지 않았던 일에 대해 우리는 의식적으로 또는 무의식적으로 화를 낸다. 어쩌면 뭔가 잘못 행동했다는 생각에 심지어 죄책감도 약간 느낄 수 있다. 그러나 오히려 그런 생각이 잘못된 것이다. 과거의 그 특정 순간에 우리는 그렇게 결정할 수밖에 없었기 때문이다.[12] 이것에 대해 상세히 살펴보자.

오늘의 우리는, 우리의 유전자와 경험과 과거에 의해 '그렇게 될 수밖에 없는' 바로 그런 사람이 되어 있다.[13] 우리가 영향을 미칠 수 없었던 수십억 요소가 우리의 삶에 있었다. 우리가 지금 이런 사람이고 지금처럼 행동하는 데는, 무엇보다 사회 환경과 우리의 신체 조건 그리고 그로 인한 뇌 활동에도 책임이 있다.[14] 수십억 요소 가운데 단 한 가지만 달랐더라도 우리의 인생이 어떤 모습으로 전개되었을지, 우리는 결코 정확히 알 수 없다. 어쩌면 나는 발레리나가 되어 어느 날 무대에서 넘어져(나는 실제로 아주 잘 넘어진다) 크게 다쳐, 그대로 경력이 끝났을 수도 있다. 내가 놓친 파티에서 어쩌면 미러볼이 내 머리로 떨어졌을 수도 있다.[15] 모든 것은 불확실하고, '이랬더라면 어땠을까'를 생각하는 것은 별로 도움이 안 된다. 그래서 나는 요즘 다음과 같은 모토를 따른다. (알 수 없는 이유로) 어떤 일이 일어나지 않은 것은, 일어나선 안 되는 일이었기 때문이다. 끝. 다음에는 무엇을 하고 어디를 가고 싶은지가 내게는 훨씬 더 중요한 질문이다.

많은 사람이 이른바 '대안 가능성의 원리'를 믿는다. 과거의 특정 상황에서 다르게 결정할 가능성이 있었을 거라고 믿는 것이다. 그러나 우리의 뇌는 매 순간 단 한 번뿐인 '유일한' 상태이고 이것을 토대로 우리의 행동이 결정된다. 그러므로 대안 가능성의 원리를 적어도 의심해 볼 여지가 있다. 우리의 뇌는 매 순간 처한 상황에 맞게 최선을 결정하려 노력하지만, 당연히 나중에 잘못된 결정으로 판명될 수 있다.[16]

뇌가 매 순간 단 한 번뿐인 유일한 상태를 토대로 결정했다면, 당시에는 그것이 최선이었다. 다른 대안은 없다. 우리의 자아는 그렇게 결정할 수밖에 없었다. 그런 결정을 내린 책임은 그 순간의 복잡한 내·외적 상황에 있다. 유전학자와 뇌과학자의 말대로, 우리의 행동은 "뇌에서 일어나는 여러 전기화학 과정을 토대로 하는데, 이 전기화학 과정은 오래된 진화적 제약과 우연한 변이가 짝을 이루어 만들어내는 유전적 요소의 영향을 받는다."[17] 그렇다고 우리에게 자유의지가 없거나 행동에 대한 책임이 없다는 뜻은 아니다. 우리는 결정을 내리기 전에 한동안 의식적으로 이리저리 깊이 생각하고 고민하며 이성과 직감을 동원해 저울질했었기 때문이다(적어도 감정적으로 행동하지 않았다면 말이다).[18] 그러므로 나중에 비슷한 상황에서 우리는 새로운 경험을 바탕으로 다르게 행동할 수 있다!

강제성, 두려움, 공포를 느끼지 않는 한 우리는 자유롭게 행동할 수 있지만, 의지에서는 자유롭지 않다. 철학자 쇼펜하우어가 이렇게 말했다. "인간은 하고자 하는 일을 할 수 있다. 그러나 무엇을 하고자 할지는 정할 수 없다."[19] 다시 말해, 우리에게 의지는 있지만, 이 의지에 영향을 미칠 수는 없다. 의지에 영향을 미치려는 그 의지는 어디서 온단 말인가! 오늘부터 수학을 좋아하기로 의지를 불태운다고 해서 갑자기 수학이 좋아지진 않는다. 그러나 흥미를 유발하는 재밌는 접근방식으로 수학을 좋아하게 할 수 있을 터이다. 그리고 발이 너무 크다고 발레리나가 될 수 없는 것도 아니다.

앞에서 언급했던 철학자 슈미트살로몬은, "주어진 조건 아래에서 '되어야만 하는' 바로 그런 사람이 정확히 '될 수밖에 없다'"는 사실을 "자각의 E=mc2 공식"이라고 부른다.[20] 아인슈타인 역시 이런 인생관이 잘못과 실수를 바라보는 관점에 중대한 영향을 미친다고 보았다. 그는 삶이 고되고 괴로울 때 이런 인생관이 "항상 위안을 주었고 마르지 않는 관용의 샘물"이었다고 썼다.[21] '다르게 결정할 수도 있었다는 환상'을 버리면, 우리는 과거의 실수를 후회하고 상황을 개선하기 위해 노력하되, 죄책감을 가질 필요는 없게 된다.

죄책감은 책임을 회피하게 하지만, 후회는 발전을 지원하고 행동의 결과에서 교훈을 얻어 긍정적인 쪽으로 변할 수 있게 한다. 결과적으로 우리는 더 자유롭고 더 관용적이고 더 평안하며 더 유쾌하게 살 수 있다. 슈미트살로몬은 그것을 확신한다. 이런 인생관을 가지면 우리는 무엇보다 세상을 더 많이 경험할 기회를 얻고, 비판을 부정적인 것이 아니라 오히려 실수에서 배울 수 있게 돕는 선물로 본다. 또한, 타인으로부터 추앙이나 인정을 받고자 하는 욕구도 사라질 수 있다. 자기 업적에 자부심을 적게 가질수록, 자부심을 가질 만한 업적을 더 빨리 세우게 된다.[22] 고대 그리스 철학자들이 최초의 인생 코치가 아니었다면, 분명 아인슈타인이 그 자리를 차지했을 터이다!

긍정적 회상

우리는 한쪽 다리를 과거에, 다른 한쪽 다리를 현재에 딛고 있을 때가 특히 많은데, 그러면 스스로 선택한 더 나은 미래로 내디딜 다리가 없다. 심지어 우리의 앵무새가 때때로 롤러코스터 앞길에 그러니까 우리의 미래에 과거의 돌멩이를 던지고, 그

미래로 과거를 던지는 앵무새

래서 우리는 과거에서 온 이 돌멩이에 걸려 넘어지거나 그것을 치우기 위해 애써야 한다.

아픈 경험일수록 더 오래 우리의 발목을 잡을 수 있다. 우리가 그것과 직면하여 싸우지 않는 한, 우리는 앞으로 나가지 못한다. 용서나 수용이 (아직) 불가능할 때, 비록 과거를 바꿀 수는 없지만, 그것을 대하는 태도는 바꿀 수 있다. 우리에게는 사건에 새로운 의미를 부여할 권한이 있다.[23] 파헤치기 싫은 과거를 굳이 파헤칠 필요는 없다. 트라우마로 남은 사건이나 가혹한 운명은 전문가의 조언을 구하는 것이 가장 좋다.

부정적 감정은 특히 '편도체'에서 생긴다. 상황을 재해석하기로 의식적으로 결정하면, 통제권은 다시 전전두엽에게 간다. 이때 좌뇌가 중요한 기능을 넘겨받는데, 그것이 두려움, 분노, 슬픔을 차단할 수 있기 때문이다. 여러 연구가 입증했듯이, 실제로 과거의 경험을 새로운 감정과 연결하는 것이 가능하다.[24]

시간 실험
과거의 경험에 긍정적 감정 주입하기

> 과거에 부정적으로 느꼈고 여전히 슬픔, 자책, 창피, 굴욕, 공포 같은 부정적 감정과 연결하는 세 가지 사건을 기록하라.
> 각 사건에서 무엇을 배웠고, 어떤 긍정적 경험과 연결할 수 있을까?
> 예를 들어, 당신은 이 경험들을 극복했고, 다른 어려운 상황도 이겨낼 수 있음을 안다. 그러므로 당신은 그것을 통해 더 많은 효능감, 자신감, 확신을 얻는다. 어쩌면 더 나아가 비슷한 상황

에 있는 다른 사람을 도울 수도 있다.

미래를 개선하기 위해 이 경험에서 무엇을 가져갈 수 있을까?

예를 들어, 당신은 미래에 같은 상황이 벌어지지 않게 노력할 수 있고, 다르게 처리하려고 의식적으로 주의를 기울일 수 있다.

지금 혹시 기분이 나쁘다면, 다음의 지식이 도움이 될 것이다. 수많은 연구가 보여주었듯이, 우리가 우울하거나 슬픈 까닭은 과거의 사건이 우리를 짓누르기 때문이 아니라, 슬픈 기분이 들 때 바로 그런 과거의 사건을 떠올리기 때문이다. 물론, 가혹한 운명이나 트라우마로 남은 사건들은 예외이다. 심리학은 이런 연관성을 '기분 일치성'이라고 부른다.[25] 슬픈 기분이 들 때, 좋아하는 음악을 틀거나 다음의 시간 실험을 하여, 기분을 다시 끌어올리려 시도해보라. 이 실험은 내가 이 책을 위해 자료조사를 하면서 직접 해본 실험 가운데 내가 가장 좋아하는 것이다.

시간 실험

당신은 누구였나? 당신은 오늘 누구인가?

당신을 설명하는 형용사나 즉흥적으로 떠오르는 명사 20개를 종이에 적어라. 너무 긍정적이지도 않고 너무 부정적이지도 않게, 다만 아주 솔직하게 기록하라. 시간을 갖고 천천히 적어도 된다. 그리고 20개를 채우지 못해도 괜찮다.

기록한 종이를 2주 동안 보관하라. 이제부터가 가장 중요한데, 오늘부터 감사한 일을 매일 세 가지씩 기록하라. 2주 뒤에 다시

나를 설명하는 형용사나 명사 20개를 적어라.

이제 2주 전에 작성한 첫 번째 목록을 꺼내 두 목록을 비교하라. 각각의 단어를 평가하라. 부정적인 단어(비현실적 또는 인내심 부족)에 ―1점, 중립적 관점(부끄러움 또는 피곤)에 0점, 긍정적 단어(다정한 또는 친절한)에 +1점을 줘라.

자신 있게 주장하건대, 두 번째 목록이 훨씬 좋아 보일 것이다. 2주 동안의 감사연습으로 과거를 보는 시각이 달라졌기 때문이다. 2주 동안 긍정적 발전이 없었더라도, 좌절할 필요는 없다. 과거를 보는 시각을 바꾸는 것은 장기 프로젝트일 수 있다. 과거는 막대하게 많은 시간을 차지했으니, 그것을 바꾸는 데도 많은 시간이 필요한 게 당연하다. 그러나 당신은 이미 첫걸음을 내디뎠다. 계속 이어가라!

시간은 되돌릴 수 없지만, 회상이나 생각으로 아름다운 순간으로 되돌아갈 수 있고, 비록 그것이 다른 성질의 경험이자 지각일지라도 적어도 머릿속에서 뭔가를 다시 경험한다. 그리고 미래의 내가 더 영리하고 더 주의 깊고 더 자비롭고 더 이성적인 결정을 내릴 수 있도록 변할 수 있다.[26] 지금 내리는 과거의 평가가, 미래에 우리가 어떻게 느끼고 행동할지를 같이 결정한다. 그리고 이제 (바라건대 행복한) 이 미래를 자세히 살펴보자.

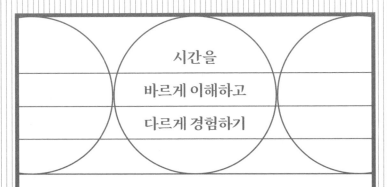

시간을

바르게 이해하고

다르게 경험하기

· 우리의 기억은 현재를 언제나 실제와 똑같이 저장하는 건 아니다.

· 우리가 영향을 미칠 수 없는 삶의 요소가 수십억 개에 달한다는 것을 깨닫고 인정한다면, 자신이 누구인지 훨씬 더 쉽게 받아들일 수 있고 미래에 되고 싶은 사람이 될 수 있다.

· 우리의 앵무새는 계속해서 롤러코스터 앞길에 과거를 던질 수 있다. 그러나 꼭 그래야 하는 건 아니다!

· 우리는 시간을 되돌릴 수 없지만, 과거를 다르게 해석하고 새로운 마음으로 볼 수 있다. 감사를 통해 우리는 더 편안하게 과거와 현재를 볼 수 있다.

용감한
눈으로
내다보기

6장

행복과 미래를 향해

"행동의 시작에 용기가 있고
그 끝에 행복이 있다."

데모크리토스

빌어먹을 행복…

나는 노천카페에 앉아 따사로운 햇살을 받으며 아무 생각 없이 카푸치노를 마신다. 옆 테이블에서 친구로 보이는 두 여자가 얘기를 나눈다. 늘 원했던 것을 모두 가졌는데도 어쩐지 행복하지 않은 것 같다고 푸념한다. 나 역시 행복에 대해 깊이 생각해본다. 내가 아는 사람 중에 정말로 '완전히' 행복한 사람이 있나? 나는 행복한가?

대중 매체는 소위 행복이 어떤 모습인지를 계속해서 우리에게 보여준다. 좋은 친구, 돈, 명성을 더 많이 얻어 마침내 행복해지는 방법을 우리는 사방 곳곳에서 보고 듣고 읽는다. 예전에 서커스에서 수많은 막대 위에 접시를 올리고 돌렸던 곡예사가 생각난다. 첫 번째 접시가 안정적으로 돌아가기 시작하자 곧바로 다음 막대 위에 접시를 올렸다. 그렇게 하나씩 계속 늘어났다. 곡예사는 분주하게 이 막대에서 저 막대로 뛰어다니며 접시가 멈추지 않게 계속 돌려주었다.

나 역시 마지막에 "너는 행복하니?"라는 질문에 자신 있게 웃으며 "물론이지!"라고 답할 수 있기 위해, 이 접시에서 저 접시로 계속 분주하게 뛰어다니는 기분이다. 그러나 자신 있게 행복하다고 답하기는 쉽지 않다. 도대체 행복하다는 게 뭘까? 지금 행복을 느끼면, 나는 기본적으로 행복한 사람일까? 오늘날 행복은 성공한 삶을 가늠하는 만능 잣대가 되었다. 내 말을 오해하지 마시라. 당연히 나도 기꺼이 행복해지고 싶다. 하지만 순간의 행복은 덧없다. 처음에 내게 웃음을 주었던 귀여운 다람쥐가 내 발코니를 화장실로 이용한 후부터는 다람쥐와의 재회는 확실히 처음만큼 나를 행복하게 하지 않는다. 모두가 항상 원하고 그럼에도 가지기 힘들어 보이는 빌어먹을 그 행복은 정확히 뭐란 말인가?

행복한 인생을 위한 오래된 마법의 주문

'Glück(행복)'이라는 독일어 단어는 '알맞은, 적합한'이라는 뜻의 중세독일어 'gelücke'에서 파생되었다. '행복한 인생'은 어떤 모습일까? 인류는 이미 2500년 넘게 이 질문에 몰두했다. 플라톤이나 아리스토텔레스 같은 위대한 사상가와 철학자들이 이미 그것에 관해 고민하고 사색했었다.

고대 그리스인들은 순간의 행복과 '빠른 쾌락(hedone, 헤도네)'을 알았다. 당시 그것은 '포도주, 맛있는 음식, 노래' 등이었다. 예를 들어 따뜻한 초콜릿 크레페를 먹을 때처럼 특정한 순간에 우리가 느끼는 좋은 기분! 그러나 이런 기분은 그 순간이 끝나자마자 금세 다시 사라진다. 오늘날 우리는 이런 기분에 주로 '즐거움'이라는 이름표를 붙이고, 빠른 쾌락을 진짜 행복과 혼동하는 일이 너무 잦은 것 같다. 방아쇠가 당겨지는 순간 강한 만족감을 주는 보상물질이 분비되면, 우리의 뇌는 행복하다고 느낀다. 방아쇠의 종류에 따라 차이는 있겠지만 대부분 이런 행복감은 아주 빨리 사라진다. 미국 드라마 〈매드맨(Mad Men)〉의 대사가 요점을 아주 잘 말해준다. "행복이 뭔지 알아? 더 많은 행복이 필요하기 직전의 짧은 순간이야."[1]

이런 빠른 쾌락 이외에, 고대 철학이 추구할 만하다고 여긴 '행복(eudaimonia, 에우다이모니아)'이 존재한다. 이것은 성공적인 삶과 만족을 얻을 수 있도록 옳은 일을 하고 책임 있는 결정을 내리는 판단 능력을 뜻한다.[2] 아리스토텔레스는 '에우다이모니아'를 정의나 지혜 같은 미덕으로 보았고, 고유한 잠재력을 맘껏 발휘하는 것이 중요했다. 아리스토텔레스는 행복감이 어떤 행위의 결과라고 믿었다.[3] 그러니까 에우다이모니아는 과정이고, 행복감은 성공적으로 진행된 행위나 사고에 대한 보상이다.

그러므로 마치 성공적인 시간 활용처럼 들리는 각각의 여러 짧은 행복감은 성공적인 인생을 만들지 않는다. 행복은 오직 자기 자신 안에서 찾아야 한다. 행복은 거기서 싹트기 때문이다. 씨앗이나 알뿌리가 이미 땅에 있지만, 아직 싹이 트지 않은 정원과 같다. 그러나 행복의 싹이 저절로 트는 건 아니다. 우리는 새로운 정원 의자나 물놀이 수조를 사는 것뿐 아니라, 싹이 트고 잘 자라도록 정원을 잘 가꿔야 한다. 자, 모자를 쓰고 손에 호미를 들고 출발! 잠깐, 지금은 우선 붓 하나면 족하다.

삶 — 종합예술

기린과 판다에 관한 짧은 이야기를 들려주겠다.[4] 기린과 판다가 롤러코스터 그리기 대회에 참가했다. 둘은 재능이 뛰어난 화가이다. 제출 마감까지는 아직 2주가 남았고, 어떤 그림을 그려야 한다는 규정은 따로 없다.

판다는 반드시 이기고 싶었고, 모든 것을 꼼꼼하게 계획했다. 최신 경향뿐 아니라 롤러코스터에 관한 온갖 책과 잡지를 읽고, 이전 대회의 카탈로그들을 연구했다. 인터넷에서 자료를 조사하고, 새로운 이젤과 최고의 캔버스 그리고 가장 가는 붓부터 가장 굵은 붓까지 골고루 준비했다. 당연히 최고 품질의 물감도 샀다. 가장 짙은 검정, 가장 강렬한 핑크 등 모든 색을 빠짐없이 갖추고 싶다! 그리고 최고의 채광! 그의 화실은 이제 완벽하다. 판다는 신선한 대나무를 부지런히 씹으며, 롤러코스터를 어떻게 그릴지, 어디에서 영감을 얻을지 곰곰이 생각한다. 그리고 시대정신과 심사위원의 취향에 가장 잘 맞는 그림을 그릴 방법도 궁리한다. 머리에서 연기가 날 것 같다. 가장 비싸고 가장 짙은 파란색과 반짝이는 황금색도 약간 필요하지 않을까, 고민한다. 제출 마감일 전날 밤에 드디어 그림을 그리기 시작한다.

판다 또는 기린: 그림 그리기 대회에서 누가 이길까?

기린은 어떨까? 기린은 우선 자신이 가진 모든 도구를 차분히 한곳에 모았다. 커다란 스케치북, 두꺼운 붓, 물을 채운 유리병, 낡은 팔레트, 수채물감. 서랍에서 우연히 4B 연필 한 자루도 찾아냈다. 어떤 롤러코스터를 그리고 싶은지 뚜렷한 계획은 아직 없다. 일단 그리기 시작한다. 이따금 딴생각에 빠지고, 창문 너머 나무에서 나뭇잎 몇 장을 따 먹고, 가장 좋아하는 음반인 〈더티 댄싱(Dirty Dancing)〉을 턴테이블에 올린다. 엉덩이를 가볍게 실룩거리며 그림을 그린다. 어느덧 아름다운 그림이 모습을 드러낸다. 멜론으로 만든 롤러코스터. 녹색 물감이 부족하여 도시 반대편에 있는 상점까지 자전거를 타고 간다. 물감을 사서 돌아오는 길에 따사로운 햇살을 즐긴다. 눈 부신 햇살이 자전거의 금속 핸들에서 춤춘다. 선글라스를 벗고 불어오는 바람을 느낀다. 기린은 유쾌한 코끼리를 만나 잠깐 차를 마신다. 이때, 그림에서 수정하고 싶은 세부사항 하나가 문득 떠오른다. 제출 마감일 한참 전에 작품이 완성된다.

판다와 기린에게 무슨 일이 있었는지 세밀히 살펴보자. 판다는 가능한 한 많은 자원을 마련하려 애썼다. 성공적인 결과를 위해 매우 의욕적으로 최고의 재료들을 샀고, 심사위원의 기대를 만족시키는 데 집중했다. 그가 생각하기에 심사위원들이 완벽하다고 평가할 그림을 그리고자 했다. 그러나 그 과정에서 판다는 가장 중요한 것, 즉 작품을 눈에서 잃었다. 반면, 기린은 자신의 작업 도구, 그러니까 가진 자원을 걱정하지 않았다. 기린은 자신을 예술적으로 표현하려는 열정에서 에너지를 얻었다. 기린은 처음부터 그림의 모티브를 중심에 두었다. 작업과정에서 필요한 것이 생기면 그때 비로소 목표에 맞게 재료를 추가했다.

　당신은 분명 진짜 삶으로 가는 다리를 이미 알고 있을 터이다. 대다수 사람은 자신의 삶을 자원 관점에서 평가한다. "나는 건강하다. 나는 펜트하우스에 살고, 직업이 있으며, 친구와 지인이 온라인과 오프라인 모두에 아주 많다. 그러므로 나는 당연히 행복하고 내 삶에 만족한다." 아니면 반대로, "나는 작은 집에 살고, 은행 계좌는 보잘것없으며, 명성도 없다. 그러니 아직 행복할 수 없고 만족하지도 못한다." 이런 관점에서는, 더 나은 자원을 가진 사람이 행복한 인생을 산다는 결론에 도달한다.[5] 그러나 정말 그럴까?

　때때로 우리는 밖에서 보면 매우 성공적이고 완벽해 보이지만, 안에서 보면 근심, 걱정, 공허감으로 가득한 차가운 삶을 산다. 점점 더 많은 것을 원하면, 만족감이 미래로 미뤄진다. 그것은 고전적인 '만약−그러면' 논리이다. '만약' 이것과 저것을 이루면, '그러면' 틀림없이 행복할 것이라고 믿는다. 그러나 몇 년 뒤에, 그 모든 것이 기대만큼 행복을 주지 않았음을 확인하게 된다. 시간이 지나면서 성공의 색이 바래고, 나보다 뛰어난 사람들이 생겨난다. 결국, '영원히' 행복을 기다려야 할 수도 있다.[6] 많은 사람이 예를 들어 부유함을 기다리고, 그다음엔 승진이나 정년퇴직을 기다린다. 그때 비로소 인생이 제대로 시작되리라 생각하기 때문이다.

　그러나 이런 기다림은 현재의 생활감정에 영향을 미친다. 초조함이 클수록, 기다리는 일이 일어나지 않거나 성취되지 못했을 때 겪을 '불만족의 위험'이 더 커진다.[7] 어쩌면 우리의 '내면의 정원'에 불쾌감이라는 잡초가 무수히 퍼졌을 수 있다. 노력하지 않아도 행복과 의미가 저절로 문으로 들어올 거라 기대하고 기다리기만 한다면, 인생에서 그 둘을 만날 일은 없을 것이다. 행복의 열쇠는 균형이다! 나의 연기 선생님이 즐겨 하는 말인데, "창조물이 아니라 창조 그 자체에 가치가 있다."[8] 혼합과 균형이 중요하다. 휴식, 쉼, 무위의 단계가 반드시 필요하다. 그래야 성취한 것을 누릴 수 있기 때문이다. 힘든 정원작업 뒤에 우리는 편안하게 커피를 마시며 쉴 수 있다. 핵심은 올바른 리듬이다!

삶의 의미

우리가 만족감을 느끼는 기준은 우리의 현실이 기대와 일치하느냐이다. 미래를 다루려면, 그것부터 살펴야 한다. 심리학자 칼 융(Carl Jung)이 일찍이 말했다. "밖을 보는 사람은 꿈을 꾸고, 안을 보는 사람은 깨어있다."[9] 그러나 자신의 내면을 연구하기란 쉽지 않다. 그렇더라도 우리는 모두 자신의 개인적 행복을 정의하고 발견할 수 있고, 발견해야 한다.

철학자 죄르지 루카치(Georg Lukács)는 이미 1916년에 종교, 가족, 계층 같은 전통적 기준점이 의미를 상실했다며, "초월적 노숙"에 대해 말했다. 우리는 스스로 삶의 의미를 찾아내야 한다. 자원 더미에서 그것을 찾게 될까? 아닐 것이다. 아마존 창립자 제프 베조스(Jeff Bezos)와 더불어 '세계 최고 부자'로 불리는 일론 머스크(Elon Musk)는 저녁 식탁에서 삶의 의미가 뭐냐는 질문을 받았을 때, 오랜 고심 끝에 다음과 같이 대답했다고 한다. "이 놀라운 프랑스산 치즈죠!"[10] 자연을 산책할 때 또는 맛있는 치즈 한 조각을 먹을 때 느끼는 기분이야말로 인생에서 중요한 것이다.

자원 욕구는 당연히 아주 본질적 욕구이다. 우리는 비를 막아줄 지붕과 먹을 것이 필요하다. 우리는 우리 자신과 가족을 가장 잘 보호하고 부양하고 싶다. 그러나 자원을 더 많이 가진 사람들이 종종 '내면의 정원'에서 피어난 꽃봉오리를 마구 짓밟고, 망원경을 들고 나무에 올라 행복이나 인생 걸작이 어디에 있나 찾는다. 기본적으로 모든 것은 이미 우리 안에 있다. 더 솔직하게 말하면, 아직 땅에 묻혀있거나 유럽인이 평균적으로 소유한 1만 개 물건에 가려져 있다. 새로운 물건을 사는 것은 주로 정원을 꾸미는 일이고, 그 물건을 실제로 사용하는 것이 정원을 가꾸는 일이다. 예를 들어, 책장의 책은 나의 거실을 꾸미고, 그 책을 읽는 것이 내면의 정원을 가꾸는 일이며, 그 결과로 자아도 건강해진다. 피아노는 집을 꾸미고, 그것의 연주가 만족감을 준다. 그런데 왜 우리는 순간의 소중한 시간을 지금 누리지 않고, 곡예사처럼 계속해서 더 많은 접시를 돌려야 한다고 말하는 걸까?

덧없는 행복

에피쿠로스가 말하기를, 행복은 좋은 감정의 현존과 나쁜 기분의 부재에서 생긴다. 크게 틀린 말은 아닌 것 같다. 우리의 뇌 역시 그것을 원하기 때문이다. 기대했던 것보다 더 좋은 일이 생기면, 감정은 우리를 긍정적 행위로 이끌고 '보상센터'가 활기를 띤다. 또한, 자신의 인생을 어떻게 평가하느냐는 무엇보다 평가하는 그 순간에 달렸다. 설문에 응답하기 전에 공중전화부스에서 '우연히' 10센트 동전을 발견한 사람, 그러니까 작은 행복의 순간을 경험했던 사람은 자신의 인생을 명확히 더 긍정적으로 평가했다.[11] 행복은 우연의 영향을 받고, 순간에 좌우될 수 있다.

행복을 경험하는 순간에 관한 한, 인간의 뇌는 아주 단순하다. 모든 좋은 감정은 언제나 한 가지 원인에서 생긴다. 우리의 기대가 예상보다 더 높게 채워졌을 때, 좋은 감정이 생긴다. 오랜 기다림 끝에 얻었든 즉흥적으로 얻었든 상관없다. 요점은 예상보다 더 많이 얻었다는 데 있다. 놀람이 클수록 기쁨이 크다. 예를 들어, 뭔가 새로운 시도를 위해 바나나를 넣은 초콜릿 크레페를 주문했는데, 그것이 예상보다 맛있으면 당신의 뇌는 신경전달물질 도파민을 분비하여 이런 긍정적 경험에 보상을 주고, 당신은 편안함, 기쁨, 만족감을 느낀다. 이때 중요한 것은 도파민의 절대적 분비량이 아니라 분비량의 차이이다. 크레페를 먹고 있는데 주문하지도 않은 딸기 셰이크를 서비스라며 주면, 도파민이 더 많이 분비되고 다시 행복감이 퍼진다. 물론, 크레페가 맛이 없거나 당신에게 딸기 알레르기가 있다면 얘기는 달라진다. 그러면 당연히 나쁜 경험이고, 이런 경험을 다시는 하고 싶지 않을 것이다. 그렇더라도 당신은 경험을 통해 뭔가를 배웠다!

이런 행복이나 기쁨의 순간은 아주 짧고, 사실 학습 과정의 '부산물'에 불과하다. 우리는 설렘, 호기심, 욕구, 흥미를 느껴 목표에 집중하고, 도파민 덕분에 우리의 산호물고기가 더 잘 생각하고 정보를 더 쉽게 작업하여 더 쉽게 배운다.[12] 시간이 흐르면서 이런 학습 과정을 통해 유익하거나 유해할 수 있는 습관이 생기고, 습관이 일단 굳어지면 고치기가 매우 어렵다.

행복이 그저 '동반 현상'에 불과하다면, 행복 추구가 과연 의미가 있을까? 행복 하나만을 인생의 목표로 삼는 것은 좋지 않다. 행복은 그저 뇌가 보내는 순간의 신호일 뿐이기 때문이다. 그러나 오늘날 우리는 초콜릿, 쇼핑, 마라톤, 환각제 등 빠른 보상 형식의 행복을 아주 쉽게 얻을 수 있다. 그래서 금세 다시 채워지기를 갈망하는 공허감이 생긴다.

비록 짧은 행복이 최후의 인생 목표가 될 수는 없더라도, 언제 어떻게 그런 행복을 부산물로 만들어낼 수 있는지를 알아둘 필요는 있다. 그런 행복감이라도 아무튼 기분이 좋아지니까. 게다가 보상을 미룰 줄 알면, 행복감은 더 커진다. '설렘이 최고의 기쁨이다'라는 격언이 그것을 잘 말해준다. 시원한 맥주 한 잔, 새집 입주, 연봉인상 등 뭔가 좋은 것을 얻게 될 전망이 벌써 기쁨을 만든다. 반면, 코앞에 닥친 세금신고 전망은 도파민 불꽃놀이를 선사하지 않는다.

뜻밖의 행운 vs 익숙함

보상체계는 미래에 초점을 두므로, 사실 '기대체계'라고 불러야 더 맞는 표현인 것 같다. 적어도 학습 과정이 완료된 후라면, 보상체계에서 과거는 먼지나 다름없다. 과거의 성공을 회상해보라. 전국청소년대회에서 받았던 상 또는 최근의 연봉인상을 당신은 아마도 흐뭇하게 떠올릴 것이다. 그러나 오늘 또 샴페인을 터트리지는 않을 것이다. 어제까지만 해도 뛸 듯이 기뻐했던 일에 우리는 아주 금세 익숙해진다. 반면 새로운 자극은 주목을 받는다. 그것은 무엇보다 미래, 기대, 희망에 관한 일이기 때문이다.

다음의 실험을 보면, 보상체계가 보상보다 기대와 관련이 더 많은 이유를 알 수 있다. 신경과학자 볼프람 슐츠(Wolfram Schultz)는 마카크원숭이(구세계원숭이에 속한다)에게 사과를 주었다. 사과를 받은 원숭이의 뇌에서 도파민이 분비되었다. 그러니까 행복감이 퍼졌다. 뭔가 예상치 못한 좋은 일이 발생하자, 바로 도파민이 분비되었다. 그다음 파블로프의 개처럼 고전적 조건화로 사과를 주기 전에 불빛으로 알렸다. 처음에는 눈에 띄는 일이 일어나지 않았지만, 시간이 흐르면서 원숭이는 불빛이 맛있는 간식 신호임을 학습했고 그래서 불빛이 날 때 벌써 도파민이 분비되었다. 기대감이 벌써 원숭이를 행복하게 했다. 그러나 불빛 없이 사과만 주면 도파민이 더는 분비되지 않았는데, 원숭이를 행복하게 한 것은 맛있는 간식에 대한 기대감이었지, 사과 자체가 아니었기 때문이다. 우리도 마찬가지다. 새 옷을 장만할 경우, 새 옷을 입을 때보다 옷을 고를 때 또는 택배를 기다릴 때 훨씬 더 행복하다.

불빛 없이 간식만 준다면, 이제 마카크원숭이의 도파민 불꽃놀이는 영원히 끝난 걸까? 아니다. 사과 대신 건포도를 주자, 불빛 신호가 없었는데도 원숭이의 뇌에서 다시 도파민이 방출되었다. 뜻밖의 일이 새롭게 도파민 분비를 이끌었다. 그러나 이것 역시 영원히 유지되지 않는다. 마카크원숭이의 뇌가 건포도에도 금세 익숙해지기 때문이다.[13] 오로지 뜻밖의 새로운 간식에서만 도파민이 분비되었다.

심리학에서는 'wanting(원하는 것)'과 'liking(좋아하는 것)'을 구분한다.[14] wanting은 욕구와 설렘, "나는 원한다"를 뜻하고, liking은 향유와 만족의 감정, "나는 누린다"를 뜻한다. wanting이 liking으로 이어지고, liking이 맘에 들면 장소, 인물, 냄새 등 모든 중요한 세부사항이 뇌에 함께 저장된다. 과학은 이 부분에서 아직 어둠 속에 있다. 신경과학자들은 뇌의 쾌락 핫스팟에서 liking이 생긴다고 가정한다. 엔도르핀 같은 신체 자체 '아편'이 만족감을 만든다는 것이다. 좋은 경험일수록 더 강하게 각인된다.[15]

우리의 wanting 그리고 그와 관련된 보상체계에 관한 한, 우리는 기본적으로 구세계원숭이와 크게 다르지 않다. 영장류든 스마트폰 사용자든, 뇌는 같은 메커니즘을 따른다. 인간의 행복감 역시 언제나 짧게만 유지된다. 우리는 긍정적인 일에 아주 금세 익숙해지고 욕구는 계속해서 올라가기 때문이다. 우리도 뇌를 다시 감탄시키려면 마카크원숭이처럼 언제나 새로운 것이 필요하다. 새로운 자동차, 새로운 스마트폰, 새로운 옷, 새로운 행운, 더 많은 인정, 더 많은 초콜릿. 사회심리학은 이 현상을 '쾌락의 쳇바퀴'라고 부른다. 늘 똑같이 진행되는 순환. 소망 → 성취 → 공허, 그다음 처음부터 다시.[16] 그러나 이 쳇바퀴를 돌리기가 점점 더 힘들어진다. 점점 더 빨리 돌리고 싶기 때문이다. 신경심리학자 자크 판크세프(Jaak Panksepp)는 이 과정을 "목표 없는 동력"[17]이라고 부르는데, 이것은 성장을 기본으로 하는 경제시스템에는 우수한 윤활유이지만, 우리에게는… 글쎄… 그저 작동하는 하나의 동력일 뿐이다.

더 오래 유지되는 행복

행복 방아쇠가 하나 더 있다. 이 방아쇠는 닳아 없어지지 않는다. 바로 '내적 만족'이다. 우리가 의미를 추구하고 진심으로 그것에 기뻐할 때, 우리는 내적 만족을 느낀다. 기대나 인정과 상관없이 지금 하는 일에 그냥 만족한다. 새로운 것 배우기, 음악 듣기, 즐겁게 일하기, 춤추기, 즐거운 대화 나누기, 의미 있는 일에 동참하기, 다른 사람 돕기, 세상을 아주 조금이나마 좋게 만들기. 내적 만족은 대개 학습, 진보, 업적을 기반으로 한다.[18]

시간 실험

내적 만족의 순간 경험하기

일상에서 뭔가를 성취하는 상황과 기쁨을 느끼는 순간에 의식적으로 주의를 기울여라. 아침에 침대를 정돈할 때 또는 아이의 간식을 준비할 때 벌써 시작될 수 있다. 새로운 외국어를 배우거나 고급 어휘를 외우는 등 매일 의식적으로 뭔가 새로운 것에 몰두하는 것도 좋다. 그러면 조금 더 행복하게 그 일을 하고 있음을 깨닫게 될 것이다. 그리고 동시에 당신의 뇌도 건강해진다!

내적 만족은 닳지도 마르지도 않는다. 그것은 저절로 계속 생기기 때문이다. 다시 말해 여기서는 소망 — 경험 — 만족이 순환한다. 쾌락적 쳇바퀴의 반대 효과를 낸다. 어쩌면 심지어 쾌락적 쳇바퀴의 출구 구실을 할 것인데, 행복과 만족감이 밀접한 관계에 있고 그래서 행복이 더 오래 유지되기 때문이다. 행복과 만족의 결합은 많은 일이 쉽게 척척 진행될 때 또는 창의적이고 생산적인 창조과정에서, 이른바 몰입 단계에서 생긴다. 그러나 이런 몰입 단계도 영원하진 않다. 말하자면 우리의 뇌는 항상 행복할 수는 없다! 항상 행복하다면, 행복의 순간은 더는 특별하지 않을 것이다.

주관적 평안과 일반적 만족

짧은 행복감과 일반적 만족은 뇌의 다른 시스템에서 발생하는 다른 요소이다. 일반적 만족은 그다지 자극적이지 않게 들리지만, 그것이야말로 중대한데, 이때 기억과 지성이 밀접하게 협력하기 때문이다. 과거의 행복한 순간이 현재의 행복한 순간과 비교된다. 이때 우리의 기대와 현재 상황도 비교에 관여한다. 행복이 연극의 한 장면이라면, 만족은 연극을 관람한 날 전체에 대한 짧은 평가이다. 심리학은 이것을 '주관적 평안'이라고 부르는데, 개인의 고유한 만족감을 말하기 때문이다.[19] 이것이 롤러코스터에서 기본 감정으로 반영된다. 모든 소중한 하루가 그것을 바탕으로 한다. 이른바 '만족 주춧돌' 위에 순간의 행복이 계속해서 '증축'된다.[20] 행복한 순간을 얼마나 많이 경험했느냐 뿐 아니라, 무엇보다 자신의 삶을 장기적으로 어떻게 평가하느냐가 중요하다.

롤러코스터가 더 오래 더 자주 위로 오른다면, 그러니까 행복한 순간이 더 길게 더 많이 있다면, 정말 멋진 일 아닐까? 그러나 인생에는 오르막과 내리막이 있고, 모든 날에는 최고점과 최저점이 있기 마련이다. 이것을 명심한다면, 만족의 가치를 더 높이 보게 될 것이다.

시간 실험

행복한 순간을 찾아서

인생에서 정말로 좋았던 시절을 떠올려보라. 당신의 인생에서 가장 아름다웠던 순간 세 가지를 꼽는다면 무엇인가? 당시 무엇이 당신을 행복하게 했고, 왜 그 순간들이 기억에 남았나? 선물, 성공, 만남? 미래에도 그런 순간을 다시 경험하려면, 작은 행복을 재현하려면, 어떻게 해야 할까?

행복과 자유가 우선 있어야 우리의 모든 갈망이 채워질 거라고 믿는 사람들이 아주 많다. 그러나 예기치 못한 일과 자기 자신을 분리할 수 있고, 욕망 추구에서 벗어나고, 부정적 생각을 제어할 줄 알 때 비로소 우리는 정말로 자유롭다.[21] 이것이 불교가 말하는 행복이다. 이것은 뇌의 생화학적 특성과 많은 부분에서 일치한다. 평안은 금세 생겼다가 금세 다시 사라진다. 평안을 계속 갈구하거나 뭔가를 얻지 못한 채 고대하는 한, 불만족은 사라지지 않는다.[22] 그러므로 불교의 승려와 여러 종교의 수도자들은, 만족과 의미를 체험하는 것이 행복보다 훨씬 더 소중하다

고 여긴다.[23]

굳이 수도자가 될 필요는 없다. 의미 있는 행동을 하고 그것에 만족할 줄 아는 것만으로도 이미 충분하다. 밝은 눈으로 현실을 직시하고, 쾌락적 쳇바퀴를 멈추고, 세상을 넓게 보는 것이 중요하다. 그러면 아마도 우리는 인생이라는 걸작에 필요해 보이는 자원을 모으는 데 애쓰는 대신, 새롭게 방향을 잡고, "나는 어떤 인생을 그리고자 하는가?"에 답할 수 있으리라.

현재와 목표 사이의 틈

우리의 상상력은 미래계획을 위한 탁월한 도구이지만, 우리는 종종 현재의 수많은 접시를 계속 돌리는 데 너무 몰두한 나머지 진짜 목표를 눈에서 잃는다. 많은 사람이 그렇게 일상에 파묻혀, 과감한 미래계획을 설계하고 크게 생각하고 다르게 살 수 있음을 잊는다. 몇몇 목표는 어차피 이루기 힘들었다고, 우리를 속이려는 어떤 힘이 우리 안에 있는 것 같다. 아니면 지금까지 우리의 노력이 그냥 부족했던 걸까?

우리는 여전히 신자유주의적 행복 약속을 움켜쥐고 있을까? "행복해지려는 마음만 있다면, 뭐든지 가능하다!" 오늘날 행복은 심지어 클릭 수로 수량화할 수 있고, 폭넓은 코칭 비즈니스가 포함된 소비재가 되었다. 행복하지 않다면, 그것은 제대로 노력하지 않았기 때문이다. 행복은 우리 손에 달렸으니까! 사회학자 에바 일루즈(Eva Illouz)가 지적하듯이, 현대의 행복은 "자아실현의 약속을 자아의 근본적 불완전성 가설"과 결합한다.[24] 이 말인즉슨, 아무리 열심히 행복을 추구하더라도, 자아의 영원한 불완전성 때문에 행복은 실현될 수 없다는 뜻이다. 엥? 그럼 어쩌라고?! 그렇다면 인생에서 개인의 자아실현은 어떤 모습일까?

자아는 우습게도 자신의 발달이 현재 종결되었다고 믿는 경향이 있다. 우리는 연령대와 상관없이, 지난 10년간 겪은 변화보다 앞으로 10년 동안 겪을 변화가 훨씬 적거나 거의 없을 거라고 확신한다.[25] 그러나 그것은 당연히 헛소리다. 우리는 늘 변한다! 존 레논의 명언을 아마 들어봤을 터이다. "인생은 당신이 다른 계획을 세우는 동안 벌어진 일이다." 삶에서 뭔가를 정말로 바꾸고자 한다면, 어떤 방향으로 바꾸고자 하는지 알아야 한다. 목표를 그려야 비로소 생각과 현실에서 현재와 목표 사이의 틈이 생긴다. 목표가 없을 때보다 목표가 있을 때, 롤러코스터 조종이 훨씬 쉽다. 그리고 이 길에서 훨씬 더 좋은 뭔가를 발견할 것이다!

성공한 배우 조지 클루니가 한 인터뷰에서 말했다. "뭔가를 시도하지 않는 것이 유일한 실패이다."[26] 결정하기 그리고 그냥 시작하기. 이것이 의식적 미래 설계에서 가장 중요하다. 목표 달성을 위해 필요한 자신감은 하룻밤 사이에 생기지 않는다. 그런 자신감은 목표를 향한 길에서 만나는 수많은 작은 성공에서 아주 부차적으로 생긴다. 이 목표를 향해 롤러코스터를 더 쉽게 조종하는 방법을 알아보자.

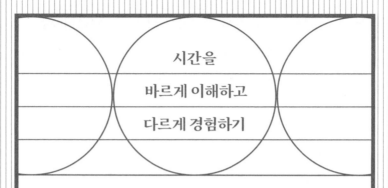

시간을

바르게 이해하고

다르게 경험하기

· 미래의 모습을 우리가 결정한다면, 정말로 하고 싶은 일을 훨씬 더 쉽게 할 수 있다.

· 현대사회는 자원 지향적이다. 그래서 진짜 목표인 만족한 삶보다 자원을 더 중시하게 한다.

· 판다처럼 계속해서 자원 최적화에 몰두하는 사람은, 삶 자체에 집중할 시간이 없다.

· 행복감은 언제나 기대와 어느 정도 관련이 있다. 행복감은 학습 과정의 부산물일 뿐이다. 예를 들어 뭔가 새로운 것을 알게 되는 기쁨 같은 것이다.

· 현재 불가능해 보이는 꿈이 3개월 뒤에 어떻게 될지 깊이 생각해보라. 아니면 1년 또는 10년 뒤에? 이 꿈을 실현하기 위해 오늘 할 수 있는 일은 무엇일까?

인간이라면 누구나

7장

미래를 위한 진로 결정

"우리는 사물을 있는 그대로 보지 않고,
자기 상황과 형편에 따라 달리 본다."

아나이스 닌(Anaïs Nin)

내 머릿속의 앵무새

첫 번째 코로나 록다운 동안, 우리 동네에서는 탁구가 유행했다. 나와 린다는 거의 매일 오후에 공동묘지 옆 공원 탁구대에 마주 섰다. 수많은 경기를 해본 결과, 린다가 나보다 아주 조금 낫지만, 막상막하라고 말해도 될 만큼 우리의 실력은 엇비슷했다. 그래서 어떤 날은 린다가 이기고, 또 어떤 날은 내가 이겼다. 어느 날 문득 알게 된 사실인데, 점수를 세지 않고 그냥 가벼운 대화를 나누며 공을 주고받을 때 최고의 랠리가 이어졌다. 그 순간 나는 깨달았다. 경기 결과는 탁구대가 아니라 내 머릿속에서 결정되었다!

점수를 '반드시' 따겠다는 마음으로 안간힘을 쓰며 집중하면, 나는 여지 없이 꼭 실수를 저질렀다. 그러면 내 머릿속의 앵무새가 이른바 내 어깨 위에 앉아 온갖 잔소리를 늘어놓는다. 멋진 공격을 선보이는 데 연연하지 않고, 내어준 점수에 초연할수록, 경기가 더 잘 풀렸다. 그러니까 생각이 적을수록 더 잘했다. 어떨 땐 나의 앵무새가 내 감정과 행동까지 통제했다. 그러나 그럴수록 나는 앵무새를 더 강하게 통제해야 할 것이다. 단순히 탁구만이 아니라 나의 미래를 계획하는 일이라면, 앵무새를 통제하는 것이 결정적 요소라고 확신하기 때문이다.

누가 명령권자인가?

장기적 만족이나 인생의 성공을 위해 의식적으로 세운 계획의 영향력은 얼마나 클까? 대다수가 70퍼센트 정도라고 답한다. 그렇다면 의식적으로 미래를 계획하는 데 얼마나 많은 시간을 쓸까?[1] 나의 앵무새가 아주 많이 내 미래를 깊이 고민하더라도, 솔직히 나는 '뭘 먹을까', '언제 쉴 수 있을까' 따위를 주로 생각한다. 말하자면 나는 먼 미래에 대해 고민하지도 않고, 특별히 목표 지향적으로 또는 전략적으로 생각하지도 않는다. 당신은 어떤가? 미래를 상상하고 고민하는 일은 별로 어렵지 않다. 하지만 실제로 그렇게 하고, "지금 미래를 위해 결정하고 실천하는 사람은 많지 않다."[2] 삶을 새롭게 바꾸고 변화를 가져오는 일은 쉽지 않지만, 그렇다고 불가능한 것도 아니다.

목표가 있으면 원하는 방향으로 롤러코스터를 조종하기가 더 쉽다. 하지만 자신의 행동을 잘 이해하고 시간을 의미 있게 쓰고자 한다면, 목표 달성에 몰두하기 '전에' 언제 어떻게 결정할지를 먼저 알아야 한다. 당신은 왜 당신이 원하는 그것을 원하는가?

결정 과정에서 처음부터 마지막까지 모든 권한은 우리의 감정에 있다. 결정 과정의 시작은 목덜미 부위에 있는 아주 작은 '중뇌'이다. 중뇌는 다양한 신체 반응의 중요한 전환 스위치인데, 예를 들어 호흡조절을 담당한다. 중뇌는 먼저 보상을 얻고자 하는지 아니면 불쾌한 것을 피하고자 하는지 구분한다. '보상 경로'는 중뇌에서 시작하여 변연계의 '측핵'으로 이어지고, '처벌 회피 경로'는 중뇌에서 시작하여 전측 뇌섬엽으로 이어진다. 뇌섬엽은 시간과 관련이 있을 뿐 아니라 '부정적 기대', 즉 벌을 받을 거라는 예감과도 관련이 있다. 그다음 왜 이런 생각이나 이런 목표를 실현해야 하는지 또는 하면 안 되는지 해명하고 근거를 찾기 위해 (지성과 이성의 왕국인) 전전두엽이 나선다. 중뇌, 변연계, 뇌섬엽의 모든 정보가 전전두엽에 모이고 우리의 가치관, 기억, 경험이 결정 과정에 통합된다. 전전두엽의 평가가 측핵에 전달되고 짧은 옥신각신이 생긴다. 우리가 결정을 내리고 실현할 때까지 이 과정이 몇 번 반복된다.[3] 마지막에 변연계가 다시 권한을 갖는데, 우리의 행동을 조종하고 결정하는 대뇌 시스템에 직접적인 영향력과 접근권을 가진 것이 바로 변연계이기 때문이다. 그렇게 변연계는 우리의 존재를 조종하고 결정한다.[4] 이 모든 과정이 1초도 안 되는 아주 짧은 시간 안에 이루어진다.

다양한 속도의 생각

무의식적이든 의식적이든 모든 사고체계가 언제나 모든 과정에 관여하더라도, 심리학에서는 '무의식적이고 빠르며 감성적인' 생각이, 보상과 쾌락에서 동력을 얻는 '의식적이고 느리며 이성적인' 생각에서 분리된다. 노벨 경제학상 수상자 대니얼 카너먼(Daniel Kahneman)은 빠르고 직감적인 생각을 '시스템 1'이라 부른다. 이 시스템은 무의식적으로 빠르게 자동으로 행동할 때 작동한다. 직감적으로 움찔하거나 위험에 재빠르게 반응할 때 또는 읽기, 쓰기, 자전거 타기, 자동차 운전처럼 오랫동안 집중적으로 연습하고 반복하여 몸에 밴 행동을 할 때. 이성적 차원의 '시스템 2'는 장기 계획과 의식적 행동을 담당한다.[5]

시간의 지평 역시 우리의 결정에 중요한 역할을 한다. 예를 들어 며칠 뒤에 보게 될 영화를 고른다면, 지금 당장 볼 영화보다 훨씬 더 까다롭게 작품을 고른다. 다시 감정적·시간적 근시안이 되는 것이다. 쇼핑에서도 비슷하다. 당장 들고 가는 것이 아니라 며칠 뒤에야 비로소 택배로 받는 경우라면, 더 건강한 제품을 고른다. 점심 식사 후 먹을 간식을 정하는 실험에서, 일주일 전에 미리 정할 때는 피험자의 절반 이상이 초콜릿 대신에 과일을 선택했다. 그러나 일주일 뒤 간식을 먹게 되었을 때, 원래 결정을 바꾸겠냐고 묻자 80퍼센트 이상이 초콜릿으로 바꾸었다.[6] 여기서도 카멜레온의 '지금 당장 가지고 싶은 욕구'가 승리했다.

나무늘보와 카멜레온의 동맹 vs 산호물고기와 꿀벌의 동맹. '원한다'와 '지금'의 동맹 vs '해야 한다'와 '미래'의 동맹. 감성 vs 이성. 양측이 끊임없이 서로 경쟁한다. 그러나 현재에는 대개 나무늘보 팀이 더 강하다. 그래서 미래 능력을 더 키우려면 산호물고기와 꿀벌이 세게 밀어붙여야 한다.[7]

시간 실험

근육 덩치들에 둘러싸인 산호물고기

결정할 때 '10-10-10 규칙'을 따르면, 산호물고기(이성)에 힘을 실어줄 수 있다.[8] 지금 내린 결정이 10분 뒤, 10개월 뒤, 10년 뒤에 어떤 결과를 낼지 자신에게 물어라. 그러면 오늘 벌써 미래를 계획할 수 있고, 지금에 사로잡힌 보상체계를 어느 정도 속이고 롤러코스터의 경로를 의식적으로 다르게 설정할 수 있다. 이 규칙은 인생을 바꾸는 큰 결정에 도움이 될 뿐 아니라, 일상의 소소한 결정에서도 장기적 안목으로 더 나은 선택을 하도록 돕는다.

점심 메뉴로 건강한 음식 대신 정크푸드를 고른다고 가정해보자. 이 결정은 10분 뒤 포만감을 주고 (바라건대) 맛있게 먹었다는 흡족함을 주거나 어쩌면 양심의 가책을 약간 줄 것이다. 10개월 뒤에는 아마 뱃살이 늘어날 것이고, 10년 뒤에는 동맥경화나 그 외 건강 문제를 가지게 될 것이다. 원인은 모두 당신이 너무 자주 정크푸드를 결정했기 때문이다. 그러니 앞으로는 건강한 음식을 더 자주 결정하는 것이 좋겠다! 지금 당장 시작하면 더 좋지 않을까?

예시 하나를 더 보자. 독서나 외국어 공부 또는 첼로 연습 대신 재밌는 드라마를 본다고 가정해보자. 10분 뒤 당신은 여전히 텔레비전을 보며 여유로움을 느낄 것이다. 10개월 뒤에는 이 드라마와 다른 여러 드라마의 내용을 아는 대신 당신이 미뤄둔 다른 분야에서는 발전하지 못했을 것이다. 10년 뒤에도 여전히 새로운 능력도 업적도 없을 것이고 그동안 아주 많은 시간을 드라마에 썼을 것이다. 한 친구가 드라마 시청에 쓴 시간을 계산해보았는데, 거의 1년이 다 되었다. 나는 아마 7년쯤 될 것이다.[9] 물론, 드라마가 재밌긴 하다. 그러나 당신은 어디에 당신의 에너지와 시간을 쓰고자 하는가?

미래의 나를 위한 계획들

지성과 이성은 전전두엽에서 협력하며 우리의 복잡한 생각들을 작업한다. 기억과 지식을 불러내 계획을 수립하는 일, 그러니까 롤러코스터의 선로를 놓고 경로를 설정하는 일을 매우 잘한다.[10] 롤러코스터 앞머리에 대형 모니터가 걸렸다고 상상해보

자. 미래의 나를 위한 온갖 계획들을 이 모니터에 띄울 수 있다. 그런데 모니터에 뜬 계획을 실천하지 못하는 경우가 왜 그렇게 자주 생길까? 다른 탑승자의 관심사가 영향을 미치기 때문이다. 그것 때문에 우리는 계획한 일을 때때로 실행하지 못한다.

'지금의 자아'와 행동 패턴을 담당하는 신경망은 몇 년 동안 축적된 데이터고속도로이고, 무엇보다 지금 여기에 있는 보상에 특화되어 있다. 우리를 다시 근시안으로 만든다! 그러나 가능한 한 빨리 뭔가를 얻고자 하는 보상체계의 이런 특성은 더 복잡한 세계에서 더 나은 미래로 우리를 안내하지 못한다. 그러므로 우리는 오늘 그 어느 때보다 더 많이, 오늘의 행동이 가져올 장기적 결과에 집중하고, 미래가 지금 벌써 아주 매력적으로 보이게 만들고, '미래의 자아'가 지금 결정에서 더 중요한 역할을 맡도록 해야 한다. 이미 특정 목표와 소망을 정했다면 특히 더 그렇다. 그러나 올바른 감정 없이는 아무것도 진행되지 않는다. 올바른 감정이란 긍정적 감정일 것이다. 그러나 부정적 감정도 이용할 수 있다. 예를 들어, 피트니스센터에 가지 않거나 계획한 운동프로그램을 실천하지 않을 때마다 50유로를 벌금으로 내기로 자기 자신과 약속할 수 있다. 벌금으로 낼 50유로를 언제나 운동 가방에 넣고 다니거나 매일 아침 보는 거울에 붙여두어라. 명심하라. 뇌에서 '미래의 자아'는 완전히 남이나 마찬가지다.[11] 그러므로 우리의 미래와 미래의 자아를 가능한 한 구체적이고 상세하게 상상해야 한다. 그래야 미래의 내가 계획을 실천하고 뭔가를 한다.

당신의 미래 비전

> 비전보드를 만들어보자. 비전보드란 여러 사진으로 미래를 시
> 각화한 커다란 종이를 말하는데, 그것이 롤러코스터의 미래
> 경로를 보여줄 것이다. 당신의 뇌는 당신이 가고자 하는 방향
> 을 알고, 당신의 꿈을 실현하기 위한 길을 찾아낼 것이다. 만약
> 모든 것이 정말로 가능하다면, 당신은 무엇을 소망하겠는가?
> 비전보드에 포함될 범주를 정하라. 나, 건강, 친구, 가족, 사랑,
> 휴가, 돈, 직업, 취미 등 당신이 미래에 어떻게 살지 주의 깊게,
> 신중하게, 감탄하며 성실하게 곰곰이 생각하라.
> 당신이 정한 범주와 삶의 태도에 맞는 사진을 찾아라. 인터넷
> 이나 잡지에서 무한히 많은 시각적 영감을 얻을 수 있을 것이
> 다. 그렇게 당신은 오늘 벌써 10년, 20년, 30년 뒤의 당신을 시
> 각적으로 표현할 수 있고 그것을 무의식에 각인시킬 수 있다.

정서적 기본태도 — 삶의 자세

'정서적 기본태도'는 아주 일찍부터 형성된다. 저마다 더 긍
정적이거나 더 부정적인 삶의 자세를 갖는다. 정서적 기본태도
는 우리가 얼마나 오래 긍정적 감정을 유지할 수 있느냐를 결정
한다. 정서적 기본태도는 회복 탄력성과 사회적 직감과 더불어,
신경과학자 리처드 데이비드슨(Richard Davidson)이 연구한 '정
서 유형'에 속한다. 정서 유형에 따라 신경 패턴과 뇌의 특성이
다르다. 연구팀은 피험자들에게 긍정적 감정을 불러일으키는 사
진을 보여준 뒤, 해당 신경망과 웃음 근육이 얼마나 오래 활성

상태를 유지하는지 관찰하여 정서적 기본태도를 측정했다.[12]

우리는 정서적 자극이 필요하다. 우리는 평생 그것을 좋는다. 좌뇌와 우뇌는 기본적으로 언제나 협력하지만, 효율적으로 시간을 절약하기 위해 각자 선호하는 작업을 나눠 맡는다. 아주 단순하게 말해, 기분이 좋으면 전두엽 좌측이 더 강하게 활성화되고, 불쾌하면 우측이 활성화된다. 예를 들어, 라디오에서 좋아하는 노래가 나오면, 좌뇌가 활기를 띤다. 형편없다고 여기는 노래가 나오면, 우뇌가 활기를 띤다. 아기 때부터 이미 이런 식으로 작동한다. 달콤한 것을 먹으면 좌뇌가 활성화되고, 시큼한 것을 먹으면 오른쪽이 활성화된다.[13]

부정적 감정을 제대로 처리하지 못하고 우뇌가 더 활기를 띠는 사람은 주로 불행하고 더 내성적이며 더 자주 의심하는 '경향이' 있다. 반면 활기찬 좌뇌를 가진 사람은 더 낙관적이고 더 초연하고 자신감이 있고 스트레스를 잘 처리할 수 있으며, 인생의 고난을 더 쉽게 극복하고 심지어 면역력도 더 높다. 기본적으로 좌뇌가 더 활기차면, 우뇌에도 부정적 감정이 자주 등장하지 않고 등장하더라도 더 빨리 사라지기 때문에, 스트레스 호르몬이 덜 분비된다.[14]

'스트레스 관리' 능력이 우수하면, 다시 말해 스스로 마음을 진정시킬 수 있으면, 기본적으로 긍정적인 태도가 더 강한데, 이것을 '회복 탄력성'이라고 부른다. 이것은 스트레스 상황에서 탄력적으로 반응하는 능력이자, 힘겨운 상황에서 평정심을 유지하고 그것을 통해 더 강해지는 능력이다. 우리는 이것을 8장에서 더 상세히 다루게 될 것이다.

좋은 소식을 말해주겠다. 정서적 기본태도는 '기본'이라는 단어 때문에 확정되어 굳어진 것처럼 들리지만 다행히 그렇지 않다. 뇌는 유연하게 변할 수 있으므로, 명상이나 마음챙김 훈련으로 영향을 미칠 수 있다. 리처드 데이비드슨은 보상지연 능력을 훈련해야 한다고 말한다.[15] 모든 것을 항상 즉시 얻고자 하는 나무늘보를 인내력 훈련소에 보내면, 우리는 자동으로 더 낙관적인 사람이 된다.

초콜릿 크레페의 유혹을 물리치고 싶으면, 나무늘보의 고삐를 틀어쥐고 욕구를 참게 해야 한다. 자신에게 말하라. "가게 앞을 지날 때 맛있는 냄새가 난다는 이유만으로 당장 초콜릿 크레페를 먹지는 않겠어." 결심을 마음에 새기고 언제까지 참을지를 확정하라. 5분일 수도 있고 3주일 수도 있다. 이제 꿀벌과 산호물고기가 크레페를 먹을 시점을 결정한다. 그러나 정작 그때가 되면 어쩌면 이미 흥미를 잃었을 것이다. '보상지연'을 연습할 때는 전전두엽(산호물고기)과 보상감정을 작업하는 뇌 영역인 '선조체'의 활성을 높이고 두 영역의 연결을 강화하는 것이 중요하다. 전전두엽과 선조체가 뇌의 기본 분위기를 결정하기 때문이다. 솔직히 인정하자면, 맞다. 욕심꾸러기 나무늘보를 뒷자리로 보내려면 많은 연습이 필요하다. 그러나 속담이 가르쳐주듯이, 연습이 대가를 만든다!

감정으로 미래 맛보기

우리의 뇌는 긍정적 또는 부정적 감정을 평가하고 분류하여 그것의 유용성을 가늠하느라 늘 바쁘다. 변연계 및 '선언적 기억'과 협력하여 거대한 감정 자료실이 생긴다. 경험한 상황이 감정적일수록, 기억을 더 빨리 더 잘 불러낼 수 있다. 그렇게 계속해서 '감정적 조건화'가 일어나고, 무의식적으로 우리의 행동과 계획에 막대한 영향을 미친다.[16]

감정은 기본 옵션으로 우리 안에 내장된 조언자이고, 이 조언자의 평가가 큰 무게를 가진다. 목표에 감정을 덧입히면, 의식적으로 이 조언자를 우리의 미래 설계에 동참시킬 수 있다. 강철같은 의지 하나만으로는 계획을 실천하는 데 종종 부족하다. 그렇다면 어떻게 해야 카멜레온의 도움을 받아 나무늘보가 의미 있는 장기 목표에 흥미를 갖게 할 수 있을까? 나무늘보에게 의욕을 불어넣을 수 있는 작은 맛보기를 제공하여 멋진 미래를 지금 벌써 경험할 수 있게 하면 된다!

시간 실험

소망을 직접 눈으로 확인하기

당신이 지금 가장 바라는 것이 무엇인지 곰곰이 생각하라. 새로운 직업, 내 집, 특정 경험, 프로젝트 마감 등등. 이 소망을 커다란 종이에 제목처럼 맨 꼭대기에 적어라. 단, 너무 크게 적지는 말라.

이제 종이 한가운데에 소망의 첫 글자를 적고 동그라미로 테두리를 만들어라. 테두리가 글자를 두드러지게 한다. 이제 왼쪽에 이 소망과 연결된 단어들을 구체적으로 상세하게 그러나 메모처럼 간략히 기록하라. 오른쪽에는 이 소망을 이뤘을 때

즉시 생겨날 감정, 이를테면 감사, 자유, 기쁨 등을 나열하라. 그다음 양쪽에서 가장 중요한 것들을 마음에 새겨라.

이제 눈을 감고 소망의 첫 글자를 떠올려라. 글자를 구체적인 장면이나 그림으로 바꾸면 더욱 좋다. 소망이 벌써 실현된 것처럼 상상하라.

그다음 기록한 세부내용을 떠올리고, 미래에 갖게 될 감정을 의식적으로 상상하라. 모든 것이 이루어진 미래의 상황을 마치 지금 일어난 일인 것처럼 상상하라. 그리고 당신이 어떤 기분인지 관찰하라.[17]

나무늘보, 카멜레온, 참새, 꿀벌 등이 당신의 미래계획에 감탄한다면, 당신의 구체적인 목표를 이루기 위한 실행력 강한 동지가 롤러코스터에 같이 타게 된다. 당연히 당신이 지금 또는 10년, 15년 뒤에 어디에 있고 그때까지 무엇을 이루고자 하는지 정확히 알 수 없고 알 필요도 없다. 그곳으로 가는 길에, 오늘 전혀 알 수 없고 아마도 내일 훨씬 더 좋을 뭔가를 경험하고 발견할 것이다.

'미래의 자아'와 모험을 위해 지금 벌써 'Wanting'(호기심, 흥미, 욕구)을 더 많이 발달시키고 적극적으로 행동하는 것이 훨씬 중요하다. 우리는 카멜레온과 나무늘보에게 힘들지만 견디라고 강요하고 싶지 않다. 그들 스스로 아주 자동으로 멋진 미래에 매료되어야 한다. 바로 오늘!

생각의 강력한 영향력

체육교육자 티모시 갈웨이(Timothy Gallwey)의 말처럼, 생각은 스포츠 실력에 영향을 미칠 뿐 아니라, 삶 전체에도 영향을 미친다. 갈웨이는 특히 테니스 경기 때 마음의 소리를 관찰했고, 다음과 같은 결론에 이르렀다. 자기 자신과 대화를 할 수 있다는 것은 '나'와 '자아'가 있다는 증거이다. 갈웨이는 이것에 'Self 1'과 'Self 2'라는 표현을 사용했다. Self 1은 마음의 소리, 명령자, 앵무새이다. Self 2는 신경계를 가진 신체, 기억, 무의식, 우리의 모든 능력이다. 그는 Self 2를 행위자로 본다. 그것이 곧 우리의 롤러코스터일 것이다.

적어도 목적에 맞게 행동하면, Self 2는 성공과 실패에서 배우는 데 매우 탁월하다! Self 1이 중간에 끊임없이 간섭하지만 않으면, Self 2는 최고의 실력을 발휘할 수 있을 것이다. 긴장 없이 집중할 때, 롤러코스터가 편안하게 달릴 때는 Self 2가 지휘권을 쥔다. 덜 생각하고 덜 희망하고 덜 두려워할 때, 의식적인 평가와 판단 없이 편안히 집중할 때, 우리는 특히 발전한다.[18] 그러나 소중하고 긴 하루에 우리는 무엇을 하는가? 그렇다, 평가하고 판단하고 다시 평가한다!

Self 1이 끊임없이 해대는 모든 비판 속에서 Self 2가 온종일 이룩한 업적이 잊힌다. Self 2는 감각 및 신체의 지각을 통합하는 굉장히 복잡한 과정을 훌륭하게 해냈다. 이 과정을 위해 수조 개에 달하는 세포들이 협동하고, 심장이 (이미 알고 있듯이) 하루 약 10만 번을 뛰고, 폐가 매일 약 2만 번씩 호흡을 허락하고,

물질대사 과정은 두말할 것도 없다. 뇌 역시 쉬지 않고 우리를 돌본다. 뇌는 매 순간 수백만 자극을 작업하고, 근육들을 서로 조율하고, 넘어지지 않고 걷게 하고, 전등 스위치를 켜게 하고, 물 한 잔을 마시게 한다.

설령 당신이 한 일이 거의 없는 것처럼 느껴지더라도, 당신의 Self 2가 매일 해내는 일을 인정하고 더 의식적으로 존중하라. 이런 존중에서 자신감이 발달하고, 그것이 모든 최고 업적의 토대이다. Self 2가 탁월하게 일한다![19] 이때 가장 큰 문제는 Self 1의 부정적 지적이다. 우리는 종종 의식하지 못하지만, 언젠가부터 Self 2가 Self 1의 헛소리를 믿기 시작하고, 그렇게 모든 부정적 생각이 자기실현적 예언이 되어 서서히 부정적 자아상이 딱딱하게 굳는다. 악순환이다!

자기 의심은 우리를 발전시키지 않는다. 고민하는 것만으로도 우리는 종종 제자리를 맴돈다. 일단 새로운 것을 시도하고 시작해야 한다. 그래야 그것이 작동하는지, 우리에게 유익한지, 롤러코스터의 경로를 제대로 설정했는지 알 수 있다. 뭔가를 해야 실수도 생긴다. 배움은 뭔가에 성공할 때까지 실수를 저지른다는 뜻이다. 그것이 삶이다. 그러나 이 모든 것에는 에너지가 아주 많이 소비된다! 롤러코스터의 탑승자 모두가 같은 방향으로 가고자 한다면, 훨씬 쉽게 힘들이지 않고 목적지에 도달할 것이다.

일관되게 전진 — 롤러코스터 탑승자들의 하모니

신경과학자들은 뇌에서 모든 것이 최상으로 잘 맞아 최소한의 에너지만 소비되는 상태를 '일관성'이라고 부른다. 좌뇌와 우뇌가 마찰 없이 협력하고, 생각, 감정, 행동이 조화를 이루고, 기대와 현실이 일치한다. 방해되는 것이 전혀 없고, 우리는 자기 자신, 다른 사람들, 심지어 자연이나 우주와도 연결된 기분을 느낀다.[20] 공명과 몰입으로 시간 가는 줄 모른다. 롤러코스터에 대입해서 보면, 일관성은 조화롭고 평화로운 분위기를 뜻한다. 모든 탑승자가 협심하고, 앵무새가 침묵하고, 롤러코스터는 최고의 주행을 선보인다.

여기에 놀라운 깨달음이 있다. 머릿속이 산만하고 복잡하면 불행하지만, 긴장 없이 집중하면 여러 측면에서 더 흡족해진다. 의식적으로 뭔가를 깊이 생각하거나, 문제를 풀거나, 새로운 지식을 습득할 때면, 우리는 금세 딴생각에 빠져 표류한다. 하버드대학의 한 연구결과를 보면, 우리는 주어진 시간의 약 47퍼센트를 산만하게 보낸다. 생각이 여기저기 표류하며 연상되는 딴생각으로 점프하기 때문이다.[21] 뇌는 공회전 상태가 되고, 산만한 강아지가 신나게 뛰어다닌다. 지금 벌어진 일이 아닌 것을 곰곰이 생각하는 능력은 그 자체로 매우 놀랍지만, 그것 때문에 원래 해야 할 일을 안 했다면, 우리는 좋은 감정을 갖지 못하고, 무엇보다 중요한 한 가지, 바로 시간을 빼앗겼다! 그러므로 계획했던 일을 하지 않으면, 우리는 불행해진다. 목록에 기록된 할 일을 한꺼번에 모두 해치우려 애쓰기보다 차라리 30분씩 쪼개 집중해서 일하는 것이 더 낫다. 그러면 계획한 일을 마쳤다는 성취감을 30분마다 계속 느낄 수 있다.

생각이 산만하게 표류하기 시작하면, 감독이 '액션!'이라고

롤러코스터 탑승자들의 카오스와 하모니

외친 것처럼 모든 탑승자가 일제히 한 마디씩 뱉는다. 그것이 스트레스를 만들고, 롤러코스터가 기우뚱거린다. 반대되는 생각과 의견대립이 혼돈을 만들어 주행에 집중하지 못하기 때문이다. 이런 상태에서는 시간이 빠르게 흐른다. 저마다 자신의 의견이 최선이라고 우겨 카오스가 된다. 그러나 동기, 감정, 이성, 행동이 서로 일치하고 협력할 때, 우리는 명확히 더 유능하고 더 효율적이고 더 행복하다.[22] 롤러코스터의 모든 탑승자가 같은 목적지를 향해야 우리는 더 쉽게 목적지에 도달한다. 탑승자들의 타협이 비로소 평온을 가져온다.

우리의 소망에 맞게 시간을 구성하는 데는 집중이 가장 강한 무기이다. 산만한 강아지가 부지런한 꿀벌의 무릎에 얌전히 앉아 산호물고기와 동맹을 맺으면, 셋은 맨 앞에 앉아 편안하게 운전에 집중할 수 있다. 게으른 나무늘보는 뒷좌석에서 자고, 호기심 많은 참새는 꾸벅꾸벅 졸고, 변덕스러운 카멜레온은 시원한 바람을 맞으며 즐거워하고, 호들갑스러운 앵무새는 방송을 쉰다. 몰입과 집중을 습관으로 만드는 데 성공하면, 그것만으로도 많은 것을 얻는 셈인데, 그러면 롤러코스터가 정해진 목적지로 쉽게 달려가기 때문이다. 그러므로 우리는 한눈을 팔게 하는 수다스러운 앵무새를 어떻게든 통제해야 한다.

시간 실험
당신의 수다쟁이 앵무새

| 타이머에 1분을 설정하라. 알림이 울릴 때까지 당신이 무슨 생

각을 하는지 집중하여 관찰하라.

타이머에 다시 1분을 설정하라. 이번에는 당신의 생각을 떠들어대는 앵무새의 모습을 상상하라. 이것만으로도 벌써 약간 거리를 두고 앵무새를 보게 될 것이다. 이런 식으로 당신은 앞으로 앵무새가 집중을 방해하면 더 빨리 알아차리게 될 것이다. 원한다면 앵무새에게 이름을 지어줘도 좋다.

이 실험의 도움으로 당신은 아마 앞으로 당신의 생각을 의식적으로 제삼자의 눈으로 쉽게 지각할 수 있을 것이다. 당신과 당신의 생각은 별개이다! 다소 이상하게 들리겠지만, 마음의 소리와 당신 자신을 동일시하지 않으면, 당신은 스스로 책임지는 자세와 자유를 얻게 된다.

실험의 효과가 아직 제대로 작동하지 않나? 그렇다면 앵무새를 '상상하지 말라.' 당신의 앵무새가 1분 동안 떠들어대는 모습을 '절대' 생각하지 말라. 어떤가? 이제는 당신과 앵무새가 분리되어 보일 것이다!

수다쟁이 앵무새가 비록 우리의 안전과 유익을 위해 좋은 맘으로 얘기하더라도, 때때로 앵무새는 불필요하게 한눈을 팔게 하거나 심지어 완전한 헛소리를 떠들어댄다.

야단법석 모드 ― 롤러코스터의 대혼돈

우리가 어떤 문제에 봉착하거나 스트레스 상황에 있으면, 앵무새가 제대로 야단법석 난리를 친다. 앵무새는 혹독하고 신랄하게 판결하고 완전히 통제 불능으로 자기 의심을 퍼트린다. 나는 이 상태를 '야단법석 모드'라고 부른다. 롤러코스터의 모든 탑승자가 미친 듯이 뒤죽박죽으로 소리를 지른다. 어느 쪽으로 가야 할지 아무도 모르고, 앵무새가 흥분해서 허무맹랑한 얘기를 떠들어대며 이리저리 뛰어다닌다. 앵무새는 우리에게 비합리적 규율, 금지, 경고를 보내고, 전혀 사실이 아닌 우리의 결점, 실수, 무능, 허술한 시간 관리를 지적하며 욕한다.

시간 실험

야단법석 모드 끄기

무엇보다 다른 탑승자의 방해를 받지 않고 당신의 경로를 조화롭게 주행하려 노력하라. '첫 번째 단계'이자 가장 중요한 단계는, 최대한 빨리 야단법석 모드를 알아차리고 지금이 '야단법석 모드'임을 선언하는 것이다. 강아지가 앵무새에게 달려든다. 야단법석 모드가 시작되었음을 알아차렸다면, '두 번째 단계'로 "그만!"이라고 외친다. 크게 소리 내어 외치면 좋지만, 속으로만 외쳐도 거리를 확보하는 데 도움이 된다. 롤러코스터에 탄 모든 동물이 정말로 정지 표지판을 높이 들 것이다! '세 번째 단계'로, 뭔가를 바꿔 상황을 개선하고 새로운 경로를 정한다.

아무리 심한 스트레스 상황에 있더라도 1분만 시간을 내라. 하루 수천 분 가운데 겨우 1분이다! 잠시 당신의 심장 박동과 호흡에 집중하여 시간을 약간 벌자. 당신도 알다시피 그러면 시간이 더 천천히 흐른다.

앵무새가 떠들어댄 자기 의심, 두려움, 걱정 등을 간략히 기록하라. 그러면 지금의 스트레스 상황을 더 객관적으로 볼 수 있고 뭔가를 바꾸기가 더 쉽다. '미래의 자아'라면 지금의 상황을 어떻게 처리할지 곰곰이 생각해보라. 아니면, 당신이 존경

앵무새를 부드럽게 진정시키고 긍정적인 방향으로 돌려놓기

하는 사람을 떠올리고 그 사람이라면 이 상황을 어떻게 헤쳐 나갈지 생각해보라. 그러면 부정적 사고의 사슬에 묶이는 대신 해결책을 찾는 데 도움이 될 것이다. 다양한 해결책을 찾아내도록 모든 탑승자가 서로 돕는다!

이런 전략에 익숙해진 숙련자라면, 문제 발생과 스트레스 상황을 반갑게 맞으려 애써보기 바란다. 이것으로 당신은 성장하고 당신의 인내심은 발달할 것이기 때문이다. 당신도 이제 알고 있듯이, 카멜레온은 자신의 기분을 모든 탑승자에게 전염시킬 수 있다.

스트레스 상황 또는 심지어 일상 상황에서 마음의 소리가 당신에게 퍼붓는 힐난을 떠올려보라. 솔직히 우리는 아무리 앙숙이라도 그런 식으로 심하게 말하진 않을 것이다. 친구가 자기 자신을 그렇게 힐난하면 우리는 분명 그 친구에게 그러지 말라고 충고할 것이다. 자기 자신과 냉혹한 소송을 벌이는 배후에는 이른바 확실해 보이는 사실뿐 아니라 무의식에 깊이 뿌리 내린 확신도 숨어있다.[23] 이런 확신은 아주 다양한 상황에서 부정적 사고의 모습으로 등장한다.

마음의 소리의 기원

내적 대화는 대략 3세부터 시작되고, 처음에는 매우 친절하게 얘기를 주고받는다. 3세부터 외부세계와 내면을 구별하며, '나'와 '다른 사람'이 있음을 알고, 언어 능력이 발달하면서 마음의 소리가 우리의 생각과 행동에 대해 지적하기 시작한다.

우리는 부모와 주변 사람들이 말하고 가르치고 보여준 대로 배운다. 신호등이 빨간색이면 서서 기다리고, 길을 건너기 전에 좌우를 먼저 살피는 것을 배운다. 우리는 내적 대화를 통해 이 규칙들을 받아들이고 고유한 규율로 정한다. 그것은 중요한 단계이다. 가능한 한 안전하게 성장하기 위해서는 부모를 신뢰하고 그들처럼 생각하고 그들의 지시를 따르는 법을 배워야 하기 때문이다. 마음의 소리는 이 시기에 목숨이 달린 중요한 일이다. 이때 우리의 세계관도 형성된다.[24]

우리의 사고방식과 행동패턴이 형성될 때, 부모나 주변 사람이 중요한 역할을 한다. 우리의 사고방식과 행동패턴은 어린 시절 경험에서 기인했거나, 부모나 조부모(그리고 더 이전 세대)로부터 넘겨받았다. 그러나 이런 것들이 이후 삶에서 걸림돌이 되기도 한다. 예를 들어, 있는 그대로의 나를 받아주는 사람이 아무도 없다고 무의식적으로 확신하는 경우 또는 삶에서 뭔가를 획득하거나 성공할 자격이 있는 사람과 그럴 자격이 없는 사람이 따로 있다고 믿는 경우가 그렇다.[25] 다음과 같은 생각도 우리의 삶을 방해한다. "다른 사람이면 몰라도, 난 안 돼."

앵무새의 올바른 태도

당신의 앵무새는 정직한 좋은 친구여야 한다. 흥분해서 날뛰며 신경을 긁는 진상 친구여선 안 된다. 앵무새가 당신에게 차분히 친절하게 조언하고, 당신은 그의 조언대로 세상에서 가장 사랑스럽게 행동하는 상황이 최선이다! 쓸데없는 야단법석 모드는 여러 측면에서 당신을 방해한다. 당신이 정말로 하고 싶은 일을 못 하게 막고, 옛날 전략과 사고방식 및 행동패턴에 머물도록 발목을 잡는다. 야단법석 모드는 당신 생각대로 시간을 설계하는 데 아무런 도움이 안 된다.[26] 롤러코스터 경로를 새롭게 설정하고자 한다면, 의식적이고 적극적으로 애써야 한다. 오래된 기존 구조를 바꾸기란 쉽지 않기 때문이다. 필요하다면 전문가의 도움을 받아 당신의 부정적 사고방식과 행동패턴을 찾아내 없애기를 권한다.

우리가 이루고자 하는 대다수는 새로운 아이디어로 시작된다. 그러나 초기에 벌써 이런 새로운 아이디어를 무의식적으로 잘못 평가하면, 악순환이 시작될 수 있다. 당신이 합창단에서 노래하거나 노래수업을 들어볼까 생각 중이라고 가정해보자. 당신은 학창시절 음악 시간에 큰 소질을 보이지 못했고, 적어도 당시 음악 교사가 그렇게 여겼었다. 그러면 노래 아이디어를 떠올린 순간, 학창시절의 감정이 경고하고 당신의 앵무새가 말한다. "넌 못 해!" 당신 스스로 이미 노래를 못 부른다고 믿는 상태라면, 앵무새의 이 말은 당신을 낙담하게 하고 결국 당신은 '다시는 노래를 부르지 않기로' 결정한다. 노래방에서 어쩔 수 없이 노래를 불러야 할 때면, 스스로 자신의 노래를 끔찍하게 형편없다고 평가하고, 그러면 앵무새가 불쑥 튀어나와 늘 하던 방식으로 불난 집에 부채질한다. "보라고, 내가 뭐랬어, 넌 노래를 못한다고 방금 말했잖아!" 결국, 당신은 평생을 그렇게 믿고 산다.

'생각 — 감정 — 결정 — 경험 — 잘못된 결론 — 습관 — 생각'의 악순환을 이제 알았으니, 앞으로 이 악순환의 고리를 끊기가 더 쉬울 것이다. 자, 우선 이렇게 선언하라. "나는 '아직은' 노래를 못 불러." 또는 "나는 노래를 좋아해." 그다음 계속 연습하고 노력하면 발전한다. 이 원리를 이해한 뒤로 나는 매일 노래를 부른다. 어쩌면 이웃에게는 상당히 괴로운 일이겠지만, 나는 행복하다. 중요한 것은 내 생각과 감정이다!

시간 실험
수리수리마수리 ─ 걸림돌이 해결책으로 바뀐다

> 앵무새가 자주 말하는, 도움이 안 되는 몇 가지 문장이 있다. 걸림돌이 되는 이런 생각을 기록하고, 그것을 해결 지향적으로 고쳐 적어라. 여기 몇 가지 예시가 있다.
> "이걸 어떻게 다 해. 못 해. 너무 많아!" → "우선순위를 정해서 하나씩 하나씩 처리해나가면 될 거야."
> "더는 못 견디겠어!" → "지금은 힘들지만, 점점 좋아질 거야. 시간이 걸리더라도 이 상황을 헤쳐 나갈 수 있을 거야."
> "난 못 해. 난 너무 멍청해!" → "아직 한 번도 제대로 시도해보지 않았잖아. 시간을 내서 진지하게 시도하면 틀림없이 성공할 수 있을 거야. 한 걸음 한 걸음 꾸준히 내딛다 보면, 점점 나아지고 점점 빨라질 거야. 아주 잘 될 거야!"[27]

앵무새에게 중앙무대를 넘기고 멋대로 방해하게 둘지 아니면 정중하되 단호하게 앵무새를 제자리로 돌려보낼지는, 당신의 결정에 달렸다. 제자리로 물러난 앵무새는 그곳에서 계속 궁시렁궁시렁 욕할지도 모른다. 하지만 당신은 앵무새에게 조용히 하라고 엄하게 외치고 태연하게 계속 중대한 일에 집중할 수 있다.

현재와 미래에 오랜 습관과 과거의 패턴만을 반복하지 않도록, 우리의 생각을 눈여겨보고 바꿀 뿐 아니라 에너지를 절약하는 새로운 행동패턴을 개발해야 한다.

새로운 루틴으로 새로운 경로 설정하기

모든 탑승자는 각자 가장 좋아하는 이른바 지정석이 있다. 그러나 모두가 지정석에 앉아 있어 모든 일이 늘 똑같이 진행된다면, 아무런 변화가 일어나지 않을 확률이 매우 높다. 아무것도 바꾸지 않으면, 우리는 (과장해서 말해) 매일 과거만을 복사하면서 산다. 그런데 기존의 좌석 배열을 조금만 바꾸려 하면, 탑승자들이 일제히 폭동을 일으킨다. 그 이유는 우리의 뇌 때문인데, 뇌는 에너지를 절약하고자 하고, 새로운 것을 끔찍하게 힘들어한다. 그러므로 우리는 먼저 나무늘보 그다음 모든 탑승자가 변화와 미래의 성공에 감탄하게 만들어야 한다.

기본적으로 우리는 무엇이 옳고 무엇이 우리에게 유익할지를 상당히 정확히 안다. 규칙적인 운동, 건강한 식단, 금연 등등. 그러니까 몰라서 못 하는 게 아니다. '오직' 실천하기가 어려울 뿐이다. 실제로 옛날 루틴에서 벗어나기보다 새로운 루틴에 익숙해지기가 훨씬 쉽다.[28] 다행스럽게도 우리는 학습능력이 있고, 살면서 새로운 긍정적 경험을 쌓을 수 있으므로 새로운 루틴에 익숙해질 수 있다. 하고자 하는 의지가 있고 방법만 알면 안될 일이 없다!

뇌의 작업 방식을 이용해 게으른 나무늘보를 이길 수 있다.

습득된 과정은 언젠가 자동화된다. 루틴은 에너지와 시간을 아주 많이 절약한다. 루틴대로 움직이면 쓸데없는 생각으로 불필요하게 여기저기 찔러보는 일이 없기 때문이다. 양치질이 대표적인 예다. 이를 닦아야 하는 것이 언제나 귀찮고, 특히 어린이들은 정말로 너무너무 싫어한다. 하지만 결국 치약을 짜고, 양치질이 자동으로 진행된다. 아주 오랫동안 계속해서 규칙적으로 양치질을 해왔기 때문에, 매일 양치질을 하는 데는 시작 버튼을 누르기 위한 약간의 에너지만 있으면 된다.

새로운 습관을 만들 시간

새로운 습관을 굳히는 데는 대략 90일이 걸린다. 미래를 선명하게 시각화하여 동기를 높여라. 이때 비전보드 또는 앞에서 했던 '시간 실험: 소망을 직접 눈으로 확인하기'를 이용하고, 새로운 루틴이 지금 벌써 당신의 일상으로 확고히 자리 잡았다고 상상하라.

처음에는 대개 어렵다고 생각하지만, 사실은 그저 익숙하지 않아 어색하고 어렵게 느껴질 뿐이다. 처음에는 다소 어렵겠지만, 일주일 뒤 몇몇 성취감을 맛보면, 새로운 활동을 자발적으로 하기가 훨씬 쉽게 느껴질 것이다.

새로운 습관을 굳힐 때 다음의 세 규칙에 주의하라.

규칙 1: 새로운 습관을 명확히 기술하고 구체적인 실천 계획을 세워야 한다. 예를 들어 "여유롭게 하루를 시작하기 위해, 아침에 일어나면 딴생각하지 않고 무조건 산책부터 한다." "그 날에 나를 적응시키기 위해, 아침에 일어나면 조용한 음악을 틀어놓고 요가를 한다." "나의 성장과 계발을 위해, 잠자기 전에 반드시 책을 읽는다."

규칙 2: 새로운 습관을 쉽게 실천할 수 있도록 준비해 둬야한다. 전날 저녁에 미리 운동복을 꺼내두거나 요가매트를 펼쳐둬라. 아침에 침대를 정리할 때, 저녁에 읽을 책을 베개 옆에 준비해 둬라. 데이비드 앨런(David Allen)의 자기관리 방법인 '2분규칙'에 따르면, 새로운 습관을 굳히는 데 처음에는 2분이면 충분하다.[29] 먼저 루틴, 그다음 시간 늘리기. 이런 방식으로 당신은 부정적 경험을 거의 하지 않고, 새로운 습관을 힘들이지 않고 시작할 수 있다. 작은 성공을 충분히 칭찬하고 보상하라!

규칙 3: 예외는 없다. 약간 가혹하지만 진실이다. 시간이 없으면, 아주 짧게라도 반드시 하라. 하루를 완전히 건너뛰었다면, 90일을 처음부터 다시 시작하라. 그런 일이 실제로 벌어지더라도, 자신을 비난하지 말고 리셋 버튼을 눌러 다시 새롭게 시작하라. 한 번의 실패를 곧바로 모든 것을 포기할 핑계나 이유로 삼지말라.

항상 새로운 루틴 하나만을 시작하라. 안 그러면 과부하가올 수 있고 그러면 결국 아무것도 안 된다. 그러므로 금연과 함께 새로운 스포츠 시작하기, 극단적으로 식단 조절하기, 매일 명상하기, 미술강좌 신청하기를 동시에 해선 안 된다. 명확히 '한 가지' 새로운 습관을 결정하여 최우선으로 하고, 필요하다면 지원군을 찾아라. 매일 명상을 하고 싶은가? 그러면 우선 초보자를 위한 명상 강좌에 등록하라. 정기적으로 조깅을 하고 싶은가? 혼자 달리는 것이 싫다면 당신의 수준에 맞는 조깅 그룹을 찾아보라. 가능하다면 언제나 같은 시간에 하라. 같은 장소에서 하는 것도 도움이 될 수 있다. 새로운 습관을 굳히고 싶다면, 이미 익숙한 루틴과 연결하는 것이 가장 좋다.

솔직히 고백하자면, 나는 다른 사람의 제안을 실천하는 데 약간 거부감이 있다. 당신도 그런 성향이 있다면, 새로운 루틴을 이행할 때 가장 도움이 되는 당신만의 규칙을 만들어라. 진짜 마지막으로, 당신의 새로운 습관에 잘 맞는 모범을 정하라. 예를 들어 아주 성실한 지인을 떠올리면, 더 오래 훈련을 견딘다.[30] 상상은 거대한 효과를 낸다!

롤러코스터 경로를 설정하는 방법을 배웠으니, 이제 새로운 습관을 결정하기만 하면 된다. 정확히 무엇을 바꾸고자 하는지를 9장에서 보게 될 것이다. 그러나 새로운 습관이 굳었을 때조차, 언제나 계속 새로운 걸림돌이 우리 앞길에 놓이고, 우리의 시간을 빼앗는다. 무엇보다 우리의 감정, 특히 부정적 감정 그리고 주변 세계가 걸림돌이 된다.

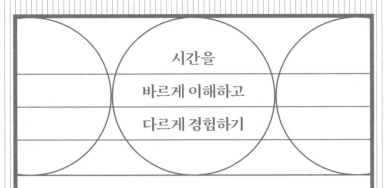

시간을

바르게 이해하고

다르게 경험하기

· 롤러코스터에 하모니가 가득할 때, 우리는 더 쉽게 집중할 수 있다.

· 우리의 앵무새는 온종일 떠든다. 앵무새의 쓸데없는 지적들은, 애석하게도 뿌리가 상당히 깊은 아주 오래된 사고방식과 행동패턴을 기반으로 한다.

· 앵무새가 말하는 것을 모두 믿지 말라! 스트레스 상황에서는, 당신이 지금 문제 자체에 몰두하는지 해결책에 몰두하는지에 주의하라.

· 루틴은 지적 작업을 절약하여 힘과 에너지를 아껴준다. 매일 목표를 정하고, 성취한 목표에 체크하라.

· 어떤 습관을 새롭게 굳히고 싶은가?

8장

시간을
내 맘대로
쓰지 못하게
막는 걸림돌

"근심의 대부분은
근거 없는 두려움으로 구성된다."

장 폴 사르트르(Jean Paul Sartre)

취소된 계획, 강요된 한가로움과 게으름

이번에도 계획대로 된 게 하나도 없다! 나는 원래 한 달 전부터 온라인 강좌를 열 계획이었다. 그러나 예기치 않은 걸림돌들이 너무 많았고, 나의 변호인이 이메일 한 통을 또 보냈다. 나는 도저히 작업에 집중할 수가 없다. 잠깐 쉬면 괜찮아질까 싶어 신문을 사러 나간다.

신문가판대에 손으로 쓴 안내문이 걸려있다. "10시 30분경에 돌아옵니다!" 시계를 보니, 벌써 10시 30분이 살짝 지났다. 다행히 근처에 벤치 하나가 있다. 주인이 곧 돌아올 테니, 거기 잠깐 앉아 기다리기로 한다. 서서히 화가 나기 시작한다. 주인이 약속을 지키지 않아 내 소중한 시간을 빼앗겼다는 기분이 든다. 하지만 다른 한편으로 이렇게 기다리는 것이 괜찮기도 한데, 책상에서 기다리고 있는 문제들로 돌아가고 싶은 맘이 없기 때문이다. 아무리 그래도… 이제 주인이 나타나야 하는 거 아닌가? 신문 하나만 사면 되는데 말이야!

10시 41분. 여전히 주인은 오지 않는다. 나는 한숨을 내쉰다. 강요된 한가로움이 짜증 난다! 나는 거의 1분마다 시계를 확인하고, 혹 주인이 벌써 와 있나 싶어 가판대로 건너가 본다. 젠장, 효율적인 아침은 절대 아니다! 이렇게 잃어버린 시간을 상쇄하려면, 오늘 또는 내일 더 늦게까지 일해야 하리라.

15분쯤 뒤에 나는 낙담하여 빈손으로 터덜터덜 돌아왔다. "그런데 왜 죄책감과 압박감이 느껴질까?" 나는 다시 책상에 앉으며 속으로 묻는다. "나는 왜 몇 분 정도도 벤치에 앉아 여유를 즐길 수 없을까?" 나는 생각을 떨쳐버리려 머리를 흔든다. 그러나 곧바로 나의 앵무새가 말한다. "그럴 시간이 없으니까! 너의 투두리스트를 한 번 봐!" 내가 시간 관리를 정말 그렇게 못 하나? 그래, 계획한 일을 모두 해내지 못하는 것은 분명 내 잘못일 거야. 나는 다시 일에 몰두한다. 애석하게도 약간은 아무 생각 없이.

최대 스트레스 상황의 끝없는 시간 부족

늘 시간이 부족하고 끝없이 압박을 받는 그런 기분을 어쩌면 당신도 잘 알 것이다. 모든 일은 내일보다 오늘 끝내는 것이 더 좋다. 어제 이미 끝냈다면 가장 좋다! 오늘 많은 일을 '처리해야 하고' '처리하는 것이 더 낫다.' 비록 우리가 현대사회에서 각자 자유롭게 자아를 실현할 수 있더라도(우리는 원하는 대로 생각하고, 사랑하고, 믿고, 희망하고 살아도 된다!), 지금까지 이렇게 많은 도전 과제, 투두리스트, 데드라인이 우리의 일상을 결정했던 적이 없었다.

사람들은 자기 자신, 가족, 친구들과 더 많은 시간을 보내고 싶어 한다. 이 소망은 여전히 재정적 기반을 다지는 것보다 우선순위에 있다.[1] 게으름을 피우는 순간마다 우리는 다른 사람에게 뒤처지는 기분이고, 이룩한 것을 다시 잃을까 봐 또는 뭔가를 놓칠까 봐 두렵다. 그러므로 우리는 더 많이 노력한다. 지구와 시계는 무자비하게 계속 도니까. 현대기술의 성과로 보면 다소 어처구니없는 결과지만, 우리는 여전히 시간이 부족하다. 세탁기와 식기세척기 그리고 다른 모든 첨단과학 기기들이 엄청나게 시간을 아껴주지만, 오늘날 우리는 100년 전 농부들보다 가사노동에 시간을 더 많이 쓴다.[2] 우리의 요구사항은 증가했고, 그때와는 전혀 다른 것을 요구한다.

1970년대부터 사람들은 이미 늘 시간에 쫓기는 기분을 느꼈고, 1989년에 시사잡지 《슈피겔(Der Spiegel)》이 표지기사 제목을 이렇게 달았다. "왜 우리는 시간이 없을까?"[3] 그러나 이런 현상은 이미 고대부터 있었다. 그렇다면 시간이 부족하고 모든 것이 점점 빨라지는 기분은 인간의 기본 감정일까, 아니면 뭔가 근본적인 것이 바뀌었거나 심지어 더 빨라졌을까?

이 시대의 걸림돌 — 정보의 홍수, 주의산만, 무관심

우리는 점점 더 커지는 '정보'의 홍수에 직면해 있고, 세계는 점점 더 '복잡해지고' 그래서 우리의 '임무와 과제'도 증가한다. 이 세 가지가 우리 시대의 커다란 도전과제이다.

인터넷과 디지털화 덕분에 우리는 상상을 초월하는 시간적 이점을 성취했다. 이메일이 실시간으로 수신자에게 도달하고, 클라우드에 저장된 데이터를 언제 어디서나 빠르게 불러올 수 있고, 밤낮없이 최신 뉴스를 접할 수 있다. 24시간 소비할 수 있고 우리는 거의 항상 연락 가능한 상태이다. 그러나 이런 장점들은 단점이기도 하다. 항상 연락이 닿을 수 있게 되면서 일정 압박이 동시에 높아진다. 긴장 해소를 위해, 편하게 게으름을 피우기 위해, 창의적 휴식시간을 뇌에 허락하기 위해, 오프라인의 시간도 필요하다는 것을 우리는 서서히 깨닫기 시작했다. 그러면서도 뭔가를 놓칠까 봐 두려워한다. 이것을 한 마디로 표현하는 신조어가 있다. Fear Of Missing Out의 줄임말, '포모(FOMO)'.

포모 역시 새로운 것이 아니다. 19세기 전반기의 덴마크 철학자 쇠렌 키르케고르(Søren Kierkegaard)는 두려움을 자유의 현기증이라고 불렀다.[4] 그러나 우리는 뭔가를 놓칠 것만 두려워하는 게 아니다. 우리는 실패나 잘못된 결정도 두려워하고 그래서 때때로 위험을 감수하고 뭔가를 단행하느니 차라리 아무것도 하지 않는다. 그러나 아무것도 하지 않는다고 해서, 모든 것이 그대로 머무는 게 아니다. 문제가 저절로 공중 분해되지 않는다. 아무것도 하지 않으면 정반대로 많은 것이 상황에 따라 심지어 훨씬 더 심각해진다.

가슴에 손을 얹고 생각해보라. 뭔가를 할 수 있는 시간은 있지만, 그것을 할 의지나 에너지가 없다. 시간이 부족한 것이 아니라, 오히려 "시간을 너무 많이 그냥 흘려보낸다."[5] 이미 고대 로마시대에 세네카가 확언했듯이, 우리는 시간을 허비한다. 세네카는 스마트폰도 없었고 포트나이트(Fortnite) 게임, 넷플릭스, 트위터, 인스타 같은 시간 도둑도 알지 못했다!

놀이공원의 '가속화'

우리가 가속화 시대에 살고 있다는 사실은 논란의 여지가 없는 것 같다. 지난 50년만 보더라도, 세계 경제가 믿을 수 없을 정도로 성장했고, 우리는 그 과정에서 근시안적 결정을 통해 온갖 문제들을 낳았다. 국가부채, 미래 능력이 없는 연금시스템, 점점 심해지는 빈부 격차, 빼놓을 수 없는 기후⋯ 미안, 기후는 취소다. 이 얘기는 11장까지 꺼내지 않기로 약속했으니까.[6] 모든 것이 점점 더 빨라지고 효율적으로 바뀌고 '개선되는' 동안, 이런 문제들이 발생했다. 그리고 실제로 많은 것이 더 좋아졌다! 그러나 오늘날 전 세계 자본주의 경제의 동력은 욕망만이 아니다. 모두가 계속해서 애쓰지 않으면 추락할 것이라는 위협도 경제를 추동한다. 수많은 일자리가 사라지고, 기업이 파산하고, 정부의 세수가 줄고, 문화생활, 의료보험체계, 연금, 그 외 많은 것이 악화된다.[7]

당연히 시간 자체는 빨라지지 않는다. 오늘도 하루는 예전과 똑같이 24시간이지만, 많은 것이 더 짧은 시간 안에 발생하고, 사건들이 촘촘히 밀착되고, 우리는 점점 더 빨리 목표를 이루고자 한다. 철학자 한병철은 심지어 현재를, 목표 달성을 위해 가장 빨리 제거되는 걸림돌이라고 표현한다. 그는 가속화를 "간격을 극복하는 데 필수인 중간 쉬는 시간을 완전히 없애려는 시도"로 본다.[8]

철학자이자 물리학자인 노르만 지로카(Norman Sieroka)는 《시간의 철학(Philosophie der Zeit)》에서, 시간 자체는 가속할 수 없으므로 가속화 현상은 적확한 표현이 아니라고 썼다. 그는 '시간 압박', '시간 상실', '가속' 같은 표현을 적합하지 않다고 보는데, 그것들이 시간의 속도감을 불필요하게 높이기 때문이다. 문화적−상호주관적 시간이 점점 더 우리를 지배하기 때문에, 우리는 자신의 고유한 시간을 더 강하게 그것에 맞춰야 한다고 믿는다. 사건들의 박자가 점점 더 빨라지면서 요구조건도 더 높아졌다. 어쩐지 더 빨리 가는 것 같은 자신의 고유한 시간이 아니라, 사회적-상호주관적 시간과 개인의 고유한 마인드타임(Mind-Time)의 관계가 더 중요하다.[9] 예를 들어 누군가가 계속해서 지각한다면, 그것은 시간이 점점 빨라지기 때문이 아니라, 그의 고유한 마인드타임이 사회적 시간과 불일치하기 때문이다.[10] 이것이 벌써 마음을 한결 가볍게 해준다. 나는 지각한 것이 아니라, 내 시간과 사회적 시간이 그냥 일치하지 않은 것이다.

'가속'을 위한 세 가지 부스터

이런 '가속'을 특히 세 영역에서 확인할 수 있다. 커뮤니케이션, 디지털화, 생산, 운송의 효율성이 점점 높아지면서, '과학기술의 진보'가 쉬지 않고 전진한다. 컴퓨터와 스마트폰 덕분에 우리는 사무실을 집으로 가져갈 수 있게 되었다. 예전에는 퇴근 후 연락이 닿는 사람이 거의 없었지만, 오늘날에는 거의 모두와 언제든지 소통할 수 있고 실제로 그렇게 한다. 우리는 하루에 스마트폰을 평균적으로 대략 150번을 본다. 대략 6.5분에 한 번씩 보는 셈이다![11] 하루에 스마트폰을 몇 번이나 보는지 직접 세 보아라. 오늘날 우리는 1986년보다 약 5배 더 많은 정보를 단 하루에 받고, 그것은 대략 신문 175개의 내용에 해당한다. 2010년에 벌써 정보 과부하로 인한 미국 국민경제의 1년 손실액이 1조 달러로 추산되었다.[12] 그리고 선언하건대, 정보의 홍수는 줄지 않았다.

또한, '사회적 변화의 가속'이 일어난다. 견해와 가치관, 언어와 트렌드, 생활방식, 사회적 의무가 점점 짧은 간격으로 변한다. 일반지식이 점점 더 빨리 늘어난다. 직장과 가족의 특징이 더는 불변성이 아니다.[13]

그래서 '삶의 속도' 역시 계속 상승하는 것 같다. 1990년대에 벌써 사회학자 로버트 레빈(Robert Levine)이 확언했듯이, 뉴욕이나 도쿄, 뮌헨 같은 몇몇 대도시 주민들이 시골 주민들보다 두 배 더 빨리 움직이고 반응하고 심지어 말도 더 빨리 한다.[14]

스트레스는 적게, 주의력은 많이!

많은 사람이 만성적 시간 부족에 시달린다. 스트레스 또는 과부하 상태라고 느끼지만 동시에 고취되어 있고 그럼에도 지루하고 공허한 기분이 든다. 우리는 이론적으로 전 세계와 연락이 닿지만, 근본적으로 외롭다. 빡빡한 일정이 여유로운 삶을 막고, 우울증과 번아웃증후군 수치를 높인다.[15] 시간 관리를 다루는 수많은 자기계발서가 도움을 약속하며 거대한 과제와 정보의 홍수에 더 빨리 더 효율적으로 대처하는 법을 알려준다. 조직심리학자들이 시간 관리법과 관련 세미나의 효과를 근본적으로 파헤쳐본 결과, 비록 몇몇 참여자들이 단기적으로 기분이 개선되었지만 몇 주 뒤에 그 효과는 사라졌다. 또한, 시간이 아껴지지도 않았다.[16]

심리학자 토니 크랩(Tony Crabbe)이 말하기를, 우리는 스트레스를 장기 상태로 만드는 영구적인 '비지(Busy)' 모드에 있다. 어쩌면 시간 관리를 통해 더 많은 일을 처리할 테지만, 그것을 통해 결국 부담은 더 늘어나고 이전보다 훨씬 더 바빠진다. 그리고 우리는 주의력을 잃고, 장기적 안목의 의미 있는 결정을 내리지 못한다. 그러므로 시간 관리는 어쩌면 더 효과적일 수는 있지만, 반드시 더 효율적이진 않다.[17] 사실 우리가 원하는 것은 그냥 일을 많이 하는 게 아니라, 올바른 일을 제대로 실행하는 것이다.

심리학자 마이클 데도노(Michael DeDonno)와 헤스 드마리(Heath Demaree)의 연구가 입증한 것처럼, 시간 압박을 받으면 오히려 실적이 저하된다. 이때 실적저하의 원인은 시간 부족이 아니라, 무엇보다 시간이 촉박하다는 압박감이다.[18] 그러므로, 스트레스 상황에서 깊이 심호흡하고 마음을 차분히 가라앉히는 것이 도움이 될 수 있다. 스트레스 상황에서 최고 단계의 경보를 울릴 태세를 갖추고 산호물고기를 하차시켜 논리적 사고를 막으려는 변연계를 그런 식으로 진정시킬 수 있기 때문이다. 비상 상황에서 우리는 싸우거나 도주하거나 몸이 굳어버린다. 그러나 생각하지는 않는다.

그러므로 '주의력 관리'가 시간 관리와 자기조직화보다 훨씬 더 중요하다. 더 여유롭고 더 평온하고 그래서 더 효율적이 되려면, 집중력과 주의력을 키우고 그것을 의식적으로 활용하는 법을 배워야 한다. 긴장 없이 집중하는 주의력이 우리를 몰입으로 안내하기 때문이다. 그리고 그것은 미래를 예측하여 행동해야 하는 점점 복잡해지는 세계에서 시급하게 필요한데, 우리는 여전히 수백만 년 전에 설정된 뇌를 사용하기 때문이다. 우리의 뇌는 늘어나는 요구조건을 거의 감당할 수가 없다. 매일 쏟아지는

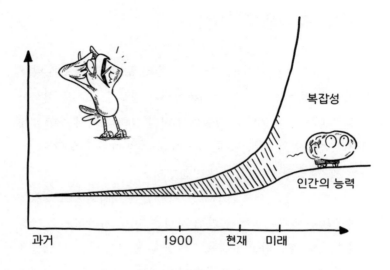

복잡성

인간의 능력

과거　　　　　　　1900　　현재　미래

점점 복잡해지는 세계[19]

이런 수많은 요구조건을 구체적으로 어떻게 잘 처리할지는 9장
에서 상세히 다룰 예정이다.

　　우리는 외부 환경을 맘대로 바꿀 수 없고, 단지 다른 방식으
로 대하는 법을 이따금 배울 수 있다. 그것에 성공하면, 우리는
여유롭고 초연한 통제력을 가졌다는 기분을 보상으로 얻게 된
다. 특히 '자신의 불완전성을 수용'할 때, 자존감이 올라간다.[20]
그러므로 일단 모든 것을 완벽하게 하려는 욕심을 버리는 것이
중요하다. 그러나 이런 복잡한 도전과제를 감당할 능력이 기본
적으로 없다는 기분이 들면 어떻게 될까? 그런 경우라면, 자신
의 자아상과 내적 태도 그리고 새로운 상황에 적응하는 능력을
잘 따져봐야 한다.

자아실현을 위한 만능열쇠

자아상은 인생 여정에, 그러니까 롤러코스터의 경로에 막대한 영향을 미친다. 그리고 롤러코스터의 경로를 스스로 설정하고 영향을 미칠 수 있다는 믿음이 얼마나 강하냐 역시 자아상에 달렸다. 심리학자 캐롤 드웩(Carol Dweck)은 자아상을 '정적 자아상'과 '역동적 자아상'으로 구분한다.

정적 자아상은 새로운 과제로 가득한 현대사회에서 걸림돌일 수 있다. 정적 자아상을 가진 사람은, 비록 기본적으로 학습할 수는 있더라도 타고난 지능은 바꿀 수 없다고 믿는다. 그들은 다음의 진술에 동의한다. "나는 몇 가지를 다르게 할 수 있겠지만, 타고난 것은 바뀌지 않는다."[21] 정적 자아상을 가진 사람은 학습 과정이나 연습 없이 처음부터 절대적으로 완벽하기를 기대한다.

정적 자아상을 가진 사람은 뭔가를 즉시 해내지 못하면, 그 일에 소질이 없거나 충분한 재능을 타고나지 못해 결코 수행할 수 없다고 여긴다. 그 결과 롤러코스터의 특정 구간이 영원히 차단된다. 그 구간은 자신의 경로에 포함될 수 없다고 스스로 믿기 때문이다. 예를 들어 소설가를 꿈꾸더라도 그들은 타고난 재능이 없다는 소리를 들을까 두려워 시도조차 하지 않는다. 모든 종류의 비판을 형편없는 소설가라는 비난으로 듣는다.[22] 시간과 노동을 투자해야 하는 위험부담을 너무 높게 가늠한다. 에너지를 투자했음에도 실패하거나 창피를 당할 위험이 너무 크다고 여긴다. 그러므로 그들은 자신의 자존심을 지키기 위해, 안전하다고 느끼는 영역에서 더 빛을 내고자 한다. 그러나 그들은 역경에 쉽게 좌절하고, 쉽게 자신감을 잃는다.[23] 결국, 그들은 어려운 도전과제를 회피하게 된다.

반대로 역동적 자아상을 가진 사람은 뭐든지 할 수 있다고 여기고 다음의 진술에 동의한다. "타고난 지능이 어떻든, 나는 그것을 막대하게 확대할 수 있다."[24] 그리고 타고난 천성조차 고칠 수 있다고 믿는다. 그들은 원하는 대로 롤러코스터 구간을 건설하고, 온갖 무서운 회전 구간도 마다하지 않는다. 그것이 두렵지 않기 때문에 또는 그 구간이 목적지에 더 가까이 데려간다면 더 긴 도움닫기를 기꺼이 단행할 준비가 되었기 때문이다. 다시 말해 그들은 추가 장비와 설비로 롤러코스터를 개선하고 새로운 기능을 업데이트할 수 있다.

역동적 자아상을 가진 사람은, 학교 성적이나 타인의 평가와 상관없이 성실성, 끈기, 열정, 노력으로 자신의 능력을 계속 발전시킬 수 있다고 확신한다. 최고가 되는 것은 중요하지 않다. 오히려 자신의 잠재력을 알고 발휘하는 것이 훨씬 더 중요하다. 그들은 성공한 사람들로부터 조언을 구하거나 충고를 따르는 것을 부끄러워하지 않는다. 그들은 실패에 좌절하지 않는다. 그들은 실패를 두려워하지 않고, 실수에서 배울 수 있음을 잘 알며, 자신이 얼마나 탁월해질 수 있는지 의식하고 있다. 그들은 도전과제를 동기부여로 받아들인다. 상황이 어려울수록 그것을 바꾸고 개선하려고 더욱 노력한다.[25]

두 자아상 모두 뇌전도 검사로 확인할 수 있다. 이것을 위해 연구팀은 피험자들에게 어려운 질문을 제시한 뒤 뇌의 주의력을 관찰했다. 정적 자아상을 가진 피험자들은 자신의 능력과 관련된 일이면 피드백 내용에만 관심을 보였다. 그들은 자신의 대답이 맞았는지 틀렸는지 들을 때 특히 주의를 기울였다. 뭔가를 추가로 배우는 데 도움이 되는 정보나 정답에는 전혀 관심이 없었다. 역동적 자아상을 가진 사람은 달랐다. 그들은 뭔가를 배우는 것에 관심이 있었다.[26]

모든 인간은 역동적 자아상을 갖고 태어난다. 우리는 걷기와 말하기를 배우고, 이때 우리의 앵무새는 아직 다른 사람의 업적에 전혀 영향받지 않는다. 어떤 아이도 자신의 걷기 및 말하기를 다른 아이와 비교하거나 자신의 능력을 깎아내리지 않는다. 유아기 이후 어떻게 자아상이 계속 발달하냐는 특히 유년기의 주변 사람들, 그러니까 부모, 보육교사, 교사들이 어떻게 아이의 학습을 지원하고 지지하냐에 달렸다. 물론, 지지와 지원을 하지 않는 것도 막대하게 영향을 미친다.

그러나 걱정하지 않아도 된다! 유년기에 지지자와 모범이 없었더라도 아직 늦지 않았다! 당신 스스로 당신의 자아상을 지금도 여전히 바꿀 수 있다. 정적 자아상을 역동적 자아상으로 전환할 수 있음을 아는 것만으로도 족하다. 그리고 역동적 자아상은 적어도 몇몇 영역에서 추구할 가치가 충분하다. 역동적 사고는 비범한 것 또는 불가능해 보이는 것을 해내도록 우리를 무장시키고, 그래서 자아실현을 위한 만능열쇠가 된다. 이때 전문적 지원을 받으면, 자신의 자아상을 알아차리고 구체적이고 실천 가능한 구간 목표와 계획을 세우는 데 도움이 될 수 있다.

역동적 자아상으로 돌아가기

> 당신의 자아상이 어느 편으로 더 기울었는지 가늠하기 위해, 다음의 진술에 어느 정도 동의하는지 곰곰이 생각하라. 당신은 어디쯤 있는가?[27]

정적 자아상	역동적 자아상
지능은 타고난 천성으로 바꿀 수 없다. 나는 특정 성격 특성을 가졌고, 내가 바꿀 수 있는 것이 많지 않다.	타고난 지능이 어떻든, 나는 그것을 막대하게 확대할 수 있다. 나는 기본적으로 나의 성격 특성을 바꿀 수 있다.
0% ├───────────┤ 100%	0% ├───────────┤ 100%

실제로 역동적 자아상으로 돌아가는 최고의 길은 두 관점의 차이를 알아차리는 것이다. 나 역시 오랜 기간 지능은 타고나는 것으로 바꿀 수 없다고 생각했었다. 아주 일찍 나의 아이큐가 측정되었고, 아이큐는 변하지 않는다고 들었기 때문이다. 그러나 지능은 근육과 같다. 훈련할수록 강화된다. 그리고 실력이 더 뛰어나고 더 똑똑해진 두뇌로 우리는 잠재력을 맘껏 발휘할 수 있다.[28] 성격도 마찬가지다. 모든 사람은 사랑스럽고 정직하고 관대하고 용감한 면이 있지만, 욕심 많고 질투하고 비겁한 면도 있다.[29] 중요한 것은 우리가 생각과 행동으로 어떤 면을 '강화하냐'이다. 그렇게 우리는 원한다면 성격도 바꿀 수 있다. 그렇다

면 부정적 상황과 두려움 같은 감정은 어떻게 다뤄야 할까?

두뇌 — 비극의 여왕

정적이든 역동적이든 자아상과 상관없이, 우리의 뇌는 긍정적 사건보다 부정적 사건에 더 많이 주의를 기울이고, 그래서 부정적 감정이 먼저 닥친다. 막대한 업무량, 직장 및 개인 생활에서 생기는 연이은 스트레스, 지친 동료들과의 갈등, 많은 것이 불쾌한 기분을 불러낼 수 있다. 우리는 부정적 감정을 더 강렬하게 느낀다. 부정적 감정은 더 쉽게 생기고 더 깊은 흔적을 남긴다. 왜 그럴까? 우리의 뇌가 비극의 여왕이기 때문이다!

웃기기보다 울리기가 더 쉽다. 좋은 뉴스보다 나쁜 뉴스가 더 흥미를 끈다. 우리는 칭찬보다 비판을 더 오래 기억한다. 어쩔 수 없이 그렇게 된다.[30] 그것은 진화의 유산이기도 하다. 그것이 나쁜 일로부터 우리를 보호할 것이다. 두려움, 슬픔, 분노의 감정 덕분에 우리는 우리에게 안 좋은 일에서 멀리 물러나기 때문이다. 말하자면 부정적 감정은 기본적으로 당신을 위해 친절하게 다음을 알려주고자 한다. "너의 삶을 바꿔야 해! 네 삶을 스스로 책임져야 해!"

우리는 실수들을 찾아내는 데 탁월하다. 이른바 어리석었고, 멋지지 못했고, 성실하지 않았고, 적극적이지 못했다는 실수들! 그리고 실수를 찾아내는 이런 탁월한 능력이 매번 우리의 앞길을 가로막는다. 야단법석 모드! 그리고 실수들을 찾아내느라 마구 어지르는 동안, 그간 잘 진행된 많은 것들이 책상 밑으로 떨어져 보이지 않게 된다.

그러므로 성공을 인정하고 기뻐하라. 다만, 과도한 또는 불필요한 칭찬은 기대를 너무 높여 오만해질 위험이 있으므로 신중할 필요가 있다. 우리가 성공을 인정하고 기뻐하지 못하면, Self 1, 마음의 소리, 앵무새는 우리가 실패했거나 다른 사람의 기대를 저버렸다고 여긴다.[31] 그래서 성공이 오히려 독이 될 수 있고 그러면 우리는 다시 야단법석 모드에 사로잡힌다.

시간 실험

걱정은 나중에!

> 걱정을 안 하기는 거의 불가능하지만, 나중으로 미룰 수는 있다. 심리학에서는 이것을 '자극 조절'이라고 부른다.[32] 하루에 두 번 정도 '걱정 시간'을 정해 놓고, 그때만 아주 의식적으로 맘껏 걱정하라.
> 정해진 '걱정 시간' 이외에 자꾸 걱정하게 된다면, 머릿속을 헤집고 있는 걱정거리를 기록하고, 즉흥적으로 떠오르는 가능한 해결책 다섯 개를 간단히 적어라(산호물고기가 다시 일하게 하라). 그다음 계획된 '걱정 시간'으로 고민을 미뤄라. 당신도 이미 알고 있는 전략이다. 알아차리기 → 멈추기 → 상황 개선하기.

해결책을 생각하는 것은 좋다. 그러나 계속해서 한 가지 문제에 매달려 있는 것은 여러 측면에서 시간과 에너지를 낭비한다. 장기 스트레스로 생기는 끊임없는 불평불만은 기억력에 결정적 역할을 하는 해마체의 수축을 유발한다. 스트레스를 통해

분비되는 코르티솔 탓인데, 이것은 면역체계도 약화한다.[33]

우리의 앵무새는 문제에 집착하기를 좋아한다. 우리의 생각은 어려움 주위를 맴도는 데 아주 탁월하기 때문이다. 우리는 고통에 헌신하고 모든 것이 얼마나 심각한지 느낀다. 나무늘보와 카멜레온이 앵무새를 부추긴다. 이런 동맹은 때때로 옳고 필요한 건강한 반응이다. 그러나 대부분의 일상적 문제에서, 우리가 예를 들어 어떤 사람 때문에 화를 낸다면, 우리는 그 사람에게 우리의 시간과 생각을 쓰는 것이다. 우리는 너무 자주 문제에 몰두한다. 그것이 더 쉽게 느껴지기 때문에 또는 감정 다루는 법을 따로 배우지 못했기 때문이다. 예를 들어 분노를 통제하지 못하면, 우리는 오랫동안 그것에 사로잡혀있게 된다. 실험에서 피험자들이 설령 분노의 열이 식었다고 느꼈더라도, 그들은 그 후로 한참을 더 분노했다.[34]

감정을 억누르라는 얘기가 아니다. 감정은 사실 뭔가를 우리에게 전달하고자 하는 것이므로 감정에 주의를 기울일 필요가 있다. 감정은 편지가 수신자에게 전달될 때까지 포기하지 않고 찾아오는 등기우편 배달부와 같다. 우리가 등기우편 수령을 회피하면, 배달부는 점점 더 세게 문을 두드린다. 반대로 우리가 순순히 수령하면, 배달부는 계속해서 문을 두드릴 필요가 없다.

시간 실험

모든 종류의 감정을 기꺼이 환영하자

| 슬픔이나 분노를 나중으로 미루기가 힘든가? 그렇다면, 혹시

이 감정을 지금 의식적으로 받아들일 수 있는지 자신에게 물어보라. 숨을 깊이 들이쉬어라. 감정을 받아들이고 나면, 아마 온몸의 긴장이 풀리는 것을 느낄 수 있을 것이다.[35] 그다음 감정의 '이름을 불러라'. 그 순간 산호물고기가 앞에 나서면서 당신의 합리적 사고도 열린다. 감정이 당신을 위해 어떤 메시지를 보내는지 곰곰이 생각하라.

이 실험을 확장하고 싶다면, 당신을 따라다니는 부정적 감정세 가지가 무엇인지를 적어도 일주일 동안 관찰하고 기록하라. 쉽게 흥분하고, 신경질을 내고, 쉽게 모욕감을 느끼고, 자신에게 만족하지 못하고, 타인에게 실망하는가?

그다음 이를테면 기쁨, 감사, 행복, 연대감, 지지와 같은 당신이 하루를 같이 보내고 싶은 긍정적 감정 세 가지를 뽑아라. 일상에서 긍정적 감정을 더 많이 경험하게 돕는 연습이나 작은 의식들은 무엇일까? '시간 실험: 과거의 경험에 긍정적 감정 주입하기'가 좋은 시작일 것이다.

감정의 이름을 부르는 것이 얼마나 중요하고 도움이 되는지는 여러 연구를 통해 입증되었다. 이름을 부르는 순간 전두엽(산호물고기)이 다시 지휘권을 쥐고 부정적 감정을 돌려보낸다. 반대로 자기 자신에 대해 깊이 생각하면, 부정적 감정은 그대로 남아있다.[36] 그러면 앵무새가 계속 제자리에서 맴돈다. 부정적인 일에 집중하는 대신 무엇이 우리에게 유익하고 지금의 고난을 없앨 방법이 있는지 열심히 찾아야 한다. 의식적으로 긍정적인 것에 주의를 기울이다 보면, 시간이 흐르면서 우리의 뇌가 무의식적으로 그렇게 하게 된다.

스트레스 상황에 탄력적으로 대응하기

힘든 경험을 빨리 떨쳐내고 다시 회복하는 사람이 있는가 하면, 궤도를 완전히 이탈해버리는 사람이 있다. 전자는 그렇게 할 수 있는 좋은 무기를 가지고 있다. 그 무기의 이름은 우리가 이미 잘 알고 있는 '회복 탄력성'이다. 신경 차원에서 보면 그것은 전전두엽과 편도체의 연결 강도로 확인된다.[37] 이때도 좌뇌와 우뇌가 분업한다. 전전두엽의 좌측 영역에서 더 강한 활성을 보이는 사람일수록 회복 탄력성이 강하다. 회복 탄력성이 약한 사람은 우측 영역에서 활성을 보인다. 마치 좌뇌가 (부정적 감정에 공동책임이 있는) 편도체의 활성을 저지하는 것처럼 보인다. 우리가 강한 스트레스에서 얼마나 빨리 회복하느냐는 전전두엽과 편도체의 연결에 좌우된다.[38]

심리학자이자 뇌과학자인 리처드 데이비드슨은 회복 탄력성을 높이기 위해 마음챙김 명상을 하라고 권한다. 그것이 부정적 사고를 만들어낼 수 있는 연상의 고리를 끊어주기 때문이다.[39] 첫 단계는 부정적 사고에 묶여있음을 일찍 알아차리는 것이다. 그다음 그 감정의 이름을 불러 감정을 멈춰 세운다. 그리고 해결책을 찾는다. 데이비드슨은 이것을 위해 상황을 역동적 자아상의 시각에서 보고 의식적으로 새롭게 평가하라고 권한다.

극단적 상황과 감정을 분류하고 새롭게 평가하기

> 직장을 잃거나, 기차나 비행기를 놓치거나, 장기 연애가 깨지거나, 뭔가 소중한 물건을 잃어버린다. 이런 상황에서 당신의 감정이 당신을 압도할 수 있다.
>
> 어떤 이유에서 기분이 나쁘거나 그다지 좋지 않으면 또는 스트레스나 부정적 감정에 압도되면, 이렇게 속으로 물어라. 이 일은 실제로 얼마나 심각한가? 그다음 이 일의 심각성을 냉철하고 현실적으로 0부터 10까지의 가늠자로 측정하라.

    냉철하고 현실적인 측정은 나쁜 경험을 처리하는 데 도움이 된다. 기차를 놓쳤는가? 처음엔 당연히 백프로 10인 것 같지만, 냉철하게 측정하면 3에 불과하다. 실직은 처음에 당연히 10인 것 같지만, 전체를 더 냉철하게 평가하면 아마 6에 그칠 것이다. 직장의 변화가 처음에는 두려움을 주겠지만, 더 좋은 직장이나 자신의 진정한 소명을 찾아내 나중에는 2 또는 심지어 1이 될 수도 있다.[40] 이별은 더 나은 새로운 만남을 위한 준비일 수 있다. 그러나 사랑하는 사람을 잃는 것은 확실히 10이고 한동안 10으로 남는다. 10 이하의 사건이라면 관점을 바꾸는 시도를 해볼 수 있다.

불안감이 우리에게 보내는 사랑의 편지

    꿈꾸는 삶의 모습과 지금의 삶이 일치하지 않고, 소망이 실현될 수 없어 보일 때, 불안감이 밀려와 우리의 시간을 빼앗는다. 불안감을 얘기하기 전에 개념 설명이 필요할 것 같다. '불안감'과 '두려움'에는 차이가 있다. 우리가 해결할 수 있다고 믿는 뭔가 특정한 대상에 우리는 두려움을 느낀다. 반면, 불안감에는 구체적 대상이 없다. 그냥 불안하다.[41] 불안감은 언제나 주관적이고 깊은 생각과 연결된다. 예를 들어 미끄러운 바닥에서 미끄러질 때, 당신은 깊이 생각할 겨를이 없고, 몸의 반사적 반응으로 최선의 경우 낙상 사고를 막을 수 있다. 이때의 감정은 두려움이다. 일어날 수 있는 낙상 사고와 연결되었기 때문이다. 그러나 그 후에 일어날지도 모르는 온갖 일에 가장 어두운 색깔을 칠하고, 발가락 하나가 부러진 게 아닐까 속으로 걱정한다면, 그것은 불안감이다.

불안감 자체는 나쁜 것이 아니다. 그것은 우리를 보호하고 경고하고자 한다. 그것은 우리에게 해결책을 찾으라고 요구한다. 물론, 그것은 편안한 감정이 아니다. 그리고 편안한 감정이어서는 안 된다. 그러면 불안감은 본연의 목적을 달성하지 못할 것이기 때문이다. 불안감은 우리가 계속 발전하는 데 필수 요소이다. 병이 들까 불안하면, 우리는 더 건강하게 먹고 더 많이 운동하고 전체적으로 더 많이 자기 자신을 돌보게 된다. 사랑하는 사람, 예를 들어 부모님이 돌아가실까(애석하게도 어차피 우리가 막을 수 없는 일이다) 불안한 마음이 들면, 우리는 부모님과 더 많은 시간을 보내고자 애쓴다. 기후위기의 결과가 불안하다면, 우리는 환경보호에 더 많이 애쓴다. 웁스, 쏘리, 방금 내가 언급한 환경 주제는 빨리 잊어주시길!

그러나 우리의 불안감을 해결책을 찾는 데 이용하지 않으면, 우리는 불안감에 압도될 수 있다. 그러면 우리는 희망을 포기하고 경직되고 잠재력을 발휘할 수 없다. 불안감이 보내는 경고를 우리가 알아차리고 바르게 해석할 줄 알면, 불안감은 우리의 길잡이가 될 수 있다. 신경과학자 게랄트 휘터(Gerald Hüther)는 불안감을 다루는 첫 단계를 수용이라고 본다. 불안감은 우리의 일부이자 보호장치이다. 그렇게 보면, 개인의 위기는 변화와 발달의 기회이다. 우리는 새로운 것을 수용할 준비가 되어 있어야 한다. 현재 상태는 지속할 수 없기 때문이다.[42]

놀랍게도 자일이나 안전장비 하나 없이 '엘 캐피탄'이라는 수직에 가까운 975미터 암벽을 오르는 인상 깊은 다큐멘터리 영화 〈프리 솔로(Free Solo)〉에서, 암벽등반가 알렉스 호놀드(Alex Honnold)가 말한다. "모두가 불안감을 억누르려 애씁니다. 나는 다르게 합니다. 나는 반복 훈련으로 안정감을 확장합니다. 나는 불안감이 사라질 때까지 아주 오래도록 불안감을 작업합니다."[43] 그는 능력을 높이고 더 집중하기 위해 자신의 불안감을 이용한다. 다시 말해 그는 불안감을 다르게 해석하고, 그것을 부정적 감정으로만 보지 않고 오히려 기회로 보고 그 안에서 장점을 발견한다.[44] 그러므로 불안감이 들면, 먼저 '불을 켜고' 불안감이 우리에게 무엇을 말하는지 자세히 살펴라. 당신의 카멜레온이 정말로 무엇을 불안해하는지 알아내라. 종종 불안감에 대한 불안감이 우리의 길을 막는다.

몸에 내장된 메트로놈

우리는 불안감을 몸으로 느낀다. 심장이 요동치고, 숨이 가쁘고, 심지어 손에 땀이 나기도 한다. 불안감을 긍정적으로 이용하고 싶다면, 이런 신체 징후에서 시작하는 것이 좋다. 우리는 다른 신체기능과 달리 호흡만큼은 의식적으로 바꿀 수 있기 때문이다.

잘 알고 있듯이, 호흡의 리듬은 내면의 지휘자와 같다. 호흡이 차분해지면, 우리도 차분해진다. 신경과학자 페르디난트 비노프스키(Ferdinand Binofski)가 한 연구에서 호흡이 우리에게 미치는 큰 영향력을 보여주었다. 그는 오케스트라의 연주자들에게 연주 동안 숨을 빨리 쉬라고 부탁했다. 그러자 연주자들은 자기도 모르게 더 빨리 연주했다. 호흡은 우리 몸에 내장된 이른바 생체 메트로놈이다.[45] 우리는 메트로놈의 박자를 늦춰, 스트레스 같은 부정적 감정과 불안감에 맞설 수 있다.

시간 실험
두려움과 스트레스를 날숨에 실어 날려버리자

천천히 4까지 세면서 숨을 들이쉬고 숨을 멈춘 채 다시 4까지 세라. 숨을 내쉬면서 8까지 세라. 숨이 부족하다면 6까지만 세어도 된다.

이런 호흡기술이 전체 신체에 이완반응을 일으키고, 신체와 정신을 의식적으로 연결한다. 그리고 당신은 온전히 호흡에 집중하기 때문에 다시 지금 여기로 돌아온다.

불안감이 자주 들면, 전문적 도움을 찾는 것이 가장 좋다. 호흡기술 외에 수많은 전문기술이 있다. 예를 들어 부정적 감정에 더 잘 대처하는 법을 빨리 배울 수 있는 노크기술이 있다.[46]

의식적 호흡은 '자아'와의 연결을 개선하고, 롤러코스터와 선로, 인생과 시간의 연결을 강화한다. '빔 호프(Wim Hof)' 방법으로 그것을 경험해 볼 수 있다. 빔 호프는 익스트림스포츠를 즐기는 사람으로, 호흡 훈련과 냉기 요법으로 면역체계를 강화할 수 있다고 주장한다. 이것은 심지어 과학적으로 입증되었다.[47] 이 호흡기술을 실행할 때는 반드시 모든 지시를 아주 정확히 따라야 한다. 시간을 내서 초보자 코스를 먼저 수료하는 것이 가장 좋다. 무대 및 경쟁 코치 보리스 바이만(Boris Beimann)과 함께 다양한 호흡 훈련을 마친 나는 자신 있게 말할 수 있다. 강력한 호흡기술을 통해 정말로 아주 새롭고 편안한 신체 및 시간 경험이 생긴다! 집중적이고 의식적인 호흡을 위한 첫 번째 훈련 때 벌써 나는 날숨 뒤에 2분 넘게 숨을 참았다. 이것이 가능할 거라고는 생각조차 못 했었다. 시간이 훨씬 짧게 느껴졌지만, 스톱워치는 거짓말을 하지 않는다. 혹시 필요할 때가 있을까 싶어 말해주자면, 신체의 알코올 분해 속도를 높일 때도 아무튼 이 호흡기술이 도움이 된다.[48]

여담으로 숨 참기 얘기를 하자면, 작가이자 컨설턴트인 린다 스톤(Linda Stone)은 약 80퍼센트가 컴퓨터 입력 동안 숨을 얕게 쉰다는 것을 알아냈다. 린다 스톤은 이것을 '이메일 무호흡'이라고 부른다.[49] 당신은 어떤지 한번 주의를 기울여보라. 그리고 앞으로는 더 의식적으로 호흡하라! 아무튼, 한숨 돌리는 휴식은 우리의 평안에 중요하다.

근무시간에는 쉽지 않겠지만, 일몰을 볼 때 또는 숲을 산책할 때의 무의식적 주의집중은 긴장을 풀어준다. 점심 휴식시간에 잠깐 커피 한 잔을 마시며 동료와 수다를 떨 수 있는 안락한 카페를 직장 근처에서 분명 찾을 수 있으리라. 그곳에서는 문화적−상호주관적 시간이 아주 빨리 지나갈 것이다. 우리는 감정과 주의력을 의식적으로 다뤄, 시간을 어느 정도 더 주체적으로 사용하고 시간 결정권을 더 많이 가질 수 있다. 이때 시계들은 당연히 제 속도로 간다.

잠시 한숨 돌리는 시간을 가졌으니, 이제 우리가 온종일 무엇을 하며 시간을 쓰고, 그 일을 의미 있다고 느끼는지 살펴보자.

시간을
바르게 이해하고
다르게 경험하기

- 우리는 몇십 년 전부터 이미 삶의 속도가 빨라짐을 느끼고 있다.

- 이 시대의 세 가지 큰 도전과제는 정보의 홍수, 복잡성 증가, 직업적 요구사항 증가이다.

- 두려움은 구체적이고, 불안감은 실체가 없다. 걱정과 불안은 (모든 감정이 그렇듯) 메시지 전달자이다.

- 우리의 뇌는 애석하게도 긍정적인 것보다 부정적인 것에 더 관심이 있다. 그래서 우리는 부정적 감정을 먼저 해결해야 한다. 부정성에서 벗어나는 길은 알아차리기, 멈추기, 상황 개선하기.

- 당신이 야단법석 모드를 얼마나 빨리 알아차리는지 늘 주의하라.

매일
그리고
계속

9장

지금 여기서 해야 할 일

"인간은 시간에서 도망치고,
시간은 인간에게서 도망친다!"

에드워드 영(Edward Young)

오늘, 내일, 모레

몇 년 전에 나는 영원히 잊지 못할 질문을 하나 받았다. 한 학교에서 기억력 기술에 관한 강연을 했을 때다. 유럽우주국(ESA) 연구원, 다양한 분야의 과학자들, 멋진 인생을 사는 흥미로운 인물 등 이른바 성공한 사람들이 정기적으로 그곳에 와서 자신의 직업이나 연구결과에 대해 강연을 했다.

이날 한 학생이 내게 질문했다. "그런데 왜 아무것도 이루지를 못했어요?" 아직 대학도 가지 않은 학생이 어떻게 이런 무례한 질문을 할 수 있나, 생각할 사람도 있겠지만, 나는야 비판을 기꺼이 진지하게 받아들이는 사람이다! 그럴더라도 나는 잠깐 말문이 막혔다. 아무튼, 나는 청소년 세계기억력대회에서 여러 번 우승했고 책을 다섯 권이나 냈으며 텔레비전 방송에서 사회를 맡고 있다. 이걸로 부족하단 말인가? 나는 마땅히 설명할 말이 없었다. 맞다. 나는 대학에서 전공 세 개를 동시에 공부하거나 기록적으로 조기 졸업을 하지도 않았고 최고의 대학에서 유학하지 않았고 고액 연봉을 받는 직업을 차지하지도 않았다. 또한, 대학에 남아 교수가 되려 노력한 적도 없다.

돌이켜 생각해보면, 나는 대학생 때 정말로 많은 시간을 여유롭게 썼고, 겨우 한 학기만 교환학생으로 베네치아에 다녀왔다. 그리고 고백하건대, 이 한 학기 동안 나는 많은 걸 했지만 공부는 많이 하지 않았다. 정치학석사를 마친 뒤에, 나는 뮤지컬을 배우기 시작했다. 그때 이미 나중에 이 분야에서 일하지 않을 것을 알고 있었는데도 말이다. 그리고 배우로 계속 살 마음이 없었는데도 연기 공부를 했다. 하지만 나는 막대한 행운을 가졌다. 여러 다양한 프로젝트로 돈을 충분히 벌었고, 현재 나는 내 시간을 아주 자유롭게 배분하여 쓸 수 있다. 그래서 여름에 그냥 6주 정도 매일 여섯 시간씩 춤을 배울 수 있다. 또한, 시간을 내서 친구들과 모임 하나를 만들 수 있었고,[1] 그 모임을 통해 우리는 청소년들에게 헌법의 실질적 가치를 가르칠 수 있다. 나는 지금까지의 성과에 나 나름대로 매우 만족한다. 인간은 언제부터 인생에서 뭔가를 이뤘을까?

실적 또는 공헌, 무엇이 더 중요할까?

우리 사회는 성공을 너무 과도하게 사회적 지위와 소득을 기준으로 정의하는 경향이 있다. "그러나 어떤 사람이 성공했느냐 아니냐는 그 사람이 사회에 무엇을 공헌했느냐에 좌우되어야 마땅하다."[2] 노벨 평화상 수상자 무함마드 유누스(Muhammad Yunus)의 말이다. 어느 쪽이 '더 성공한 삶'일까? 호화저택을 가진 부유한 기업가일까, 아니면 매일 수많은 사람의 생명을 지키고 돌보는 간호사일까? 누가 뭐라든, 양쪽 모두 틀림없이 기본적으로 건강, 안전, 어느 정도의 재산 그리고 무엇보다 많은 시간을 바랄 것이다. 우리 모두와 똑같이.

다른 사람의 의견에 구애받지 않은 자기만의 고유한 성공 개념을 가지고 있어야 한다. 이런 성공 개념은 삶의 만족도와 깊은 관련이 있고, 무엇보다 정신과 육체의 조화 그리고 다른 사람을 위해 뭔가를 공헌하려는 마음 자세도 포함한다. 잠깐, 이건 성공이 아니라 행복의 개념 정의에 더 가깝나? 아무튼, 당신에게 성공은 무엇인가? 금전적 보상, 칭찬, 존중, 높은 지위, 성취감인가? 삶의 기쁨, 행복의 순간, 사랑과 신뢰가 넘치는 인간관계? 아니면, 가족이나 친구 또는 직장, 심지어 세계를 위해 아주 좋을 일을 했다는 뿌듯한 기분으로 잠드는 걸까?[3] 아직 당신은 성공하지 못한 것 같은가? 그래도 괜찮다. 당신은 언제든지 성공한 사람이 되기 시작할 수 있다. 그러니 일단 시간을 내라. 하룻밤 사이에 되는 일은 거의 없기 때문이다.

모든 날이 중요하므로

약 700년 전에 시계가 발명된 이후로 인간은 주어진 시간과 자신의 생체 시계 사이에서 균형 잡는 법을 배워야만 했다. 오늘날 우리의 일상은 생체 시계 또는 태양 주기를 따르지 않는다. 이미 2장에서 봤듯이, 우리는 휴일이나 주말을 제외한 평일에는 대개 개인적 욕구를 고려하지 않은 채 계획을 세운다. 이런 식의 사회 적응으로 우리는 자연과 서서히 멀어졌다.[4]

시간 실험
당신은 무엇을 하는가?

2주 동안, 주중에도 주말에도 당신이 무엇을 하고 어떤 습관이 있는지 잘 관찰하라. 그러면 당신이 정의한 성공을 가로막는 것이 무엇인지 아마 발견하게 될 것이다.

시간이 날 때마다(퇴근 후 그리고 주말에) 타이머를 15분으로 설정하고, 지난 15분 동안 무엇을 했고 무슨 일이 벌어졌는지 간단히 메모하라. 좋은 습관이면 +, 나쁜 습관이면 −를 붙이고, 일어나기, 옷 입기, 빨래 널기 같은 중립적인 활동에는 n을 써라.[5]

이때 어떤 기분이 들었는지도 추가로 기록할 수 있다. 예를 들어 1(아주 나쁨)부터 10(아주 좋음)까지 점수를 줄 수 있다. 이런 방식으로 당신이 시간을 무엇에 쓰고 그때 어떤 기분인지를 알아낼 수 있다.

지난 15분 동안 내가 한 일	이 일을 하려고 계획했었나?	평가	이때 나의 기분은 어땠나? (1=매우 나쁨, 10=매우 좋음)
스마트폰을 두 번 봄	아니오	−	2
차를 끓임	예	+	8
설거지	예	n	5

이 시간 실험은 언뜻 굉장히 소모적인 것 같고, 약간 과도한 자기 최적화처럼 보이기도 한다. 이때 중요한 것은 수치 개선이 아니라, '현재 상태'를 잘 인식하는 것이다. 자신의 루틴을 잘 살필 필요가 있는데, 인생 말년에 우리는 시간 대부분을, 이런 루틴 활동으로 보낼 것이기 때문이다. 그리고 특히 이런 사소한 일상 활동들이 개인적 성공을 선사할 수 있다.

당신의 목표가 예를 들어 집을 깨끗하게 만드는 것이라면, 목표에만 집중하여 단 한 번 완벽하게 대청소를 하는 것은 아무 소용이 없다. 어차피 금세 다시 지저분해질 것이기 때문이다. 단 한 번의 대청소는 말하자면 원인이 아니라 증상만 없앤 셈이다. 장기적 성공을 위해서는 시스템 차원의 변화가 필요하다. 예를 들어 매일 조금씩 정리정돈을 꾸준히 늘려가는 것이 도움이 될 것이다.[6] 당신도 알고 있듯이, 나무늘보는 언제나 에너지를 절약하고자 한다. 그래서 우리는 종종 아무 생각 없이 자동으로 결정을 내리고 자기도 모르게 시간을 헛되이 쓴다. 때때로 그러는 건 완전히 괜찮지만, 항상 그래선 안 된다. 어차피 나무늘보 역시 정당하게 얻은 휴식과 평온을 누릴 때 훨씬 더 편안함을 느낀다.

이제 우리에게 정말로 중요한 것을 알아내기 위해, 한 걸음 뒤로 물러나 우리의 일과와 습관이 우리의 가치관과 일치하는지 확인해보자.

제발, 방향을 잘 잡아주세요!

우리의 모든 소망, 꿈, 목표의 방향을 알려주는 가치관 나침반을 기반으로 우리는 결정하고 행동한다. 가치관은 무엇보다 부모나 보육교사 같은 가까운 주변 사람을 통해 그리고 긍정적·부정적 유년기 경험을 통해 형성된다. 우리의 진짜 가치관이 숨겨져 있거나, 습관이나 다른 사람의 가치관에 가려져 있을 때가 있다. 그러나 우리의 행동과 시간 구성은 각자의 가치관을 반영해야 마땅하다.

당신의 가치관에 따라 생각하고 행동하는가?[7]

어떤 미덕이 당신에게 특히 중요한지 기록하라. 혹시 도움이 될까 싶어 말하면, 당신이 친구나 롤모델에게서 감탄하는 부분이 종종 당신의 가치관과 일치한다. '바가바드 기타(Bhagavad Gita)'의 미덕에서 영감을 얻어도 좋다. 이것은 힌두어인데, 감사, 용기, 자선, 균형, 정직, 모든 생명체에 대한 연민 등이 여기에 포함된다.[8]

그다음 당신이 가장 중요하게 여기는 가치관이 누구에게서 비롯되었는지 곰곰 생각하라. 당신의 부모 또는 가까운 사람들을 떠올려보라. 그들의 특정 관념이 당신에게 어떤 사람이거나 어떤 사람이 되어야 한다고 암시하는가? 당신은 특정 방식으로 행동해야 하거나 뭔가 특정한 것을 이룩해야만 하는가? 이것을 의식적으로 조명하고 표현하는 일은 매우 흥미로울 것이다.

지금도 여전히 그들의 가치관과 당신의 가치관이 일치하는가? 아니면 당신의 인생 목표에 맞게 당신의 가치관을 새롭게 바꿀 필요가 있는가?

나의 가치관	이것은 어디에서 왔나?	여전히 동의하나?
공감	부모	그렇다.
관용	부모	그렇다. 하지만 관용에도 한계가 있어야 함을 이제 안다.
인정	학급 친구	아니다. 인정을 받는 것은 당연히 중요하지만, 중요도는 예전과 달라졌다.

당신의 가치관과 이상은 당신의 실제 생활과 일치하고 그래서 당신의 시간 구성 우선순위와도 일치하는가? 어쩌면 당신은 친구나 가족과 시간을 보내는 것이 소중하지만 (아직은) 그들과 보낼 시간을 그렇게 자주 내지 못하고, 그들과 함께 있을 때조차 (아직은) 종종 딴생각에 빠질 것이다.

그러므로 시간의 길이가 아니라 얼마나 집중적으로 또는 다채롭게 시간을 경험하느냐가 중요하다. 이것을 명심한다면, 하루를 (더) 의미 있게 구성하기가 쉬워질 것이다. 가치관도 습관도 하룻밤 사이에 바꿀 수 없다. 그러나 자신의 가치관 나침반을 의심해 보거나 새롭게 설정하여 자신의 비전과 일치하지 않는 가치관을 서서히 버리는 것은 앞으로의 인생에 도움이 될 것이다. 또는 당신이 세운 비전이 당신의 가치관과 일치하지 않음을 깨닫게 될지도 모른다. 다행스럽게도 우리는 거의 모든 일을 시간이 지남에 따라 조정할 수 있다.

봄맞이 습관 대청소

가치관 나침반을 더 의식할수록, 우리는 무엇이 정말로 우리에게 의미 있는지 더 쉽게 가늠할 수 있고 옛날 루틴을 더 쉽게 버릴 수 있다. 단 몇 분일지라도 매일 당신은 불필요한 루틴을 고칠 수 있다. 얼마나 빨리 고칠 수 있는지를 안다면 고치기가 더 쉬울 것이다. 예를 들어 매일 1퍼센트만 개선하거나 한 부분만 바꿔도, 1년에 약 38퍼센트를 개선할 수 있다. 수학적 증명이 필요한가? 1.01의 365제곱은 37.78이다. $1.01^{365}=37.78$. 이것이 바로 이자에 이자가 붙는 복리의 마법, 기하급수적 성장의 마법이다. "지식은 기하급수적이다. 이자처럼 점점 더 불어난다." 성공한 투자자 워렌 버핏(Warren Buffett)도 이미 그렇게 말했다.[9]

분류하기 그리고 새롭게 정돈하기

> '시간 실험: 당신은 무엇을 하는가?'에서 발견한 루틴을 다시 한번 살펴보라.
>
> 그것들 가운데 어떤 것을 유지하고자 하고, 그것에 얼마나 많은 시간을 사용하고 싶은지 생각하라. 어쩌면 소셜미디어 활동, 스트리밍서비스 이용 등 몇몇 활동은 포기하기보다 다른 시간대로 옮기고 싶을 수도 있다.
>
> 불필요한 습관을 새로운 습관으로 대체하라. 새로운 것을 익히거나 약간 개선하거나 달라지기 위해, 매일 단 몇 분만 투자하면 되는 작은 과제들을 정해 놓고 수행해도 좋다. 정기적으로 정리정돈을 하든, 피아노를 치든, 외국어 공부를 하든, 동호회에 가입하든, 뭘 하든 상관없다.

여전히 시간이 부족한 것 같다면, 롤프 도벨리(Rolf Dobelli)가 《뉴스 다이어트(Die Kunst des digitalen Lebens)》에서 제안한 실험을 직접 해보기 바란다. 신문을 읽지 말라! 중요한 뉴스는 어차피 저절로 듣게 될 테니, 시간을 아껴라. 그렇게 얻은 시간의 절반을 신문 대신 평소 관심 있던 책을 읽는 데 써라. 그러면 시간도 아끼고 지식도 늘어난다!

거울아 거울아: 세상에서 가장 멋진 직업을 가진 사람은 누구니?

자기 직업에 만족하는 사람은 스스로 행복하다고 여겨도 된다. 2020년 초의 한 조사를 보면, 독일 직장인 약 4분의 1이 아무 의욕 없이 억지로 출근하기 때문이다. 독일이 의욕 없는 직장인 1위에 올랐고, 영국이 근소한 차이로 2위다.[10] 탄력근무제가 널리 도입되었고 직원에게 시간 결정권이 더 많은 나라일수록 직업 만족도 성적이 훨씬 높았다.

직장생활이 행복하지 않다고 해서, 내적으로 또는 실제로 퇴직을 선택할 필요는 없다. 특별히 관심 있는 주제나 분야가 있다면, 우선 자유시간에 블로그나 팟캐스트 또는 유튜브를 시작해도 되고, 부업으로 제2의 삶을 시작해도 된다. 다양하게 많이 해볼수록 좋다. 예를 들어 휴가 때 동물원에서 단기 아르바이트를 하다 새로운 아이디어를 얻거나 동물에 대한 사랑을 발견할 수 있다. 그렇게 새로운 직업교육이나 공부가 시작될 수 있다.

40세에 수의학과에 새로 입학하거나 뭔가 전혀 다른 것을 해보기? 안 될 게 뭐란 말인가! 이미 정년퇴직 상태라면, 시간을 0에 설정하고, 여러 가능성이 다시 열린다면 무엇이 자신을 젊게 하고 이제 무엇을 하고 싶은지 깊이 생각하라. 97세에 대학원을 졸업하는 사람도 있다! 아니면 지금 그대로를 온전히 누려도 된다!

당신이 꿈의 직장에서 일하고 아직 정년퇴직이 멀었더라도, 일상의 시간 도둑이 직장생활을 짜증 나게 만들 수 있다. 하지만 당신은 또한 더 나은 대처법을 배울 수 있다. 바로 지금 당장!

잉여시간이 시간 도둑이다

굉장히 기이하게 들리겠지만, 시간이 너무 많이 주어지면, 과제를 처리하는 데 시간이 더 많이 걸린다. "쓸 수 있는 시간만큼 업무량이 증가한다." 이것이 바로 '파킨슨의 법칙'이다.[11] 눈앞에 닥친 일이 정서적으로 더 강한 영향을 주기 때문에, 우리는 종종 몇 주 또는 심지어 몇 달 미리 여유 있게 시작하는 대신 데드라인이 눈앞에 닥쳤을 때 비로소 본격적으로 시작한다. 시간 압박이 우리를 (그리고 우리의 나무늘보를) 마침내 움직이게 한다.

시간 실험

느긋한 나무늘보 속이기

상상으로 일정을 최대한 진짜처럼 재조정하여 자기 자신을 속여보자. 나름대로 일정을 당겨서 데드라인을 정하고, 작업하고자 하는 구간을 미리 정해두면 더 좋다. 그다음 더 일찍 시작하라. 단, 시간 압박이 너무 커선 안 된다.

이 방법은 탁월하게 작동한다. 그러나 솔직히 말해 내 경우는 효과가 썩 좋지 못했다. 나는 모래시계의 도움을 받았다. 옆에서 모래가 흘러내리고 있으면, 데드라인이 아직 먼 미래에 있더라도 나는 당장 뭔가를 해야 할 것만 같았다. 나는 심지어 더 짧은 시간 이내에 더 많은 일을 끝냈고, 한눈팔지 않고 계획했던 일을 모두 끝내 행복감마저 느꼈다. 나의 꿀벌은 확실히 모래시계를 좋아한다! 나의 나무늘보는 이제 모래시계와 그럭저

본격적으로 작업을 시작하기 전에 도움닫기 시간을 가져도 좋다. 당신도 아마 온종일 한 가지 문제를 고민했는데 며칠 뒤에 갑자기 해결책이 문득 떠올랐던 경험이 있을 터이다. 당신의 뇌는 의식적으로 그리고 무의식적으로 계속해서 모든 질문의 해답을 수색하고, 해답을 찾았을 때 비로소 과제나 문제를 잊는다.

다음 질문의 해답을 '찾지 말라'! 당신의 식탁 의자는 총 몇 개인가? 해답을 찾지 않았는데도 식탁 의자 개수가 저절로 떠올랐는가? 탑승자의 미래계획을 보여주는, 롤러코스터 맨 앞에 설치된 모니터를 기억하는가? 무의식이 바로 절전모드의 모니터이다. 인터넷브라우저에서처럼, 질문마다 창이 하나씩 모니터에 열린다. 그리고 과제가 해결되면 비로소 창이 닫힌다. 창이 닫히는 순간 모니터가 갑자기 다시 켜지고 앵무새에게 해답을 알린다.

시간 실험

미지의 자원 — 무의식

> 어떤 일을 구체적으로 시작하기 1~2주 전에 15분 정도 시간을 내서 그 일에 관한 사전지식을 기록하라. 또는 마인드맵을 만들어 그 일의 전체 구조를 파악하라. 이때 그 일과 관련하여 아직 풀리지 않은 질문들을 기록하라. 그러면 별도로 시간을 투자하지 않아도 앞으로 당신의 뇌가 이 질문들을 작업할 것이다.[12]

스마트폰이든 종이든 늘 메모할 준비를 하여 갑자기 떠오른 아이디어를 언제든지 '밖으로' 꺼내놓을 수 있게 하라. 그러면 모니터에 동시에 열려 있는 창이 거의 없게 되어 에너지를 절약할 수 있다. 다시 말해 뇌에 부담을 덜어준다. 일주일에 한 번씩 메모를 점검하라. 메모 점검을 정기 일정으로 삼아도 좋다. 메모를 정기적으로 점검하지 않으면 설령 모든 것을 메모하여 아이디어를 밖으로 꺼내놓았더라도, 결국 모든 것을 다시 잊게 된다.

시간 관리가 시간 도둑이다

시간 관리법들이 그다지 효과적이지 않다는 얘기를 우리는 이미 자주 들었다. 그러나 어떤 식으로든 틀이 필요하고, 그 안에서 자유롭게 움직일 수 있는 튼튼한 안전장치가 필요하다. 수많은 접시를 동시에 살피며 계속 돌려야 하는 곡예사를 아직 기억하는가? 초점을 맞추고 명확성을 확보하려면 우리도 그것과 비슷한 시스템이 필요하다.

고전적 시간 관리법에서는 과제의 중요도를 파악하는 것이 핵심이다. 즉시 처리해야 할 일들이 있고, 나중에 처리해도 되는 일들이 있다. 시간 계획을 세울 때 가장 먼저 분류해야 할 항목이다. 그다음 주간 계획 또는 일간 계획을 수립한다. 여기까지는 할 만하다. 그러나 우리는 이미 걸림돌을 알고 있다. 예기치 못한 불상사까지 미리 고려하여 시간 계획에 포함하더라도 어차피 시간이 부족하다. 필요한 작업 시간을 잘못 예상하기 때문이다. 계획 오류의 대표 사례이다(1장 참조).[13] 그러므로 시간 계획을 세울 때는, 필요한 시간을 넉넉하게 두 배로 잡는 것이 좋다. 그래서 계획보다 더 빨리 일이 끝나면, 당신은 성공 경험을 더 크게 더 많이 누릴 수 있다. 그리고 당신은 이미 잉여시간을 잘 활용하는 법을 알고 있다. 현재를 즐기기 또는 미래를 설계하기.

분 단위로 시간 계획을 세우고 실천하는 것보다는 과제의 우선순위를 정하는 게 더 낫고, 실행할 때는 타이머 또는 30분이나 60분짜리 모래시계로 시간제한을 두면 더 효율적이다. 파킨슨의 법칙을 명심하라. 주어진 시간 안에 미션을 완료해야 하는 게임이라 생각하고, 주어진 시간 안에 과제를 끝내려 애써라. '낫투두리스트(Not-to-do-List)'도 도움이 될 수 있다. 업무시간에 '하지 않을 일'을 기록하라. SNS 열기, 인터넷 뉴스 확인하기, 도착한 이메일 확인하기 등등. 그러나 계획에 반드시 포함해야 하는 것이 있다. 휴식이다! 계획을 세울 때 가장 먼저 휴식시간을 정하라.

작가 로리 바덴(Rory Vaden)은 테드(TED) 강연에서, 시간을 몇 배로 늘리는 방법(시간 곱셈법)을 알려준다. 자기 자신에게 다음과 같이 묻는다. "내일 더 많은 시간을 갖기 위해 오늘 나는 무엇을 할 수 있을까?" 이때 가장 중요한 것은 '하지 않아도 되는 일'이 무엇인지 생각하는 것이다. 무시하거나 다른 사람에게 넘겨도 되는 일을 골라내는 것이다.[14] 말하자면, 시간 관리가 아니라 '자기 관리'이다.

시간 실험

시간 곱셈법

오늘 거절한 모든 일이 내일의 시간을 늘려준다. 마찬가지로, 오늘 뭔가를 수락하는 것은 동시에 아주 많은 다른 일들을 거절하는 것이다. 그러므로 다음의 질문을 이용해, 빡빡한 투두 리스트를 차근차근 솎아내야 한다.

1. 이 과제를 정말로 해야 하나? 그럴 필요가 있나? '아니오'라면 이 일은 곧바로 휴지통으로 간다. 아직은 휴지통으로 보낼 결심이 서지 않았다면, 그대로 둔다. 아무튼, 버리냐 마냐로 시간을 낭비해선 안 된다. '예'라면, 다음 질문으로 가라.

2. 이 과제를 자동화할 수 있나? '예'라면, 자동화하라. 예를 들어 금요일 저녁에만 온라인 송금이나 입금이 허용되도록 설정해둬라. '아니오'라면 다음 질문으로 가라.

3. 이 과제를 위임할 수 있나? 처리 방법을 다른 사람에게 가르칠 수 있나? 이 과제를 위임하거나 다른 사람에게 지시하여, 장기적으로 당신의 시간을 늘릴 수 있다. 이 과제를 처리할 수 있는 사람이 오직 당신뿐이라면, 최종 결정에 따라 남은 과제들을 수행하라.

4. 이 과제를 지금 처리해야만 하나? '예'라면, 즉시 또는 가능한 한 빨리 처리하라. 언제 처리할지 지금 정하라. '아니오'라면 뒤로 미뤄뒀다가 나중에 다시 이 네 질문으로 점검해도 된다.[15]

우리는 종종 외부에서 주어진 과제나 부탁에 너무 몰두한 나머지 정작 우리의 핵심과제를 뒤로 미뤄둔다. 지금 당장 당신의 핵심과제를 우선순위에 둬라. 당신에게 가장 중요한 과제 먼저 처리한 후에, 비로소 외부에서 받은 과제로 눈을 돌려라. 받은 편지에 답하기보다 당신이 보내야 하는 편지를 먼저 생각하라. 이메일 확인은 하루 두 번이면 족하다. 점심시간 그리고 퇴근 직전이 가장 좋다. 이메일의 알림 기능을 꺼두면, 불필요하게 주의를 빼앗기지 않을 수 있다. 급한 일이지만 즉시 해결할 수 없다면, 다음 날을 위해 메모를 해둬라. 말했듯이, 당신의 뇌가 무의식적으로 같이 생각하고 일할 것이다!

멀티태스킹이 시간 도둑이다

우리는 종종 시간 압박 때문에 모든 일을 동시에 끝내고 싶어 한다. 그러나 여러 과제 사이를 이리저리 점프하면, 오히려 40퍼센트 정도 시간이 더 많이 소모된다. 그러나 스스로 매우 생산적으로 일한다고 느끼기 때문에 시간이 더 많이 소모되는 것을 인식하지 못한다. 멀티태스킹은 하버드대학생의 실력도 여덟 살 수준으로 낮춘다.[16] 방해받지 않고 집중해서 일할 때 더 효과적이다.

'52/17 법칙'이 있다.[17] 약 52분 동안 완전히 집중하여 '최우선순위의 핵심과제'를 처리하고, 그다음 17분 정도 전화통화 같은 가벼운 과제를 책상에서 멀리 떨어져서 처리한다. 아무리 늦어도 이 단계 후에는 잠깐 자리에서 일어나야 한다. 집중해서 일하는 52분이 너무 길게 느껴지는가? 그렇다면 '포모도로 (Pomodoro) 기법'에 따라 25분마다 짧게 쉬어라. 도저히 집중이

안 된다면, 당연히 핵심과제를 바꿔도 된다. 당신이 정한 시간
틀 안에서 더 많은 자유를 찾아내는 데 초점을 둬라. 그리고 아
무리 늦어도 두 시간 뒤에는 길게 쉬어야 한다. 안 그러면 당신의
뇌가 스트레스를 받을 것이다.

스트레스가 시간 도둑이다

스트레스 자체는 문제가 아니다. 외적 자극에 경계 태세를
갖추도록 신체 활성이 높아지는 것뿐이다. 즉흥적으로 닥친 그
런 스트레스 상황을 잘 처리하면, 우리는 심지어 더 흡족해한
다. 게다가 스트레스 덕분에 우리는 도전과제 앞에서 더 강해진
다.[18] 스트레스는 장기적으로 지속될 때 비로소 문제가 된다. 그
러므로 스트레스를 빨리 알아차리는 것이 더욱 중요하다. 해결
책은 계획표에 휴식을 넣고, 그 휴식을 정말로 써서 긴장을 푸는
것이다.

스트레스 순간에 변연계가 나서서 전전두엽을 정지시킨다.
그래서 우리는 논리적으로 사고하지 못한다. 앵무새가 맨 앞에
서 야단법석을 떨며 다른 모든 탑승자를 미치게 만드는 동안, 우
리의 산호물고기는 홀로 롤러코스터 맨 뒷자리에 물러나 있다.
이런 상황은 아무에게도 도움이 안 된다.

216

시간 실험

스트레스를 즉시 알아차려라!

> 스트레스를 가능한 한 일찍 알아차리려면, 신체 징후에 주의를 기울이고 상황을 관찰해야 한다. 지금 당신은 과부하상태인가? 혹시 특정 과제를 너무 진지하게 고민하고 있는가? 당신의 감정을 알아차리고 그것의 이름을 부르면, 훨씬 더 빨리 기분을 바꾸고 상황을 새롭게 평가할 수 있다(8장 참조).
> 우리는 토끼가 어떻게 이동하는지 안다. 부지런히 달리다가 중간에 잠깐 멈춰 주변을 살피고 다시 부지런히 달린다! 어떤 과제에서 스트레스를 받는다면, 잠시 멈춰 호흡을 가다듬거나 창문을 열고 먼 곳을 내다보아라. 심호흡이 종종 도움이 된다! 이제, 실행할 수 있는 해결책 다섯 가지를 생각해보라. 아주 이상해 보이는 해결책이 떠오를 수도 있지만, 지금 당신에게 필요한 것은 산호물고기를 다시 맨 앞으로 보내는 일이다. 다섯 가지 가운데 가장 현실적인 해결책을 골라, 단계적이고 간단한 작업 계획을 세워라. 그렇게 당신은 대기 중인 각각의 과제에 집중할 수 있고, 제자리에서 맴도는 고민 회전목마에서 내릴 수 있다.

우리는 업무에 관한 한, 과도하게 고분고분한 경향이 있다. 심지어 때때로 자유시간마저 그것을 위해 희생한다. 2018년의 한 설문연구에서 응답자의 3분의 2가, 업무시간에 해야 마땅한 일을 자유시간에 처리한다고 대답했다.[19] 심신의 평안을 위한 일에서는 전혀 다른 것 같다.

심리학자 마크 윌리엄스(Mark Williams)의 말대로, 우리는 스트레스를 받으면, 우리를 기쁘게 하거나 기분을 높여주는 일을 오히려 저버리는 경향이 있다.[20] 다시 말해, 우리를 즐겁게 하는 모든 것을 포기한다. 직장에서의 문제, 데드라인, 중요한 가족 행사 등 다른 일들이 우선순위를 차지하기 때문이다. "해야 할 일을 먼저 끝내고 그다음 놀아야 한다." 놀 시간이 나중에 있을 거라 믿지만, 뭔가 중요한 일이 다시 끼어들고 만다.

합창하기, 그림 그리기, 친구 만나기, 좋아하는 스포츠 즐기기, 명상하기, 멍하니 있기 등 마음 편한 일을 날려버리지 않는다면, 의무를 더 많이 더 쉽게 그리고 적은 스트레스 속에서 처리할 수 있으리라. 그러므로 자유시간을 헛되이 쓰지 말라! 자유시간에 당신은 무엇을 하고 싶은가? 당신이 좋아하는 일을 일정표에서 삭제하지 말라! 물론, 취미에도 시간이 들지만, 취미생활은 당신의 평안을 높인다. 그러니 시간을 내서 혼자 또는 좋아하는 사람들과 함께 취미를 즐겨라.

주관적 행복으로 가는 길

돈을 더 많이 번 다음 더 많은 시간을 누리기 위해, 쉬지 않고 일하는 것은 애석하게도 그릇된 생각이고 그래서 해결책이 아니다. 여러 연구가 입증했듯이, 지위와 자원이 상승할수록 시간 스트레스도 계속 증가한다. 모든 소망을 채울 수 있을 것처럼 돈이 아주 많은 사람은 정작 소망을 채우려 할 때 금세 시간 문제에 빠진다.[21] 직업과 상관없이 부자는 시간 압박을 더 크게 느낀다. 심지어 직장생활을 전혀 하지 않는데도 시간이 거의 없다. 더러

는 장기적 스트레스에 시달린다. 그들 스스로 남들보다 일정 압박에 더 시달린다고 느낀다.[22]

돈이 행복을 주긴 하지만, 특정 수준까지만 그렇다는 말을 당신도 분명 들어봤을 터이다. 연 소득이 약 8만 유로(약 1억 원)가 한계선이다. 소득이 그 이상이면 돈은 행복과 무관해진다. 심리학자 에드 디너(Ed Diener)와 마틴 셀리그먼(Martin Seligman)은, 수십억 갑부들조차 인생에 만족하지 못함을 알아냈다. 미국의 최고 부자 400명은 삶의 만족도에서, 상수도와 전기 없이도 삶을 비관하지 않는 동아프리카 마사이족보다 겨우 0.1점 더 높았다. 가장 부유한 미국인들의 삶의 만족도는 놀랍게도 7점 만점에서 5.8점에 그쳤다.[23]

심리학자 대니얼 카너먼은 주관적 행복뿐 아니라, 실시간으로 느끼는 행복에도 관심을 가졌다. 그는 사람들에게 다양한 시간대에 지금 어떻게 느끼는지 물었다. 놀랍게도 가난한 사람과 부유한 사람 사이에 통계적으로 유의미한 차이가 없었다. 그러니까 즉흥적으로 지금 상태를 물으면, 사람들은 '소득과 별개로' 상당히 비슷하게 행복을 느꼈다. 그러나 부유함과 부정적 정서의 관계는, 카너먼이 '변태적'이라고 부를 만큼 전혀 다른 양상을 보였다. 소득이 높고 그래서 부유할수록 더 자주 분노, 적대감, 두려움, 불쾌감 같은 부정적 정서와 싸워야 했다.[24] 이것이 사실이라면, 부유한 것이 전혀 부럽지 않다. 그러나 돈이 약간만 더 많은 것은 꽤 유용한데, 사람을 써서 가사노동이나 정원작업을 시켜 자유시간을 '구매'할 수 있는 사람은 삶의 만족도가 더 높기 때문이다.[25] 《행복의 공식(Die Ökonomie des Glücks)》 저자 슈테판 클라인(Stefan Klein)은 이렇게 생각한다. "부자들은 자기보다 돈을 적게 버는 사람들보다 더 만족하며 살지 몰라도 더 행복하지는 않다."[26]

인간적인 만족 칵테일

다행스럽게도 모두가 각자 자신이 생각하는 진정한 부와 성공을 정의해도 된다. 무엇이 가장 빨리 만족감을 주는지 아는 것은 매우 유익할 수 있다. 전 세계적으로 여러 연구를 통해 만족감을 좌우하는 결정적 두 가지 요소가 밝혀졌다. 바로 자기 결정권과 공감이다. 업무시간을 얼마나 자유롭게 결정할 수 있느냐에 따라 만족도가 달라진다. 타인의 평안을 존중하면, 그것이 장기적으로 우리를 훨씬 더 큰 평안으로 안내한다.[27]

신경학자 매튜 리버만(Matthew Lieberman)은 공정 역시 우리를 더 만족하게 한다는 사실을 실험으로 입증했다. 두 피험자가 돈을 나눠 가져야 한다. 첫 번째 단계에서는 다른 피험자에게 1달러를 주었으니 거기서 50센트를 받으라고 말해준다. 두 번째 단계에서는 다른 피험자에게 22달러를 주었으니 거기서 7달러를 받으라고 말해준다. 돈을 나눠 받을 피험자는 어떨 때 더 만족할까? 50센트를 받을 때일까, 7달러를 받을 때일까? 공정해 보이는 50센트를 받을 때 더 만족했다! 이것은 피험자의 뇌스캔에서도 재확인되었다. 실제로 행복을 담당하는 영역이 더 높은 활성을 보였다.[28]

주관적 행복에는 공정도 포함되고, 그래서 다른 사람과도 관련이 있다. 소득 극대화보다는 공정, 공동체, 협동, 업무시간 결정권이 우리를 더 만족하게 한다. 그러므로 우리의 시간을 써서 뭔가 의미 있는 일을 시작하고자 한다면, 모든 개인의 사회적·도덕적 욕구를 과소평가해선 안 된다.[29]

귀중한 시간

전략을 가지고 위기와 문제를 해결하면, 우리는 시간을 귀중하게 썼다고 느낀다. 비록 힘들더라도 기꺼이 문제를 해결하고, 다른 사람에게 도움이 되는 뭔가를 생산하기 때문에 자기 일을 사랑하고, 직업과 가치관이 일치하며, 자기가 좋아하는 일에서 유익함도 발견한다면, 우리는 그 시간을 귀중하게 여긴다. 시간을 귀중하게 쓴다고 느낄 때는 에너지가 아주 높아져서, 내적 동기만으로도 걸림돌을 쉽게 치울 수 있다.

사랑하는 사람이나 직업이 아무리 중요하더라도, 우리는 무엇보다 우리 자신을 책임져야 한다. 자기를 책임지고 자기를 사랑한다는 것은, 자기 자신에게 주의를 기울이고 친절하고 정직하게 자기 생각과 몸을 대한다는 뜻이다. 이 모든 것이 우리와 다른 사람들을 더 자유롭게 하고 시간의 자유를 더 많이 허락한다. 자기효능감과 만족감을 많이 느낄수록, 불공정에 맞서 싸우고, 다른 사람을 돕고, 지속가능성 운동에 더 열심히 참여하고, 세상을 조금 더 정의롭게 만드는 것에 더 쉽게 우선순위를 둘 수 있다. 자기 자신을 충분히 돌볼 때 비로소 다른 사람을 위해 뭔가를 할 수 있는 힘을 가지게 된다. 또한, 다른 사람을 위해 한 어떤 일이 우리 자신에게 더 많은 에너지와 만족감을 준다. 그리고 그것이 다시 우리를 더 행복하게 하고, 다른 사람과 보낸 시간을 더 의미 있게 만든다. 그렇다면 우리는 왜 그렇게 다른 사람들과 시간을 함께 보내고자 할까?

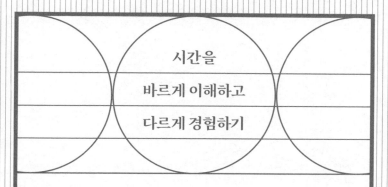

시간을

바르게 이해하고

다르게 경험하기

- 오늘 우리가 매일 하는 것이 우리의 미래에 영향을 미친다. 우리가 의식하는 것보다 훨씬 더 많이.

- 성공의 개념 정의가 명확할수록, 우리의 시간을 정확히 성공을 위해 투입할 수 있다.

- 명확한 가치관 나침반이 있으면, 더 쉽게 탁월한 결정을 내릴 수 있다.

- 매일 단 1퍼센트씩만 발전해도, 1년이면 벌써 약 38퍼센트나 발전한 것이다.

- 탄력근무제와 우수한 팀워크가 주관적 행복을 높인다.

- 일상에서 더 많은 여유를 찾으려면 구체적으로 무엇을 해야 할까? 체계를 갖춰야 한다. 그러면 매일의 작은 발걸음이 저절로 목적지 또는 그 이상으로 당신을 안내할 것이다.

10장

시간은
나눌수록
배가 된다

"타인의 눈으로 자기 자신을 보도록
강요받지 않을 때 비로소 우리는 자유롭다."

뮤브라 구뮈사이(Kübra Gümüşay)

나와 내 미래에 미치는 타인의 영향력

나는 원래 최면을 믿지 않는다. 그러나 타임라인에 갑자기 등장한 무료 온라인 최면강좌를 나는 충동적으로 클릭하고 말았다. 나를 비롯한 모든 사람이 가장 두려워하는 것이 거절인데, 바로 그런 두려움을 없애는 법을 다루는 최면이었다. 나는 크림색 카펫에 가부좌 자세로 앉아 눈을 감고, 마치 내 눈썹을 보려는 듯 위를 봐야 했다. 잠들었을 때 눈동자가 빠르게 움직이는 단계인 렘(REM)수면 상태에 도달하기 위한 자세로, 감긴 눈꺼풀을 살짝 만지면 정말로 눈동자의 움직임이 느껴졌다. 잠시 후 나는 다시 눈을 편안하게 감고 있어도 되었다. 최면 되었다는 느낌은 없었지만, 편안하게 이완되었다.

이제 나는 생각으로 유년기에 어떤 식으로든 다른 사람에게 상처를 받았던 곳, 그러니까 그때의 경험이 오늘날까지 무의식적으로 영향을 미칠 정도로 다른 사람의 의견이 매우 중요했던 시기로 돌아가야 했다. 정말로 내가 오랫동안 잊고 살았던 한 상황이 떠올랐다. 나는 남보다 이른 나이에 바이올린을 연주하기 시작했다. 콘서트 뒤에 한 아이가 내게 물었다. 어린이 오케스트라 생활은 어때? 나는 솔직히 답했고, 내가 이제 청소년 오케스트라로 승격될 거라는 얘기를 방금 들었기 때문에, 나는 아주 자랑스럽게 그 얘기도 했다. 그때 무대 뒤에서, 어린이 오케스트라에서 내 옆자리에 앉는 친구가 신경질적으로 말하는 소리가 들렸다. "재수 없어. 크리스티아네는 너무 잘난 척을 해! 걔는 더 큰 오케스트라로 올라간다는 얘기를 여기저기 자랑하고 다니더라."

돌이켜보니, 이 말이 확실히 나를 강타했었다. 이날 이후로 학교에서 그리고 무슨 일이든 잘 해내야만 했다. 당시에는 내가 이런 마음인지 전혀 인식하지 못했었다. 나는 늘 내가 너무 게으르다고 생각하며 살았다. 아주 사소해 보이는 단 한 번의 짧은 상황이 내 삶에 그렇게 많은 영향을 미칠 수 있었다니, 정말 충격적이다.

그 누구도 섬이 아니다

다른 사람을 대하는 우리의 태도는 무엇보다 우리의 자존감에 달렸다. 슈테파니 슈탈(Stefanie Stahl)이 《내 안의 그림자 아이(Das Kind in dir muss Heimat finden)》에 썼듯이, 우리는 "타인의 거울을 통해 자신의 가치를 알도록 창조되었기" 때문이다.[1] 우리가 서로를 지지하고 서로에게 영감을 받는 것이 최상일 것이다. 그러나 우리가 가장 좋아하는 사람들이 대개는 또한 우리에게 가장 아픈 상처를 줄 수도 있다. 모르는 사람이 소셜미디어에서 우리를 욕하고 아프게 할 수 있다. 우리가 잘 아는 사람이 한마디 말로 우리의 자아상을 흔들어놓을 수 있다. 우리의 발달은 주변 사람의 사회적·정서적·인지적 능력과 그들의 공감에 크게 좌우된다. 그러므로 우리가 어떤 환경에서 자라고 어떤 사람들이 주변에 있느냐가 매우 중요하다.

우리는 사회적 존재로, 우리에게 타인은 없어서는 안 되는 존재이다. 많은 시간을 함께 보내는 모든 사람이 우리의 가치체계와 세계관에 영향을 미친다. 당연히 유전자가 우리의 성격에 영향을 미친다. 예를 들어, 내향적인 사람은 혼자 있을 때 휴식을 얻는다. 그들은 다른 사람들과 시간을 보내면 외향적인 사람보다 더 빨리 지친다. 외향적인 사람은 다른 사람과 함께 있을 때 에너지를 충전하고, 말을 하면서 동시에 깊이 생각할 수 있지만, 내향적인 사람은 먼저 잠시 깊이 생각한 다음 말을 한다.[2] 감성, 적응력, 충동성 역시 어느 정도까지는 유전자에 좌우되는 것 같다.[3] 그러나 우리가 어떻게 성장하고, 성격이 어떻게 발달하냐는 양육, 경험, 교육, 사회적 환경 등에 강하게 영향을 받는다. 유년기에 우리는 많은 시간을 함께 보내는 가까운 어른들의 행동방식과 관념에 우리를 맞춘다. 청소년기에 우리는 무엇보다 '피어 그룹(Peer Group)', 그러니까 우리가 기꺼이 속한(또는 속하고자 하는) 집단의 사고방식과 행동방식을 따른다. 이 과정에서 우리는 유년기에 주입되었던 사고, 정서, 행동방식에서 벗어날 수 있다.[4]

시간의 흐름 속에서 우리가 내가 되고, 내가 다시 우리가 된다

아이들은 이른바 '모방학습'을 통해 사회의 관습에 적응하는 법을 배운다.[5] 다른 사람을 모방하고 상황들을 반복적으로 경험하면서 활동패턴이 뇌에 각인된다. 아이들이 공감을 경험하지 못하면, 문제가 생길 수 있다. 아이들은 부모나 가까운 주변 사람에게 자랑스러운 아이가 되어 그들의 사랑을 받고자 하기 때문이다. 그들은 공감을 얻지 못하는 원인을 자기 자신에게서 찾고, 자신에게 유죄를 선고하며, 상황에 따라 심지어 자신의 욕구나 감정을 억누르기 시작한다. 그러면 결국 그들은 나중에 커서도 자신의 소망과 꿈을 좇는 대신 다른 사람들이 기대하는 대로 살게 된다. 혹여 유년기에 이런 구조가 자리 잡지는 않았는지 살필 필요가 있다. 자기성찰은 자기 자신과 좋은 관계를 맺게 할 뿐 아니라, 담백한 인간관계도 선사하기 때문이다.

출생하자마자 우리의 삶은 가까운 주변 사람의 애정에 좌우되고, 생후 1년 동안 세상에 대한 기본적인 신뢰와 자신감이 형성된다. 신생아 때 벌써 우리는 가장 가까운 사람에게 막연하지만 강한 '우리-정서'를 느끼고, 그래서 첫 단어가 '엄마', '아빠' 또는 다른 가까운 주변 사람의 이름이다. 그다음에야 비로소 자기 이름을 배우고 '자아'를 지각한다. 이런 '자아'는 다른 사람을 통해 자신에 대해 알게 된 지식을 토대로 형성된다.

초기 유년기에 '기본 관념'이 생긴다. 조화, 완벽, 힘, 통제 또는 나중에 인간관계를 힘들게 할 수 있는 감정 억제 같은 자기방어 전략이 무의식적으로 발달한다.[6] 대략 6세 이후에 비로소 아이들은 '우리'라는 단어를 사용한다. '우리-의식'은 '나-의식'보다 훨씬 더 복잡하다. 가족, 또래 집단, 다른 공동체에 소속되었음을 인식하고 자신과 그들이 연결되었음을 느낄 때, '우리-의식'이 생긴다. '우리'와 다른 공동체를 강하게 구별할수록, 한 집단의 '우리-정서'는 더욱 강하다. 그리고 '우리-정서'가 강할수록 나중에 다른 집단이나 세계에 적응하거나 심지어 그들과 연결되었다고 느끼기가 더욱 어려워질 것이다.

예술가나 모험가 같은 사람들은 소속집단의 표준과 패턴에만 머물지 않고 익숙한 세계를 떠나기가 훨씬 더 쉽다. 그들은 새롭게 세계를 발견하거나 설계하고자 한다. 기업가들도 한 분야를 혁신하고, 세계를 개선하고, 화성에 정착하거나 스티브 잡스처럼 우주에 흔적을 남기고자 한다면, 완전히 새로운 궤도에서 생각한다.[7]

집단이 박자를 정한다

우리는 다른 사람들과 많은 시간을 보낸다. 우리가 얼마나 행복하게 시간을 보내느냐는 다른 사람의 감정에 좌우될 수 있는데, 감정은 전염되기 때문이다. 매사추세츠에서 20년 넘게 진행된 장기 연구가, 행복뿐 아니라 패배감 역시 집단 내에 확산할 수 있음을 보여주었다. 반경 2km 안에 사는 친하지 않은 사람이 행복할 때, 이웃도 같이 행복을 느낄 확률이 25퍼센트나 높아진다. 가까이 살수록 수치는 더 상승한다.[8]

8장에서 이미 만났던 사회학자이자 심리학자 로버트 레빈이 1990년대에 공동체마다 고유한 속도가 있는지 조사했다. 그는 31개국 사람들이 얼마나 빨리 걷는지, 우편물이 얼마나 신속하게 배달되는지, 공공장소의 시계가 얼마나 정확한지를 조사하여 비교했다. 이 모든 것을 그는 '삶의 템포'라고 지칭했다. 스위스가 '가장 빠른 국가'로 1위에 올랐고, 그 뒤로 아일랜드와 독일이 따랐다. 삶의 템포가 '가장 느린' 삼총사는 브라질, 인도네시아, 멕시코였다.[9]

혼자 또는 집단으로 일하느냐가 개인의 일 처리 속도에도 영향을 미친다. 사회심리학자 제니스 켈리(Janice Kelly)가 이런 '단합'의 효과를 조사했다. 먼저 피험자들에게 낱말퍼즐을 혼자 풀게 했다.[10] 이때 시간제한을 다양하게 두었는데, 시간이 촉박하여 아주 빠르게 풀어야 하면, 처음에는 비록 불평했지만 금세 속도에 적응했고, 나중에 시간제한을 풀어 시간을 넉넉하게 주자 오히려 지루함을 느꼈다. 여럿이 같이 풀게 하자, 서로 도왔고, 집단이 클수록 효과는 더 강했다. 템포를 따라오지 못하는 사람은 금세 아웃사이더로 전락했다. 말하자면, 집단 내에서 누군가 템포를 높이면, 구성원들은 그것에 적응한다. 대다수 구성원이 템포를 따라오지 못해 과제 대부분이 처리될 수 없을 때 비로소 가속이 멈춘다. 우리는 비교에서 뒤처지는 걸 싫어하기 때문에, 혼자일 때보다 집단으로 함께 움직일 때 더 오래 끈기를 발휘한다.[11]

사회적 인정 — 우리가 가장 갈망하는 소망

심리학자 로이 바우마이스터(Roy Baumeister)와 진 트웬지(Jean Twenge)가 알아낸 것처럼, 사회적 거부 같은 스트레스 상황이 우리의 시간 지각을 바꾼다. 두 과학자는 피험자들에게 자기소개를 시키면서, 창피한 일화 하나씩을 고백하게 했다. 그런 다음 피험자들에게 익명으로 실험을 함께 이어가고 싶은 두 명을 결정하게 했다. 그리고 피험자의 절반에게 다음과 같이 알렸다. "정말 곤란한 일이 발생했습니다. 지금까지 이런 적이 없었는데, 애석하게도 아무도 당신을 선택하지 않았습니다." 당연히 이것은 가짜이고 거짓말이었다! 이 피험자들은 이제 슬픈 소식과 함께 홀로 남겨졌다. 아마도 자신이 선택되지 않은 이유를 여전히 곰곰이 생각하고 있을 이들에게 새로운 과제로 40초를 가늠하게 했다. 나머지 절반에게도 같은 과제를 주었다. 하지만 이들은 전혀 다른 기분으로 이 과제를 수행했다. 그들에게는 다음과 같이 전달했기 때문이다. "정말 곤란한 일이 발생했습니다. 지금까지 이런 적이 없었는데, 모두가 당신을 선택했고 그래서 예외적으로 당신 혼자 실험을 진행해야 합니다." 실험 결과, 인기가 없다는 생각이 확실히 시간 지각에 막대하게 영향을 미쳤다. 소위 거부된 사람은 평균 63.7초를 40초로 가늠했고, 소위 모두에게 사랑을 받은 사람은 42.5초로 거의 완벽하게 가늠했다.[12]

다른 사람의 눈에 띄기 위해 스포트라이트를 받고 싶은 내적 소망

사회로부터 거부당하면 우리는 자신의 미운 부분에 집중한다. 그러면 롤러코스터의 모든 탑승자가 미친 듯이 날뛴다. 그들에게는 한 가지 공통점이 있는데, 모두가 다른 사람의 인정을 원하고, '스포트라이트'를 받고자 한다. 우리의 이기심과 인정 욕구가 과도하게 높다는 뜻이 아니다. 인정 욕구는 소속감과 밀접하게 엮여있고, 자유와 쾌락과 더불어 인간의 네 가지 주요 기본 욕구에 속한다.[13] 인정 욕구가 채워지지 않으면, 우리는 어떤 식으로든 괴로움을 경험한다. 사랑받고 인정받고 싶은 마음은 수천 년 전부터 우리의 생존을 보장했었기 때문에, 우리 안에 아주 깊이 뿌리 내렸다. 사람들이 좋아하지 않으면, 심지어 거부하거나 따돌리면, 그것은 우리에게 발생할 수 있는 일들 가운데 가장 나쁜 일이었다. 그리고 그것은 지금도 우리의 가장 큰 의식적·무의식적 두려움이다.

다른 사람들 때문에 그리고 다른 사람들과 별개로 진정한 나로 살기

우리의 자아는 자신이 원하는 모습으로 살 수 있을 때 가장 편안함을 느낀다. 그러나 우리는 다른 사람에게 어떻게 보이고 싶은지 또는 '보여야 하는지'에 대한 특정 관념을 가졌기 때문에, 일상에서 자신이 원하는 모습으로 살지 못한다. 결과적으로 우리는 진정한 '나'와 일치하지 않는 역할을 맡는다. 그리고 언제나 사회적 구조와 연결되어 있어, 우리는 매일 '연극'에 동참하여 다양한 상황에서 다양한 행동을 한다. 우리는 특정 방식으로 각각 다른 '나'로 변신한다. 가족과 저녁을 먹을 때의 나와 택시를 탔을 때의 나는 다른 사람이다. 그리고 친구들과 있으면 또 다른 사람이다. 업무 회의 때나 혼자 있을 때도 전혀 다른 사람이 된다. 셰익스피어가 일찍이 말하지 않았던가. 이 세상이 연극 무대라고! 어쩌면 셰익스피어는 우리가 온종일 다양한 역을 맡아 연기한다는 뜻으로 이렇게 말했을지도 모른다. 다른 사람의 의견에 신경 쓰지 않고 자기 자신을 믿는 사람은, 다른 사람이 무슨 생각을 할지 불안해하거나 고민하지 않기 때문에, 쉽게 상처받지 않고 스트레스도 덜 받는다. 배우 디타 본 티즈(Dita Von Teese)가 이것을 아주 적절하게 표현했다. "당신은 세상에서 가장 달콤한 복숭아일 수 있지만, 세상에는 복숭아를 좋아하지 않는 사람이 언제나 있기 마련이다."[14]

롤러코스터가 달리는 동안 우리의 선로는 수많은 다른 롤러코스터와 교차하고, 그들이 우리의 경로에 영향을 미칠 수 있다. 몇몇은 더 많이, 몇몇은 더 적게. 나는 최면 강좌 이후 더 많이 나 자신으로 살기 때문에, 전체적으로 주의력이 높아졌고, 더 많이 명상하고, 내 인생 경로에 더 많이 주의를 기울인다. 나는 언젠가부터, 내가 그동안 다른 사람이 나를 어떻게 생각하는지 궁금해하며 얼마나 많은 시간을 허비했는지 알게 되었다. 예를 들어, 어쩌다 또 발을 헛디뎌 계단에서 넘어졌을 때, 내가 그동안 다른 사람의 눈을 얼마나 의식했었는지 깨달았다. 다른 사람의 실수에 전혀 관심이 없고, 주변 사람을 평가하는 데 단 1분도 허비하지 않게 되면서, 나는 문득 나 자신에게 물었다. 나는 다른 사람의 실수에 관심이 없는데, 왜 다른 사람은 내 실수에 관심이 있고 나를 평가한다고 생각하지? 사회학자 찰스 호튼 쿨리(Charles Cooley)가 이렇게 썼다. "나는 '내가 생각하는 나'가 아니고, '당신이 생각하는 나'도 내가 아니다. 내가 상상하는 '당신이 생각하는 나', 그 사람이 나다."[15] 말하자면, 다른 사람이 나를 어떤 사람으로 또는 어떤 사람이어야 한다고 생각하는지를 나는 상상하고, 그 상상이 나의 '자아'에 영향을 미친다. 그러나 사실 나는 다른 사람의 생각을 전혀 모른다. 모두 나의 상상일 뿐이다.

솔직해지자. 많은 경우, 다른 사람이 지금 나를 보고 있거나 판단한다는 것은 순전히 착각이다. 다른 사람은 자기 자신, 자신의 삶, 자신의 도전과제에 완전히 몰두해 있을 가능성이 훨씬 더 크다. 물론, 다른 사람의 관점에서 생각해보고, 다른 사람의 감정에 이입해 보고, 그들의 상황에서 생각할 줄 알아야 한다. 그래야 그들이 왜 그렇게 행동하는지 이해할 수 있고, 그것은 우리 자신을 아는 데에도 도움이 된다.

자신을 성찰하고 자기 생각에 주의를 기울여 '자아'를 강화하고 자기만의 우선순위를 정하면, 다른 사람의 평가와 사회적 거부에 대한 저항력이 더 강해진다. 말하자면, 회복 탄력성이 더 강해진다. 사회학자 브레네 브라운(Brené Brown)은 수년에 걸쳐 취약성, 수치심, 진정성, 내면의 힘을 조사했다. 이때 응답자가 대략 두 집단으로 나뉘었다. 소속감과 깊은 애정을 느끼는 부류와 자기 자신을 쓸모없다고 느끼거나 충분히 긍정하지 못해 언제나 부정적 감정과 싸워야 하는 부류가 있다. 브레네 브라운이 생각하는 원인은 이렇다. 자기 자신을 사랑스럽다고 느끼는 사람은 소속감을 느끼고, 다른 사람에게 사랑받고 지원받을 '자격이 있다'고 믿으며, 모든 혼돈에도 이 확신을 놓치지 않는 방법을 개발했다. 그들의 주요 관심사는 공감, 연결, 용기, 자존감이 있는 삶을 사는 것이다. 그리고 그들은 자신의 '취약성'을 드러낼 수 있기 때문에 이런 삶을 살 수 있다고 믿는다.[16] 다시 말해, 그들은 완벽하지 않아도 되고, 지금 모습 그대로 훌륭하다고 믿는다. 그들은 진정한 자신으로 산다.

우리는 세대를 걸쳐 함께 이뤄낸 삶의 개척자이자 설계자이다. 사람들의 관심을 충분히 받고, 그들을 감탄시키고 그렇게 자신을 뛰어넘어 성장할 수 있으면, 모든 개인은 다른 사람의 지지와 지원 속에서 자신의 아이디어를 실현할 수 있다. 그러므로 행복한 삶을 살고 의미 있는 시간을 보내고 싶다면, "자신과 타인이 동등하게 연결되고 보호되고 자기 결정력이 있고 자유롭다고 느끼며 함께 살 수 있도록 삶을 설계하는 것"이 도움이 될 것이다.[17] 뇌과학자 게랄트 휘터가 썼듯이, 그래야 비로소 우리는 다른 사람과 다른 생명체와 더 조화롭게 살 수 있을 것이다. 그들을 대상화한다면 연결이 다시 끊어질 것이다.

모두가 같은 눈높이에서 ― 우리가 꿈꾸는 사회

한 사회의 모든 구성원이 만족감과 소속감을 느낄 때 비로소 더 나은 세상이 올 수 있다. 그런 세상이라야 모두가 주목받고 존중받고 관심받으며 자신과 다른 사람이 연결되었다고 느낄 것이다. 그러나 우리 사회는 애석하게도 소위 '자연이 준 차이'를 여전히 주장하며 권력 관계와 서열을 인정한다. 서열이 낮은 사람은 눈에 덜 띄고 타인의 공감을 덜 받으며, 훨씬 큰 걸림돌을 극복해야 사회 구성원으로 인정받을 수 있다.[18]

이런 외적 조건과 시스템이 우리의 공감과 감정 이입 능력을 훼손하고, 인종차별이나 성차별 같은 억압을 초래할 수 있다. 마음으로는 전혀 동의하지 않는 의견에 자기도 모르게 동참하는 이유는 어쩌면 사회적 거부나 소외의 두려움일 것이다. 이대로 가면, 소외된 집단에 대한 인종차별, 성차별 그리고 그 외 기타 차별이 굳어질 수 있다. 안타깝게도 여전히 남아 있는 수많은 사회적 불공정을 마침내 끝장낼 시간이 되었다. 잘못된 사고구조와 행동패턴을 깨는 일은, 다른 사람의 세계를 진지하게 여기고 자신의 관점과 세계관을 의심해 보는 데서 시작된다.

예나 지금이나 동맹보다는 경쟁이 현대사회의 주요 요소이다. 개인도 마찬가지다. 거의 모든 영역에서 우리는 자신과 다른 사람을 비교하고, 경쟁적 시합에서 계속 자신을 방어하거나 개선해야 한다. 그래서 자신의 최고실력을 영구적으로 발휘해야 한다. 원하던 특정 지위에 도달하더라도, 우리는 계속해서 좌우를 살핀다.[19] 우리는 영원한 비교가 아닌 다른 잣대가 필요하고, 다른 사람과 보내는 시간을 언제 얼마나 소중하게 인식하는지에 더 많이 초점을 맞춰야 한다.

나와 세계 그리고 모두와의 관계

아마도 공명이 우수한 잣대일 것이다. "응답하는 세계를 바

라는 기본욕구. 관계의 인간으로서 모두가 가진 욕구.”[20] 사회
학자 하르트무트 로자(Hartmut Rosa)는 공명을, 세계와 자신의
관계를 비춰보는 거울이자 ‘세계 속의 자신’을 점검하는 잣대로
보았다. 이때 세계와 자신의 관계는 주체와 세계의 ‘상호관계’뿐
아니라 주체들끼리의 상호 연결도 포괄한다. 공명은 정서 상태
이면서 동시에 시간 경험의 은유이다.

　‘공명 경험’은 네 가지 특별한 순간으로 표현된다. ‘접촉’, ‘자
기효능감’, ‘적응’, ‘처분 불가능성’. 우리의 육체와 정신은 새로
운 지식, 음악, 아이디어, 대화, 풍경 등 우리에게 와닿는 뭔가를
지각한다. 이런 ‘부름’ 또는 접촉에 반응하여, 뭔가와 접촉했을
뿐 아니라 스스로 응답하거나 뭔가를 움직일 수 있다는 확신을
주는 어떤 감정이 생긴다. 이것이 자기효능감이다. 우리가 받은
시선 하나, 누군가에게 보낸 짧은 미소, 전율의 지각이 자기효능
감을 줄 수 있다. 아무튼, 뭔가와 자신이 연결되어 있음을 느끼
고 자신의 효능을 지각하는 것이 중요하다. 이런 경험을 통해 우
리 안에서 변화가 일어난다. 우리는 조금 전의 우리가 더는 아니
다. 뭔가 ‘변했고’ 그것을 통해 적어도 기분이 바뀌었다.[21] 그러
나 공명 경험은 계획할 수 없다. 말하자면 공명은 처분할 수 없
다(처분 불가능성). 그러나 이론적으로는 언제 어디서나 경험할
수 있다. 스페인 해안에서 파도를 타는 동안, 지인이나 낯선 사람
과 대화하는 동안, 민주주의를 위해 싸우는 동안, 인종차별 반
대시위를 하는 동안, 집에서 개나 고양이를 안아주는 동안, 공명
이 우리를 세계와 연결한다.

　공명 경험은 계획이 불가능하므로, 예기치 못한 일이 우리와

접촉할 수 있도록 세계를 향해 열려 있어야 한다. 오로지 계획대로만 움직이고, 자동조종장치를 켠 상태로 상하좌우를 살피지 않고 앞만 보고 걷는다면, 세계와 연결될 기회는 멀어진다. 공명 경험을 다른 사람과 나누거나 최소한 그것에 관해 얘기할 수 있을 때, 공명 경험은 우리를 훨씬 더 행복하게 한다.

그렇다면 공명 경험은 언제 어떻게 할 수 있을까? 굉장한 셀럽들과 샴페인을 마시는 가장 힙한 파티에 참석했다고 가정해보자. 하지만 그곳에 아는 사람이 아무도 없고 지루한 사람들뿐이라면 아무리 최고의 파티라도 그곳에서는 공명도 영감도 행복도 느낄 수 없다. 오히려 퇴근 후 좋은 친구들과 우중충한 술집에서 맥주를 마시며 핀볼게임을 하는 것이 공명과 영감과 행복을 준다. 그곳에서 우리는 살아 있다고 느끼고, 더 나아가 어쩌면 전 세계와 연결되었다고 느낄 수 있기 때문이다.

시간 실험

Singing in the rain!

공명을 경험했거나 세계가 하나로 연결되었다고 느꼈던 상황을 곰곰이 생각해보라. 과거 어떤 사건, 어떤 새로운 일, 어떤 경험에서 특히 감동했는가? 당신 자신 또는 다른 사람들과 진실로 연결되었다고 느낀 때는 언제인가? 당신이 뭔가를 움직였고 다른 사람을 깊이 감명시켰다는 확신이 들었던 상황은 언제인가? 열린 마음으로 공감하며 진정성 있게 삶을 살아가고 자신의 취약성을 인정하고 받아들일 때, 앞으로 공명 경험을 할 가능성이 커진다.

디지털 매체를 통한 대리만족

　모두에게 사랑받고자 하는 욕구는 우리의 원초적 행동패턴이고, 그래서 우리의 강아지에게 SNS는 너무나 매혹적이다. 강아지는 '좋아요'를 통해 아주 쉽게 인정받은 기분과 짧은 행복의 순간을 느낄 수 있기 때문이다. 우리의 참새 역시 인터넷을 좋아하는데, 거기에는 언제나 호기심을 자극하는 새로운 것이 있기 때문이다. 그렇게 우리는 끊임없이 그리고 너무 오랜 시간 딴생각에 빠지거나 주의를 빼앗긴다. 고전적 시간 역설을 잠깐 살펴보자. 뭔가 낯설고 새로운 일을 많이 겪은 날은 시간이 아주 빨리 지나가지만, 나중에 돌이켜 볼 때는 아주 긴 시간처럼 느껴진다. 고전적 '단-장 패턴'이다. 반대로 아무 일도 생기지 않은 날은 시간이 아주 느리게 가지만, 나중에 돌이켜 볼 때는 아주 짧은 시간으로 느껴진다. 여기서는 '장-단 패턴'이다.

　디지털 시대의 시간 패턴은 '단-단 패턴'이다. 스마트폰을 이용하고 인터넷을 서핑하고 텔레비전을 보면, 이 경험은 대개 아주 짧다. 그래서 '잠깐' 인터넷을 검색하지만, 자기도 모른 채 여러 시간을 보낸 뒤에야 비로소 다시 지금으로 돌아온다. 이 시간은 경험적으로 빨리 흐르고, 돌이켜볼 때는 마치 시간이 어딘가로 새어 나갔거나 쪼그라든 것처럼 아주 짧게 느껴진다. 이런 '단-단 패턴'은 어쩐지 손해 보는 느낌이다.

　철학자 발터 벤야민(Walter Benjamin)은 쇼핑이나 출근 같은 일상적 '경험'과 우리의 자아에 각인되고 감명을 주고 심지어 변화시키는 '체험'을 구별했다. SNS에서는 공명을 거의 경험하지 않기 때문에, 비록 많은 것을 경험하더라도 깊이 남는 추억은 없다.[22] 그럼에도 디지털 매체는 아주 매력적으로 보인다. 소위 행복한 시간을 누릴 수 있는 아주 신속한 해결책을 약속하기 때문이다. 그러나 디지털 매체를 너무 오래 사용하면, 장기적으로 우울증과 지각장애가 생길 수 있다.[23] 소셜미디어 그 자체는 나쁘지 않다. 다만 인생에서 많은 것이 그렇듯이, 과하면 나쁘다.

시간 실험

시험대에 오른 소셜미디어

당신은 소셜미디어에 하루 또는 일주일에 몇 시간을 쓰는가? 먼저 추측해보고 그다음 실제 시간을 확인해보라. 더 많이 추측했는가 아니면 더 적게 추측했는가? 당신은 몇 시간을 소셜미디어에 머물고자 하는가?

어떨 때 소셜미디어를 이용하고, 어떤 사이트나 앱을 열기 '전에' 그리고 '이용한 후에' 당신의 기분이 어떤지를 잘 살펴보라. 소셜미디어를 이용하기 전보다 후에 기분이 더 나쁘다면, 예를 들어 인스타그램에서 모두가 해변, 바, 무대에서 아주 멋지고 행복해 보여서 기분이 나빠졌다면, 소셜미디어 활동을 줄이고 당신에게 기쁨을 주는 일에 몰두하는 것이 더 낫다.

당신이 어떤 의도에서 인터넷에 접속하는지 알게 되었다면, 그것을 어쩌면 실생활의 뭔가로 대체할 수 있을 것이다. 외로움을 달래려 인터넷에서 시간을 보내는 대신, 친구와 통화를 하거나 만나라. 허구의 인물과 이야기일지라도 당신에게 세계를 보는 새로운 관점을 열어주는 책을 읽어라. 일주일이나 한 달 정도 소셜미디어 없이 지내면서, 그것이 당신에게 정말로 없어

선 안 되는 존재인지, 소셜미디어 대신 할 수 있는 더 좋은 일이 무엇인지 확인해보는 건 어떨까?

유년기에 안전이나 자유 같은 기본욕구들이 제대로 채워지지 않으면, 어른이 되어서도 결핍으로 남고, 우리는 뭔가 다른 것으로, 대리만족으로 그것을 채우려 애쓴다. 대리만족은 언뜻 중요해 보이지만, 명료한 시선으로 보면 그렇지 않다. 우리는 개방성, 관계능력, 호기심, 창조력을 소셜미디어 같은 안전한 장소에 집중시켜, 정말로 필요하지만 갖지 못했던 것을 조금이나마 거기서 얻어보려 애쓴다.[24] 이것을 알아차리면, 우리는 다시 시간을 더 흥미로운 일에 쓸 수 있다.

게다가 SNS에 등장하는 자랑, 심지어 연출은 종종 다른 사람이 나보다 더 멋지고 더 현명하고 더 똑똑하고 더 지적이고 더 행복하고 더 많이 여행한다고 믿게 한다. 다른 사람과 자신을 비교하지 말라. 이런 사진들 뒤에 무엇이 숨어있는지, 이 사람들이 실제로 어떤 위기, 불안, 의심 속에 있는지, 아무도 모르기 때문이다. 당신이 자신과 비교할 수 있는 유일한 사람은 오직 당신뿐이다. 어제와 다른 것, 당신에게 유익한 것을 오늘 했는가? 오늘 무엇을 바꿀 수 있고, 어떤 작은 한 걸음을 내디딜 수 있을까? 다른 사람이 자랑하는 사진이 아니라 당신이 정말로 원하는 것에 집중해라.

SNS에서 누군가 악성 댓글을 달았다면, 그 사람을 그냥 '미친 팔로워'로 보고 무시하라. 아무튼, 그들이 자신의 소중한 시간을 들여 그런 글을 쓸 정도로, 그들에게 당신이 아주 중요해 보였다는 뜻이기도 하다! 당연히 모든 것에 관용을 베풀고 너그럽게 넘길 필요는 없다. 너무 과한 경우라면 모욕과 협박에 대해 법적 대응도 해야 한다.[25]

자신과 다른 사람을 위해 더 많이 존중하고 공감하기

우리가 주변 가까운 사람들의 가치를 제대로 인식하지 못하고 그냥 거기 있는 존재로 취급하는 경우가 많다. 게다가 자기 자신에게도 늘 친절하거나 자상하거나 관용을 베푸는 건 아니다. 당신의 앵무새가 최근에 떠들어댔던 욕 퍼레이드를 한 번 생각해보라. 그리고 솔직히 우리는 주변 사람을 항상 좋게 생각하지도 않는다. 우리는 때때로 그들을 시기 질투하고 멸시하거나 무례하게 대하고 심지어 뒤에서 비방도 한다. 하지만 사실 그들은 대개 우리가 비방하는 것처럼 그렇게 형편없는 사람들이 아니다. 자기 자신이든 다른 사람이든 가치를 인정할 때 더 나은 관계를 맺을 수 있고, 함께 보내는 시간을 더 풍성하게 할 수 있다.

그동안 자기 자신 또는 다른 사람과 나쁜 시간을 보냈더라도, 그것을 강점으로 바꾸려 노력할 수 있고, 그것이 아주 큰 일의 시작일 수도 있다. 일본에 '킨츠키'라는 말이 있는데, 직역하면 '금으로 수선하다'라는 뜻이다. 접시나 잔 등 도자기에 금이 가거나 깨졌을 때, 금이나 은가루를 혼합한 재료로 파손 부위를 메우는 일본 전통 수선기술이다. 종종 수선 뒤에 심지어 파손 전보다 더 아름답고 더 튼튼해지기도 한다. 영혼의 상처에도 이 원리가 적용될 수 있다. 때때로 우리는 롤러코스터가 산산이 부서진 것처럼 아주 깊이 상처를 입거나 다친다. 다행히도 우리는 그것을 수선할 수 있다. 다른 사람의 말이나 행동이 우리의 영혼에 치유될 수 없는 깊은 상처를 남긴 것 같지만, 우리는 절대 쓸모없는 사람이 아니고, 흉터는 영원하지 않다. 영혼의 상처는 치유될 수 있고 심지어 치유 뒤에 더 강인해질 수 있다.

그뿐만 아니라, 다른 사람의 좋은 면에 초점을 맞출수록, 자기 자신의 강점을 더 쉽게 알아차릴 수 있다. 비록 우리의 뇌가 기본적으로 부정적인 것에 더 관심을 보이더라도, 우리가 굳이 의식적으로 그것을 지원할 필요는 없다. 다른 사람의 실수를 비난하기보다 오히려 반면교사로 삼는 것이, 자아의 정원을 가꿔 꽃을 피우고 발전하는 데 훨씬 더 도움이 된다.[26]

시간 실험

수를 헤아려 부정적 사고 최소화하기

종이에 두 칸을 만들어(나/타인), 일주일 동안 나 또는 타인에 대해 부정적인 생각을 할 때마다 선을 그어 집계하라. 매일 새로 집계하여 시간에 따른 변화를 살펴보라. 단지 더 의식적으로 생각에 주의를 기울였을 뿐인데, 날이 갈수록 그어진 선 개수가 줄어들 것이다.

부정적 사고를 계속 줄여나가고 싶다면, 타인의 단점 하나에 장점 다섯 가지씩 적어라. 그리고 자기 자신의 장점을 매일 하나씩 찾아내라.

우리가 다른 사람에게서 보는 부정적인 면은 종종 우리 자신의 불안감을 반영한다. 우리는 다른 사람의 흉을 보면서 자기 자신을 감춘다. 한때 힌두교 승려였던 제이 셰티(Jay Shetty)가 《수도자처럼 생각하기(Think Like a Monk)》에서 질문한다. 성공과 이익을 당신 스스로 성취할 수 없다면, 당신이 시기하는 다른 사람의 성공과 이익을 빼앗고 싶은가?[27] 이 질문에 '그렇다'고 대답했다면, 뭔가를 바꿔야 할 때이다. 다른 사람의 성공보다 그것을 시기하는 마음이 우리를 더 망치기 때문이다.

다른 사람을 성급하게 재단하는 대신, 그들의 입장이 되어보려 노력한다면(그들의 삶도 우리의 삶과 마찬가지로 우리가 영향을 미칠 수 없는 수많은 요소에 좌우된다는 사실을 인정하면), 왜 그들이 그렇게 행동하는지 이해할 수 있다. 예를 들어, 기차역에서 소매치기를 당했다면, 우리는 일단 그가 어떤 사람인지 모른 채 곧바로 소매치기범을 욕할 것이다. 소매치기범이 굶주린 자식에게 뭐라도 먹이기 위해 지갑을 훔쳤다는 사실을 나중에 알게 된다면, 우리는 어느 정도 그의 범행을 이해해줄 것이다. 공감 능력이 높아지면, 우리는 더 초연해질 수 있다. 자기 자신과 타인을 용서할 준비가 되어 있으면, 우리는 더 초연해질 수 있다.[28]

자유로 돌아가자

지금의 상황이 다른 사람의 잘못이라고 탓하기를 그만둘 때 비로소 우리는 정말로 자유로워지고 자신의 시간과 행동을 스스로 결정할 수 있다. 그러려면 우리는 (매우 어렵겠지만) 지나간 일을 받아들이고 책임질 줄 알아야 한다. 과거는 우리의 자아, 정체성, 자기 자신을 보는 시선에 영향을 미친다. 물론, 당신이 과거에 나쁜 일을 겪었거나, 다른 사람이 당신을 해쳤을 수 있다. 어쩌면 당신에게 해롭다는 걸 알면서도 어쩔 수 없이 당해야 했을지 모른다.

과거를 바꿀 수는 없지만, 과거를 보는 시선은 바꿔 언제든지 새롭게 평가할 수 있다. "우리가 하는 것은 용서뿐이다."[29] 《안녕하세요, 시간입니다(Zeit)》의 저자 슈테판 클라인(Stefan Klein)이 말한다. 죄책감을 느낄 때, 우리는 자기 자신을 용서할 수 있다. 우리가 다른 사람을 용서하면, 그 사람은 우리에게 아무런 영향도 미칠 수 없고 우리 안에 더는 부정적 감정을 일으킬 수 없다. 당신이 무례를 당했거나 당한다면, 상황을 바꿔라. 뭔가를 내려놓는다는 것은, 과거의 일을 외면하거나 잊는다는 뜻이 아니다. "과거의 일을 그저 약간 더 유쾌하게 재구성하는 것이다."[30] 예를 들어 다른 사람과 말다툼이 벌어졌을 때, 그 사람의 앵무새가 '야단법석 모드'에 있어 그런 언행을 보였다고 생각하는 것도 도움이 될 것이다.

용서의 힘은 과학적으로 입증되었다. 용서는 스트레스를 줄이고 면역체계에도 긍정적 효과를 낸다. 용서하면 심혈관질환이 줄고, 마음이 더 편해지고, 심지어 더 오래 살아 행복한 삶을 누릴 시간이 더 많아진다.[31] 물론, 상처는 흉터가 남고 깨진 것은 자국이 남는다. 용서한다고 아픔이 줄지는 않지만, 아픔을 더 키우지 않는 데는 도움이 될 수 있다.[32] 이때 다른 사람은 아무 역할도 하지 않는다. 중요한 것은 스스로 자유로워지는 것이다.

용서 연습

> 책임감, 자유, 신앙을 위해 나와 타인을 용서하고 싶다면, '호
> 오포노포노(Ho'oponopono)'라는 멋진 이름을 가진 하와이 의
> 식이 있다. 이것은 '질서 있게 정돈한다'는 뜻이다.[33]
> 현대 버전의 이 의식에서는 이렇게 말한다. "미안합니다. 용서
> 하세요. 사랑합니다. 감사합니다." 처음에는 어색하겠지만, 용
> 서 때 이 문장들은 상황을 중립적으로 보고 더 나아가 새롭게
> 긍정적으로 바꾸는 데 도움이 될 수 있다. 속으로 이 문장들을
> 말해보라. 그것만으로도 심경의 변화가 약간 있을 것이다. 이
> 문장들을 만트라처럼 읊조리며 명상해도 좋다.[34]
> 나는 직접 시험해 보았고, 솔직히 털어놓자면, 나는 아직 용서
> 에 능숙하지 못하다. 그러나 인생에서 많은 것이 그렇듯, 아마
> 도 연습하기 나름일 것이고, 이것 역시 용서를 위한 한 과정일
> 것이다.

주어진 시간을 선물로 여기기
— 그리고 남들에게도 선물하기

아주 빨리 기분이 좋아지고, 거의 모든 순간에 크고 작은
행복을 느낄 수 있는 더 간단한 방법이 있다. 감사하기. 당신
은 어쩌면 5장의 '시간 실험: 당신은 누구였나? 당신은 오늘 누
구인가?'에서 감사의 힘을 이미 경험했을 터이다. 수많은 연구
가 입증했듯이, 감사하는 마음은 건강에 좋고, 신비주의나 심
령술과는 무관하다. 예를 들어 심리학자 로버트 에먼스(Robert

Emmons)는 감사연습이 우리의 건강과 정신, 심지어 육체에도 긍정적 영향을 미칠 수 있음을 입증했다. 매일 두 번씩 감사하면, 감정의 기본상태가 바뀌어 '행복 근육'이 단단해지고, 면역체계도 강해지고, 우리는 더 사회적으로 행동하고 잠도 잘 잔다.[35]

시간 실험

약간의 감사가 시간을 달콤하게 한다

당신이 지금 감사하게 생각하는 것을 (최소한) 세 가지를 적어라. 뭐든지 다 된다! 심장이 뛰는 것, 방금 내린 커피가 앞에 놓인 것, 깨끗한 식수가 수도에서 나오는 것, 두통이 있을 때 진통제를 먹을 수 있는 것, 멋진 지인들이 아주 많은 것 등을 감사할 수 있다. 모든 것이 가능하다.

또는, 타이머에 2분을 설정하고 눈을 감아라. 생각으로 감사목록을 작성하며, 감사한 내용을 상상하라. 아직 이뤄지지 않은 소망을 지금 미리 감사해도 된다. 소망이 이미 실현되었다고 상상하라. 어쩌면 이런 상상이 지금의 행복감을 미래에 실현하도록 응원할 것이다. 이때 카멜레온이 등장하여 다른 모든 탑승자에게 기쁨과 설렘을 전염시키고, 그러면 모두의 목적지가 같아진다.

감사는 지금 잘 진행되고 있는 일을 더 명확히 보도록 눈을 열어줄 뿐 아니라, 우리가 무엇을 더 원하는지도 알려준다. 자신의 행복을 챙기는 것과 다른 사람을 돌보는 것 중에서 현재 무엇이 더 중요할까? 이런 오래된 질문에도 아주 간단히 대답할 수 있다. 둘 다 중요하다! 하나가 없으면 다른 하나도 있을 수 없기

때문이다.[36]

철학자 알랭 바디우(Alain Badiou)는, 사랑하는 두 사람이 그들의 사랑으로 뭔가 새로운 것, '두 사람의 무대'를 만든다고 말했다.[37] 어쩌면 우리는 좋아하는 사람, 우리에게 중요한 누군가와 '두 사람의 무대'를 만들 수 있지 않을까? 그 사람이 우리 옆에 있든, 우리를 떠났든, 혹은 이미 죽었든, 신경과학 관점에서 그 사람은 언제나 뇌의 활성 패턴으로 남을 것이므로, 기억 속에서 우리는 영원히 함께 있을 수 있다.

시간 실험
시간 선물 주고받기

> 당신에게 주어진 시간을 선물로 여기고, 다른 사람에게도 시간을 선물하라. 그러나 시간은 아주 귀중하니 부디 신중하기 바란다. 당신의 선물이 효력을 낼 수 있는 사람, 예를 들어 인생의 출발조건이 당신과 달라 당신의 시간 선물에서 이익을 얻을 수 있는 사람들 그리고 당신에게 중요한 사람들을 위해 시간을 써라. 당신이 시간을 함께 보내고 싶은 사람들을 위해 당신의 시간을 예약해 두어라. 그러면 시간뿐 아니라 당신 자신도 그들에게 선물할 수 있다.
>
> 어딘가에 정말로 소속되었다는 기분을 충분히 자주 경험하지 못하는가? 그렇다면 지인의 범위를 확장해보라.[38] 당신의 가치관과 관심을 공유하는 사람들을 찾아라. 소셜미디어, 페이스북이나 링크드인이 실제로 첫 번째 연결고리를 제공할 수 있고, 이렇게 만난 인연을 나중에 실생활에서도 이어나갈 수 있다. 또는, 당신이 좋아하는 일을 하는 동호회에 가입하라. 자원

봉사를 시작해 다른 사람을 돕고 동시에 새로운 경험과 인상을 자신에게 선물하라. 당신은 분명 저절로 소속감, 연대감, 만족감, 효능감을 느낄 것이다. 아무튼, 나의 행복 레벨은 '첸드라이(10drei)' 동호회 활동을 통해 막대하게 상승했다.

다 같이 사회적 책임을 지고 변화를 도모하는 것은 절대 불가능한 일이 아니고, 전체 인류의 미래를 위해서도 매우 중요하다. 그것은 조화로운 상호관계뿐 아니라 기후위기에도 적용된다.

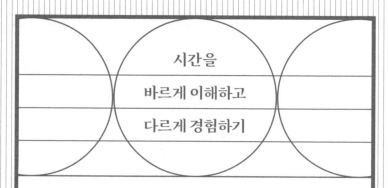

시간을

바르게 이해하고

다르게 경험하기

· 주변의 가까운 사람과 우리의 경험은 거의 유전자만큼 우리에게 영향을 미친다. 외향적인 사람은 다른 사람들과의 접촉에서 배터리를 충전하고, 내향적인 사람은 혼자 있는 시간을 통해 에너지를 채운다.

· 인정 욕구는 소속감, 자유, 쾌락과 더불어 모든 인간의 중요한 기본욕구이다.

· 약점이 많고 감정 이입을 잘할수록 다른 사람들과 더 끈끈하게 연결되고, 더 평화롭게 상호 존중하며 서로 지원하는 새로운 관계를 만들 수 있다.

· 공명은 충만한 긍정적 시간 경험이다. 그것을 놓치지 말라!

· 당신은 어떤 사람과 귀중한 시간을 더 많이 보내고 싶은가?

11장

시간과의 경주
또는 1.5℃에
달린 기회

"오늘 우리가 한 일이,
내일 세계의 모습을 결정한다."

마리 폰 에브너 에셴바흐(Marie von Ebner—Eschenbach)

기후위기는 어떻게 나의 위기가 되었을까

2020년 2월, 뮌헨안보회의 식전행사로 패널토론이 열렸고, 나는 청중석에 앉아 패널들의 발언에 귀를 기울였다. 패널로 참석한 전 유엔사무총장 반기문이 말했다. "기후위기는 핵 재앙에 이은 인류의 두 번째 생존 위협이므로 실질적 기후정책이 없으면 '모든 것을 잃을 것'이다."[1] 현 미국기후보호특사 존 케리(John Kerry)가 주장했다. "인류는 틀림없이 기후변화를 통제할 수 있겠지만, 과연 늦지 않게 제때에 해낼 수 있을지 장담할 수 없다."[2]

기억하기로, 우리가 기후위기의 조종키를 잡을 수 있는 시간이 10년도 채 남지 않았다는 얘기를, 나는 2019년 여름에 처음 들었다. 나는 당시 크게 충격을 받았는데, 그렇게 짧은 기간에 전 세계적 정책을 마련하는 것은 유토피아보다 더 비현실적이라고 여겼기 때문이다. 그때 주간지 《차이트(Zeit)》에서 보았던 지도가 생각났다. 2100년 지구의 온도가 4도 상승한다고 표시되어 있었다. 캐나다와 러시아 그리고 다른 몇몇 지역에만 주민이 살 수 있었고, 나머지 지역은 사람이 살 수 없는 사막으로 변해 있었다.[3]

무대에서 토론하는 패널들의 주장을 들으며 계산해보았다. 내가 지금 34세니까, 내년에 첫째 딸을 낳고 내 딸이 35세에 아들을 낳는다고 가정하면, 그 아이가, 그러니까 내 손자가 43세가 되는 해가 바로 2100년이다. 2100년은 그렇게 멀지 않다!

여러 환경운동가와 기후연구자가 다급하게 외치는 경고를 결코 비난해선 안 된다. 오늘날 정치, 경제, 사회를 향해 이런 복합적 문제를 해결할 실질적 방책을 마련하라고 요구하는 극단적 다그침이 실제로 존재한다. 순진한 얘기처럼 들리겠지만, 우리는 아직 긍정적 미래를 꿈꾸고 낙관적 비전을 설계할 수 있다! 그것을 실현할 시간이 아직 남아 있다. 개인 또는 사회가 앞으로 어떻게 행동하느냐가 우리의 후손이 살게 될 세계와 인류의 미래를 결정한다.

지구를 위해 우리가 해야 할 일

인류의 시간이 자연의 시간을 덮어버렸다. 수천 년 또는 심지어 수백만 년이 걸렸던 변화가 이제 한 사람의 생애 이내에 일어난다. 인류는 아주 큰 생태 변화를 일으켰고, 그래서 지금은 인류의 시대, '인류세'이다.

전 세계적으로 지구온난화가 심해져 곧 수많은 장소가 너무 뜨거워져 사람이 살 수 없게 될 것이다. 해수면 상승으로 수많은 지역이 물에 잠겨 역시 사람이 살 수 없게 될 것이다. 우리의 일상적 행동이 재앙 스위치를 켰다. 우리는 우리 아이들의 미래를 글자 그대로 소비하고 먹어치운다. 자동차 운전, 비행기 여행, 육류 소비 등 거의 모든 인간이 공유하는 습관이 문제가 되었다. 소비사회 및 일회용 사회뿐 아니라 수많은 제조업체와 마케팅전문가들이 우리의 뇌에 확고하게 자리 잡은, 지금 여기에서 보상을 받고자 하는 시간적 근시안에 의존한다. 여기에는 무거운 결과가 따른다. 모두가 뭔가에 익숙해지면, 계속해서 그것을 원하고, 뭔가를 바꿔야 한다는 통찰을 하지 못한다. 결과적으로, 우리가 유발한 기후위기는 너무 심해졌고 정책만으로는 지탱할 수 없는 지경에 이르렀다.[4] 비록 지난 30년 동안 환경의식이 매우 높아졌더라도, 최근 몇십 년 동안 위기가 극적으로 첨예해졌다.

인류는 기후위기를 재촉한다. 어쩌면 300만 년 전처럼 기후가 지배하는 날이 곧 올 것이다. 엄청나게 애쓰지 않으면, "심지어 5000만 년 전의 극단적 온난기"를 각오해야 할 수도 있다.[5] 인지심리학자이자 문화비평가인 크리스찬 스토커(Christian Stöcker)는 《우리가 실험이다(Das Experiment sind wir)》에서, 우리가 물 소비, 교통, 비료 사용, 숲 파괴, 바다의 산성화 등 수많은 기하급수적 변화를 일으킨다고 강조했다.[6] 짧게 설명하자면, 기하급수적이란 뭔가가 점점 강하게 점점 더 빨리 증가하여 변화의 속도가 제곱으로 빨라진다는 뜻이다.

인간이 초래한 구체적 변화 사례를 보자. 현재 이산화탄소가 전 세계적으로 '1초에' 약 1331톤씩 대기로 올라간다. 대기의 이산화탄소 농도가 지금처럼 높았던 적이, 그러니까 420ppm(대기 1kg에 이산화탄소가 420mg이라는 뜻)이었던 적이, 대략 300만에서 500만 년 전 이후로 없었다. 당시에 해수면이 약 10에서 20미터 더 높았다.[7] 이른바 '킬링 곡선(Keeling Curve)'이 기하급수적 증가세를 보여준다.

2020년에 코로나 팬데믹이 전 세계 이산화탄소 배출을 몇 퍼센트 감소시켰다. 그러나 이것은 장기적 시각에서 전체 그림에 거의 아무 역할도 하지 않는데, 그 후로 수치가 다시 전 세계적으로 코로나 이전처럼 계속 상승했기 때문이다. 게다가 유럽

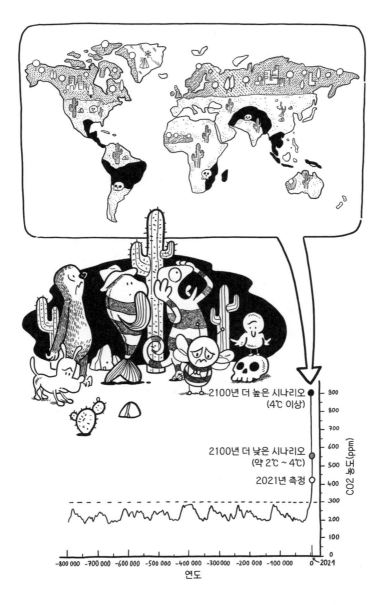

다음 라벨이 이미지 내부에 표시됨:
- 2100년 더 높은 시나리오 (4℃ 이상) — 900
- 2100년 더 낮은 시나리오 (약 2℃ ~ 4℃)
- 2021년 측정
- CO2 농도(ppm)
- 900 800 700 600 500 400 300 200 100 0
- -800 000 -700 000 -600 000 -500 000 -400 000 -300 000 -200 000 -100 000 0 2021
- 연도

킬링 곡선과 2100년의 세계[8]

에서 2020년은, 날씨를 기록하기 시작한 이래로 가장 뜨거웠던 해였다. 현재 극지방의 얼음이 1990년대보다 일곱 배 더 빨리 녹는다.[9] 해수면이 점점 더 빠르게 높아지고, 현재 벌써 시베리아의 영구 동토층이 녹고 있다. 세계기후위원회가 예측한 것보다 70년이나 더 이른 시기다. 과학은 지금까지 모든 것을 상당히 정확히 예측했지만, 기온 상승 속도는 잘못 예측하는 경향이 있었다(더 느리게 상승한다고 보았다). 최신 연구발표에 점점 더 자주 "예상했던 것보다 더 빨리"라는 표현이 등장한다.[10]

정말로 아무도 예상하지 못했을까? 그럴 리가! 당연히 알아차렸다. 하지만 뭔가를 알아차린다는 것이 곧바로 대응한다는 것을 의미하지는 않는다. 먼저 과거 역사를 잠깐 보자.

기후위기의 짧은 역사

기후변화 주제는 이미 1974년에 사헬 지역의 기근과 관련하여 《슈피겔》에 등장했다.[11] 오래전부터 과학계에서 추측과 연구들이 있었다. 1970년대 말에 기후변화가 집중적으로 보도되고 토론되었으며, 1979년에 첫 번째 세계기후회의가 열렸다. 1980년대 중반에 《슈피겔》 표지에, "지구 재앙"이라는 제목과 함께 3분의 1이 물에 잠긴 쾰른 대성당 사진이 등장했다.[12] 얼마 후 NASA 과학자 제임스 핸슨(James Hansen)이 미국의회에서, 지구가 온실효과로 인해 99퍼센트 확실하게 이미 뜨거워졌고, 만약 이대로 계속되면 기하급수적 규모의 결과가 예상된다고 설명했다.[13] 세계 최대 석유회사 엑슨(Exxon)은, 1977년에 이미 화석 연료 연소가 기후에 미치는 극적 결과를 알았지만, 그 후에 취해진 조처는 허위정보 캠페인에 수십억 달러를 지원하는 것이었다. 이 캠페인은 큰 성공을 거뒀다.[14] 이 자금이 재생 에너지 확장에 사용되었더라면 더 좋았을 테지만, 종종 그렇듯이 욕심이 이성을 이긴다.

2015년 파리 기후회의에서 190개국 이상이, 전 세계의 평균 기온 상승을 "산업화 이전 수준에서 2℃가 넘지 않게 유지하되, 1.5℃ 이하로 제한하기 위해 노력하기"로 합의했다. 이것이 기후변화의 위험과 효력을 막대하게 낮출 것이라고 모두가 낙관했었다.[15] 그러나 이 합의는 막연한 타협이었고, 합의된 목표에 구속력도 없고 제재도 계획되지 않아, 예를 들어 니카라과 같은 몇몇 국가에서는 아무 효력이 없다. 이 합의에는 구속력이 없고 이것은 잠재적으로 문제가 될 수 있다. 지금까지 소수의 몇몇 국가만이 합의대로 이행했다. 세계적 기후 운동인 '미래를 위한 금요일(Fridays for Future)'이 요구하는 것 역시, 파리 기후회의에서 약속한 것을 지키라는 것이다.

기후위기 시계

1.5℃와 2℃의 차이가 아주 소소해 보이지만, 사실은 막대하고 치명적이다. 예상하기로 이 차이는 대기오염에 따른 사망자 수의 증가가 1억 5000만 명에 달한다는 뜻이다. 물 부족으로 위협받는 사람들의 수보다 두 배가 많다. 15억 명 이상이 극단적 무더위에 고통받고 1억 명이 추가로 말라리아 같은 열대병을 앓

을 것이다.[16] 그러므로 그저 기온을 나타내는 숫자 그 이상이다. 안타깝게도 이 점이 논쟁에서 자주 잊힌다.

봄처럼 온화한 겨울과 점점 더워지는 여름, 호주나 브라질 또는 미국의 수많은 대규모 산불, 점점 더 강해지는 태풍을 겪으면서, 기후위기가 단지 멸종되는 북극곰과 바다에 잠기는 섬들 얘기만이 아님을, 모두가 명백히 알게 되었다. 기후위기의 효력을 우리는 충분히 일찍 감지할 수 있다. 그리고 우리의 아이들과 손자들은 실제로 체감할 것이다. 설령 1.5℃ 제한 목표를 이루더라도, 안전하고 풍요로운 지역이 장기적으로 물에 잠기거나 사막화될 것이다. 전 세계적으로 특히 가난한 사람들이 고통을 겪을 것이다. 오늘날 벌써 너무 많은 사람이 고통받는다. 대기오염, 수질오염, 토양오염만으로도, 전 세계적으로 매년 1200만 명이 사망한다.[17]

오해를 막기 위해 말하면, 기후변화는 미래 시나리오가 아니고, 1.5℃ 제한은 마법의 안전 경계선이 아니다. 우리는 이미 한복판에 갇혀있다! 현재 지구온난화는 약 1.2℃에 있다. 그러니까 이제 0.3℃밖에 남지 않았다.

1.5℃ 제한선을 넘어서기까지 얼마 동안 인류가 이산화탄소를 계속 대기에 배출할 수 있는지를 상당히 정확히 계산할 수 있다. 2021년 8월을 기준으로 했을 때, 우리에게는 아직 약 6년 4개월이 남았다. 그러니까 2027년 말이 끝이다.[18] 수학자와 통계학자들 역시, 각 나라가 아직 배출해도 되는 이산화탄소량이 얼마인지 계산할 수 있다. 전 세계 모든 국가가 2030년 말까지 이산화탄소 배출을 절반으로 줄이고 2050년까지 정말로 0으로

줄이는 데 성공한다면, 지구온난화를 1.5℃에 안정시킬 확률이 50퍼센트라고, 세계기후협회가 2018년에 공표했다.[19] 그러나 지금까지 우리는 아무것도 하지 않았고, 소중한 시간은 계속 허비되었으며, 소위 모든 노력을 했음에도 지금 이 순간 세계 이산화탄소 배출량은 감소세를 보이지 않는다. 앞으로 과연 어떻게 될까?

마법 구슬 읽기 — 2050년 예언

지금 그리고 여기서 우리가 망치지만 않으면, 인류와 지구상의 모든 생명체는 편안한 기후를 5만 년 정도 더 누릴 수 있을 것이다.[20] 그러나 나는 1.5℃ 제한선을 넘은 후의 상황이 우리의 상상을 초월하는 것 같아 두렵다. 상상을 초월하는 일이라고 해서, 그것이 일어날 수 없는 일이란 뜻은 아니다. 기후재앙 후의 미래를 상상하기 어렵다면, 킴 스탠리 로빈슨(Kim Stanley Robinson)의 소설 《뉴욕 2140(New York 2140)》을 읽어보기 바란다. 입문서로 또는 상상에 도움이 될 것이다.

경제평화연구소(Institute for Economics and Peace) 설립자 스티브 킬레레아(Steve Killelea)가 예견한 것처럼 가장 심각한 기후 전망이 정말로 그대로 이루어졌다고 한번 가정해보자.[21] 2050년에 약 10억 명이 물과 식량의 부족으로 그리고 태풍과 홍수로 터전을 잃어 난민이 될 것이다. 아프리카의 사헬 지역, 앙골라와 마다가스카르 같은 국가들, 시리아에서 파키스탄에 이르는 지역이 거기에 속한다.[22] 대다수 국가에서 벌어지는 극단적 기상 이

변으로 식량 공급이 위협받고, 물 부족 사태가 몇 배로 악화하고, 매년 새롭게 최고 기온을 기록하고, 산불이 나고, 폭우나 허리케인 같은 극단적 자연재해가 닥치고 있다. 해수면이 계속 높아져 베네치아 같은 오랜 도시가 계속 수해를 입고, 몰디브는 더는 휴양지가 아니고, 산호초가 전 세계적으로 눈에 띄게 죽어가고, 사해는 이제 거의 말라버렸다. 한심하게 높은 이산화탄소 배출량의 약 3분의 1을 흡수하는 해양은 오늘날 벌써 몸살을 앓고 있다.[23] 바다에 버려진 플라스틱의 양과 과도한 어획은 마치 인간과 물고기가 전쟁 중인 것처럼 보인다. 대형 어류의 개체 수가 1950년부터 이미 90퍼센트 감소했다.[24] 2050년에 어류는 서방 산업국가의 귀한 사치품목이 될지도 모른다. 말라리아나 댕기열 같은 열대병이 유럽까지 확산했고, 코로나는 세계를 긴장시키는 마지막 팬데믹이 결코 아닐 것이다.

과학이 현재 기본적으로 인정하듯이, 기후변화는 야생동물의 바이러스가 인간에게 전염되는 속도를 높인다. 예를 들어 박쥐는 약 3000개의 다양한 코로나바이러스의 보균자(한 종에 약 3개)로, 이 바이러스들은 보균자인 박쥐에게는 위험하지 않다. 한 지역에 여러 종이 같이 살수록, 병원체가 종의 경계를 넘어 다른 동물에게 전염되어 변이할 위험이 더 크다. 1940년부터 이미 새로 등장한 감염병 수가 막대하게 증가했다. 대부분의 감염병 사례가 '인수공통전염병'이었다. 그러니까 동물에서 인간에게 또는 대부분 다른 매개 동물을 통해 인간에게 전염된 질병이었다.[25]

기온 상승, 구름 감소로 강렬해진 햇빛, 대기 중 이산화탄소 증가가, 코로나 팬데믹의 시작점으로 추측되는 박쥐에게 적합한 서식지를 제공하는 윈난성 같은 지방의 삼림 성장을 촉진한다. 코로나19는 박쥐에서 천산갑에게 전염되었고 그다음 천산갑이 우한의 시장에 왔다고 추측된다.[26] 과학이 추측하기로 지난 100년에 새로운 박쥐 약 40종이 이 지역에 서식했고, 이들이 약 100개의 새로운 코로나바이러스 유형을 가져왔다. 현재 세계 여러 지역이 박쥐들의 핫플레이스이다.[27] 기후변화와 환경파괴가 또 다른 팬데믹 위험을 막대하게 높인다.

돌이킬 수 없는 티핑 포인트

포츠담 기후영향연구소가 십여 개 이상의 이른바 '티핑 포인트(tipping point)'를 지정했다. 이 지점에 일단 도달하면 다시는 돌이킬 수 없고 기술 혁신으로도 멈출 수 없다. 이 지점에 도달하면 세계기후를 돌이킬 수 없을 뿐 아니라 놀라운 새로운 국면이 열릴 것이고, 이른바 '피드백 효과'라고 불리는 자기 강화 메커니즘이 작동할 것이다.

'지구 온도'가 2℃만 상승하더라도, 2100년 여름에 벌써 북극의 얼음이 완전히 사라질 것이라고 과학은 확신한다. 북극의 얼음이 녹아 얼음 면적이 줄고 햇빛이 덜 반사되어 지구 온도가 더 극단적으로 상승할 것이다. 얼음이 녹아 드러난 짙은 바닥이 햇빛의 열에너지를 저장하고 기온이 더 올라간다. 또 다른 티핑 포인트는 지구의 녹색 폐이자 종의 다양성에 가장 중요한 생태계인 '아마존 우림'과 관련이 있다. 계속해서 과도하게 훼손하면, 아마존 우림은 수십 년 이내에 숲이나 초원으로 바뀔 것이다.[28] 모든 티핑 포인트가 서로 영향을 주고받기 때문에, 어쩌면 21세기 말에 벌써 약 4~6℃가 상승할 수도 있다.

21세기 말까지 지구온난화를 2℃ 아래로 확실하게 유지하려면, 앞으로 30년 이내에 지속가능하게 근본적으로 농업을 전환해야 하고 화석 에너지 생산에서 완전히 돌아서야 한다. 《차이트》 기자 베른트 울리히(Bernd Ulrich)가 예언한다. "독일은(다른 국가들 역시) 아주 짧은 시간 내에 인프라, 문화, 지식, 기술의 혁명을 단행해야 한다. 2차 세계대전 이후 가장 크고 가장 깊은 혁명에 성공해야 한다."[29] 그러지 못하면, 기후재앙이 더 빨라져 우리는 2100년보다 훨씬 더 일찍 3℃, 4℃, 5℃에 도달할 것이다. 지구는 우리가 토론을 끝마칠 때까지 인내심을 가지고 기다리지 않을 것이다. 기온 상승을 멈출 수 있느냐는, 앞으로의 전 세계 기후정책에 달렸다. 현재의 정책으로는, 예측하기로 2100년에 약 3.1~3.5℃에 도달한다. 아직 제대로 이행되지 않는 약속을 마침내 모든 국가가 지키더라도(현재 가능성이 거의 없어 보이지만), 2.7~3℃일 것이다. 그렇더라도 재앙일 것인데, 이 정도 상승이면 우리의 익숙하고 인간 친화적인 기후는 이미 사라진 상태일 것이기 때문이다.[30]

눈 딱 감고 단행하자!

기후변화가 공공연한 사실이고 시간이 촉박하다면, 우리는 왜 행동하지 않을까? 이 세상에서 지능이 가장 높다는 인간이 왜 자멸의 길에 있을까? 그 이유는 아주 간단하다. '미래 바보'인 인간은 고통의 압박이 너무 커졌을 때 비로소 행동하기 시작한다. 안타깝게도 기후위기에서는 그러면 너무 늦을 것이다. 기후 보호에서는 도덕성을 운운해봐야 소용없다. 미래에도 생존하려면 이성적 이기주의가 필요하다. 막연한 미래가 아니라 바로 우리 자신과 지금 이 세계에 사는 아동과 청소년을 위한 일이다. 아무리 늦게 잡아도 우리의 아이들이 중년이 되었을 때, 그들은 우리에게 유죄를 선고하고 우리를 욕할 것이다. 우리가 그들에게 과열된 지구와 파괴된 자연을 남겼으므로 우리는 욕을 먹어 마땅하다.[31] 이미 많은 사람이 완전히 정당하게 비판한다. 너무하는 거 아냐? 어떻게 그럴 수가 있지?

그러나 영화제작자이자 해양생물학자인 랜디 올슨(Randy Olson)이 아주 적절하게 표현한 것처럼, 기후위기는 과학이 대중에게 알려야 하는 주제 가운데 아마도 "가장 지루한 주제일 것이다."[32] 매체들이 위기의 위협 규모를 제대로 폭넓게 다룰 능력이나 자신이 없는 것처럼 보인다. 아니면, 매체들은 기후위기를 이미 멈출 수 없는 종말로 다룬다. 정치도 매체도 상상을 초월하는 재앙 규모를 그저 주의를 끄는 정도로만 다룬다. 베른트 울리히가 《모든 것이 달라질 것이다(Alles wird anders)》에 쓴 말을 인용하면, "문제를 마침내 있는 그대로의 규모로 보고 해결하기 위한 에너지 비용보다, 문제를 외면하는 데 필요한 에너지가 이제는 더 커진 것 같다."[33]

기후를 위한 스토리텔링

자신의 아이들과 후손에게 이 행성에서 잘 살아갈 기회를 주는 것에 반대할 사람은 아마 없을 것이다. '미래의 나'와 후손을 위해 어쩌면 훨씬 더 나은 미래 비전이 있을지 모른다는 것조차 잊을 정도로, 우리는 기술 진보를 통해 아주 많은 아이디어와 상상을 이미 실현했다.[34] 기후위기는 이성의 위기이면서 동시에 감정의 문제이기도 하다. 우리의 보상체계가 활성화되어야 비로소 우리는 가치와 의미를 느낀다. 그러나 기후위기에서 우리는 아무런 구체적인 결과를 볼 수 없고, 행동결과의 직접적 피드백이 없으며, 우리의 몸은 도파민을 분비하지 않는다. 그래서 우리의 카멜레온은 냉정하게 가만히 있고, 나무늘보 또한 아무런 의욕을 느끼지 않는다. 롤러코스터의 탑승자 모두가 책임감을 느끼지 않는다!

기후변화 전반에 관한 과학자의 전망은, 2050년 또는 2100년 같은 추상적 시기를 중요하게 다룬다. 지금 미리 행동하게 할 만큼 매력적인 스토리텔링이 없다. 수많은 사람이 궁리하고 있다. 가능한 한 많은 사람과 국가가 일치된 '진정한 기후정책'에 힘쓰게 할 만큼 기후변화 주제를 더 매력적으로 보이게 하는 방법은 없을까? 있다! 추상적 미래 상상이 현재의 구체적이고 감정적인 욕구를 이길 정도로, 우리의 상상력을 강화하는 것이다.[35]

가능한 한 많은 사람이 기후 보호에 열의를 갖고, 이산화탄소 배출이 낮은 삶이 행복하고 매력적일 수 있음을 확신시키려면, 긍정적 미래 비전이 긴급히 필요하다. 스트레스와 교통소음,

미세먼지 없이 깨끗한 공기를 마실 수 있는 도심과 식물들이 싱그럽게 자라는 정원 같은 강렬하면서도 감성적인 그림을 만들어내야 한다. 자전거를 타고 넓은 자전거 전용도로를 달린다! 교통 체증 속에서 가다 서다를 반복하며 몸에 해로운 배기가스 한복판에 있는 것보다 그것이 우리를 더 건강하고 더 행복하게 만든다. 훨씬 더 적은 육류와 생선으로 균형 잡힌 건강한 식단을 지킨다!

통합적 해결책으로 이산화탄소 배출량을 극적으로 줄일 수 있을 뿐 아니라, 구조적 불평등도 해소하고 수많은 사람에게 더 나은 삶을 선사할 수 있다. 오늘날 우리가 두려워하는 포기가 오히려 풍요와 부가가치로 밝혀질지 모른다. 애석하게도 우리의 뇌는 변화를 끔찍하게 두려워한다. 뇌는 익숙해진 오랜 습관과 행동패턴을 사랑한다. 그것을 바꾸려면 참새, 카멜레온, 나무늘보가 감탄하며 나서야 한다. 새로운 아이디어가 필요하다! 경제를 새롭게 생각하고 소득을 더 공정하게 분배하여 노동자가 기업의 이익을 공유할 수 있도록 시도해 볼 수 있으리라. 여러 기업이 이미 새로운 경영 아이디어에 도달했다. 그것을 목적 경제(Purpose Economy)라고 부른다. 기업이 책임을 지고자 하고, 예를 들어 자체 관리나 공익재단 형태로 운영된다. 이익 전체가 주주의 주머니로 들어가지 않고, 지속가능성에 투자된다.[36]

일회용 사회 대신 정말로 기능하는 순환경제가 필요하다. 이미 오래전에 '요람에서 요람까지(Cradle-to-cradle)' 설계가 발명되었다. 기후 보호와 경제 번영은, 흔히 표현되는 것처럼 상호 배타적이지 않다. 그것에 필요한 기술을 우리는 이미 거의 전부

가졌다. 이 기술에 진지하게 재정 지원이 된다면, 금세 새로운 혁신이 이어질 것이다. 그러면 1.5℃ 제한선을 지키는 것도 가능할 수 있다. 모든 개개인이 2050년까지 개인적인 소비에서 이산화탄소 연 배출량을 1톤으로 유지할 수 있으리라.[37] 그러나 우리가 즉시 합당한 결정을 내릴 때라야 가능한 일이다.

우리는 국제 협력과 조정을 통해 산성비와 오존층 파괴 문제를 통제했다고 종종 자부하며 최소한의 명예를 지키려 애쓰는 것 같다. 그러나 기후위기는 상상을 초월하는 더 큰 도전과제이다. 우리는 손 놓고 있어선 안 된다. 수많은 전선에 계속해서 문제들이 발생한다. 대안적 미래와 의미를 지향하는 경제에 더 긍정적으로 더 감성적으로 접근할 때, 지구온난화와 다른 문제들을 제한할 수 있을 것이다. 그것에 실패하면, 2050년에 다시 많은 사람이 속으로 물을 것이다. 모든 정보가 이미 그렇게 명확했는데, 왜 아무도 뭔가를 하지 않았을까?

왜 아무 일도 일어나지 않을까

환경보호 얘기를 불편해하거나 지겨운 듯 짜증을 내고, 기후변화를 다루는 책이라면 눈길도 주지 않는 그런 사람들이 요즘 많은 게 사실이고, 한편으로 이해가 되기도 한다. 공포심을 자극하는 기사들이 쏟아지고 있다. 상승하는 해수면, 이상기온, 높은 이산화탄소 수치가 거의 지겨울 정도로 보도된다. 수많은 데이터, 배출량, 퍼센트, 도표, 그래프… 이 많은 정보와 보도들을 누가 총괄할 수 있겠는가? 게다가 요즘엔 환경보호가 세계 활동가들의 유행처럼 취급된다. 그러나 이것은 불운한 결과를 가져올 것이다.

개개인이 기후 보호에 헌신하지 않는 이유는 아주 많다. 사람들은 자신의 인생을 누리고자 하고, 그 무엇도 금지당하고 싶지 않으며, 편안함과 안락함을 포기하고 싶지 않다. 우리는 인생의 즐거움을 누리고자 한다! 환경보호보다 자기보호가 먼저인 사람들도 있다. 그들은 기후위기를 직시하지 않으려 한다. 나쁜 일을 견디기가 힘들기 때문이다. 또 어떤 사람들은 기술 진보가 어차피 우리를 구원할 거라고 믿는다. 그러니 패닉에 빠지거나 과도하게 다급히 행동할 이유가 없다고 생각한다. 이기주의자든 염세주의자든 낙천주의자든, 이런 자세는 행동을 끌어내지 못한다. 그것은 우리를 수동적으로 만든다. 오직 '가능성주의자'만이 대안적 미래 시나리오를 요구하고 행동한다.

연구들이 보여주듯이, 행동의 결과가 멀리 있다고 추측할수록, 뭔가를 바꿀 준비가 안 된다.[38] 우리의 뇌는 미래에 주의를 기울이도록 설계되지 않았다. 우리의 뇌는 행동하지 않아도 되는 근거를 찾아내는 데 탁월하다. 환경 및 기후 보호를 숙고할 때, 우리는 종종 '사회적·시간적·공간적 함정'에 빠진다.

다른 사람들은 계속 해외여행을 하는데, '왜 우리는 춥고 눅눅한 집에 머물러야 하지?' 이렇게 속으로 묻는다면, 사회적 함정에 빠지는 것이다. "심판의 대홍수는 내가 죽은 뒤에 올 거야." 이렇게 생각한다면, 시간적 함정에 빠지는 것이다. 그리고 애석하게도 실제로 이렇게 될 가능성을 완전히 배제할 수 없다. 시간적 함정에 빠지면 기본적으로 이렇게 생각한다. 우리의 행동이 어떤 식으로든 지구에 나쁜 것은 사실이겠지만, 지금 이 순간은 모든 것이 아주 좋다! 공간적 함정은, "눈에 보이지 않으면 의미도 사라진다"라는 말로 대표된다. 물론, 어딘가에서 섬 몇 개가 물에 잠기고, 비쩍 마른 북극곰이 얇은 얼음을 타고 표류하겠지만, 우리는 그것과 상관없이 아무 문제 없이 잘 지낸다. 우리는 해수면보다 월등히 높은 지대에 산다.[39]

그러나 결국 우리는 어떤 식으로든 미래에 적응해야 할 것이다. 우리가 자발적으로 변하거나 기후변화가 우리를 바꿀 것이다. 그러나 어떻게 시작하는 것이 최선일까?

개인의 영향력 — 더 의미 깊은 기후 친화적 삶

인정하고 싶지 않겠지만, 우리 서방 세계는 불공정하게 행동한다! 우리는 이동수단, 소비습관, 에너지 소비로 환경을 파괴하고, 다른 지역 사람들이 그 피해를 고스란히 받아야 한다. 예를 들어 우리의 초콜릿 및 커피 수요가 늘면서, 코트디부아르, 가나, 인도네시아 같은 국가들의 열대우림이 대대적으로 벌목된다.[40] 생물 다양성이 감소하는 지역에서, 천적들 예를 들어 모기의 천적이 사라지고 있다. 매년 약 40만 명이 말라리아로 죽고, 계속 늘어나는 추세다. 인간생태학자 안드레아스 말름(Andreas Malm)은 이것을 다음과 같이 표현했다. "유럽 사람들은 초콜릿과 이익을 얻고, 아프리카 사람들은 모기를 얻는다."[41] 우리의 현대 생활양식이 다른 사람들의 터전을 빼앗는다. 서방 세계의 이산화탄소 배출이 수많은 다른 지역에 물 부족과 가뭄을 유발하여 그곳 주민들은 터전을 떠날 수밖에 없기 때문이다.

부유한 산업국가의 자원 욕구를 채우려면, 지구가 두 개라도 부족할 것이다. 실제로 그들의 경제 및 삶의 방식이 막대한 이산화탄소 배출량의 주요 원인이다. 비록 독일이 현재 세계 배출량의 '겨우' 2퍼센트만 차지하더라도, 이산화탄소 원인의 10위권 안에 들고, 과거에는 영국과 미국과 더불어 이미 과도하게 많은 이산화탄소를 배출했었다.[42]

독일의 평균 이산화탄소 발자국이(흥미롭게도 석유회사 BP가 '발명'한 용어이다) 매년 1인당 약 10톤이 넘는다. 그것은 유럽에서 가장 높은 수치이고, 전 세계 평균의 두 배이다. 간단하게 살펴보면, 독일의 이산화탄소 결산에서 보일러와 전기가 22퍼센트를 차지하고, 식량이 15퍼센트, 차량이 14퍼센트, 공공 배출이 6퍼센트, 비행기가 5퍼센트, 기타 소비가 38퍼센트이다.[43] 청바지에서 자동차에 이르는 소비재 지출이 높을수록, 개인의 이산화탄소 발자국은 더 강하게 상승한다. 비행기를 많이 타는 사람은 진짜 제대로 이산화탄소 배출에 동참한다. 한 사람이 대략 뒤셀도르프와 뉴욕을 왕복하는 것은 이산화탄소 약 3톤에 해당한다. 지구온난화를 1.5℃로 유지하려면, 모든 개인이 1년에 단 2톤만 소비해야 한다. 그리고 이것은 2050년까지만이고, 그 뒤로는 전 세계적으로 배출이 0이어야 한다.[44] 0! 조금도 배출해선 안된다!

기후 친화적 삶을 위한 당신만의 이산화탄소 발자국

오늘날 이산화탄소를 배출하는 일들은 제대로 의식하지 못할 정도로 우리의 일상이 되었다. 그 결과를 명확히 안다면, 몇몇 생활 영역에서 행복하게 잘 살 수 있는 더 나은 대안을 찾을 것이다.

당신의 일상 행동이 기후에 어떤 효력을 내는지 알아내기 위해, 독일연방환경청 홈페이지에서 당신이 매년 배출하는 이산화탄소를 결산해보기 바란다.[45] 분명 몇몇 영역에서 이산화탄소를 줄일 수 있음을 알게 될 것이다. 중요하고 올바른 일이다! 그러나 또한, 아무리 열심히 노력해도, 현재 상황에서 탄소발자국을 1년에 2톤으로 제한하기가 거의 불가능함을 알게 될 것이다.

소비습관을 근본적으로 숙고하기, 로컬상품과 지속가능하고 환경친화적이며 에너지를 절약하는 상품을 더 많이 요구하고 소비하는 것만으로도 좋은 시작이다. 가족, 친구, 동료들이 기후 주제에 관심을 보이게 설득하는 것도 좋은 방법이다. 정치적 활동으로 더 많은 영향을 미칠 수 있으면 더 좋을 것이다. 국회의원에게 편지를 쓰거나 지역의 기후 및 환경보호 단체에서 활동할 수 있다. 예를 들어 2035년까지 독일을 기후 중립으로 만들고자 하는 '저먼제로(German-Zero)'[46] 같은 조직을 후원하라. 시간이 없다면, 기부금을 내는 방법도 있다. 그리고 꼭 투표하라!

기후변화는 확실히 매우 복합적인 문제이고, 개인의 소비 태도만 바뀌어서는 절대 해결되지 않을 것이다. 시스템 차원의 근본적 변화와 전 세계의 합의를 기반으로 하는 포괄적이고 광범위한 기후정책 없이는 안 될 것이다.[47] 정부와 거대 기업들이 마침내 미래를 위해 올바른 결정을 내리게 압박하는 일이 우리의 몫이다. 도덕적으로 분노하거나 책임을 전가할 대상을 찾기보다는 지금 여기서 우리가 바꿀 수 있는 것에 초점을 맞춰 미래지향적 해결책을 찾을 기회를 높이는 것이 훨씬 더 필요하고 효과적일 것이다.

아직 늦지 않았다!

개인이 아무리 애써봐야 소용없다고 생각하는가? 그렇다면, 개인의 작은 한 걸음이 어떤 효력을 낼 수 있는지 그 사례를 보자. 그레타 툰베리(Greta Thunberg)는 금요일마다 학교에 가지 않고 거리에서 손팻말을 높이 들고 1인시위를 했고 그것이 전 세계적 환경운동으로 확산했다. 2007년 펠릭스 핑크바이너(Felix Finkbeiner)는 아홉 살 나이에, 전 세계의 어린이들에게 나무 100만 그루를 심자고 요구했다. 매력적인 아이디어이긴 한데, 어쩐지 살짝 유토피아나 순진한 꿈 같은가? 절대 그렇지 않다! 플랜트퍼더플래닛(Plant-for-the-Planet) 재단의 프로젝트로 2010년에 벌써 백만 번째 나무가 심어졌다. 지금은 트릴리언 트리 캠페인(Trillion Tree Campaign) 프로젝트로 나무 1조 그루를 심고자 한다.[48]

바다에서 플라스틱을 없애기는 그냥 불가능한 일일까? 그리스 해안에서 잠수를 즐기다 수많은 플라스틱을 발견한 보얀 슬

랫(Boyan Slat)은 학교의 프로젝트 과제로 기발한 청소시스템을 발명했다. 처음에는 그와 그의 아이디어가 비웃음을 받고 외면 당했지만, 이 청년은 전혀 위축되지 않았다. 얼마나 다행한 일인가! 이제는 그의 기술 개발 덕분에 2050년까지 바다를 깨끗이 청소하는 것이 가능해 보인다.[49]

일상에서 대화를 나누다 보면, 우리는 회의론자가 '현실적인 사람'으로 통하는 기이한 세계에 사는 것 같다. 그리고 이 세상에서 실제로 뭔가를 바꾸는 가장 현실적인 사람이 오히려 조롱을 받고 순진한 사람으로 비웃음을 받는 것 같다. 역사학자 뤼트허르 브레흐만(Rutger Bregman)은 낙관하며 확언한다. "오늘의 순진성이 내일의 냉철함일 수 있다."[50]

우리 손으로 뭔가를 바꾸거나 개선할 수 있다고 믿을 때 비로소 작은 아이디어와 접근방식이 결국 큰 아이디어와 세계를 움직일 수 있다. 그러므로 작은 일이라도 뭔가를 하고자 한다면 기후를 위해 뭔가를 시작하라. 오늘부터 당장! 그 작은 한 걸음이 미래에 어디로 이끌지 누가 알겠는가!

시간 실험

작은 활동으로 세상을 구원한다 ─ 몇 가지 제안

기후를 보호하려면 많은 것을 포기해야 한다고 생각하는 사람이 많다. 정말 그런지 기후 친화적 활동을 몇 가지 해보자. 그것이 얼마나 많은 걸 앗아가는지 또는 시간이 얼마나 많이 드는지 확인해보자.

친환경 에너지로 바꾸고 에너지 절약을 노력하라. 그것은 심지어 돈도 절약해줄 것이다.

대중교통수단을 이용하거나 자전거를 타고, 자동차나 비행기 대신 기차나 버스로 여행하라.

가능한 한 지역 상품을 사고, 가능한 한 육류와 생선을 적게 먹어라. 독일 국민 한 명이 1년에 육류를 약 60kg 먹는데, 이것은 이산화탄소 0.5톤에 해당한다.

직장에서 지속가능성에 더 많이 노력하고, 동료나 상사들을 환경 및 기후 보호 주제에 동참시켜라.

무엇이 당신의 재산을 좌지우지하는지 곰곰이 생각하라. 할 수 있다면 주거래은행을 보다 도덕적인 은행으로 교체하고, 어떤 기업에 투자하고 싶은지 신중히 생각하라.

생일이나 크리스마스에 선물 대신 나무 후원을 소망하거나 선물하라. 특별한 날에 환경, 기후, 멸종위기종 보호 단체 등에 기부금을 내기 시작하라.

미국 우주비행사 닐 암스트롱(Neil Armstrong)이 달 착륙 이후에 이렇게 말했다. "수십만 명 각각이 원래 하던 것보다 조금씩만 더 한다면, 더 큰 성과를 이루게 될 것이다. 오직 그 방법뿐이다."[51] 인류는 달까지 갔다. 그런 인류가 함께 열정을 쏟고 각자 자신의 몫을 해낸다면, 기후위기가 대수겠는가? 우리가 못할 것이 무엇이랴. 우리는 코로나 팬데믹 과정에서 과학에 귀 기울이는 것이 얼마나 중요하고 옳은 일인지 확인했다. 너무 늦게 대처하면 무슨 일이 벌어지는지도 보았다. 그리고 개인뿐 아니라 사회 역시 행동과 습관을 짧은 기간 이내에 바꿔야 하고 바꿀 수 있다는 것을 경험했다. 기후위기도 마찬가지다. NASA 고다드 우주연구소와 컬럼비아대학교의 기후과학자인 케이트 마벨 (Kate Marvel)이 말한다. "우리가 멸망을 선택하지 않는 한, 멸망은 우리의 운명이 아니다."[52]

이제 마지막 장에서, 당신이 새로운 관점으로 시간을 보고 그래서 당신의 뇌가 당신의 미래를 가장 의미 있게 만들도록 지원하는 일곱 가지 관점을 살펴보자.

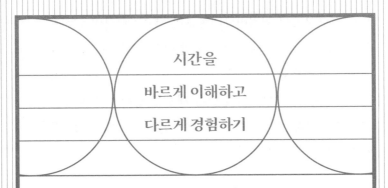

시간을
바르게 이해하고
다르게 경험하기

· 인류는 자신의 실존을 위협하는 재앙으로 스스로 다가갔다.

· 1.5℃ 제한을 지키려면 이산화탄소 배출을 극적으로 줄여야 하고, 그것을 위해 우리는 모든 걸 해야 한다. 그것을 위해 우리는 시스템 차원의 변화가 필요하다.

· 개인이 소비를 줄이는 것만으로는 기후재앙을 막을 수 없다. 개인의 노력과 정책 두 가지 모두 필요하다.

· 다음 세대를 위해 지구의 미래를 지키려면, 우리는 지금 행동하고 무엇보다 감성적 미래 비전을 설계해야 한다.

· 기후와 멸종위기종 보호에 친구, 지인, 친척을 동참시켜라! 단 한 명의 힘이라도 더 보태야 할 때다!

· 우리 모두의 좋은 미래를 위해 당신은 무엇을 공헌할 수 있는가?

최고는
언제나
마지막에

12장

시간 주의력을 위한 열두 가지 영감

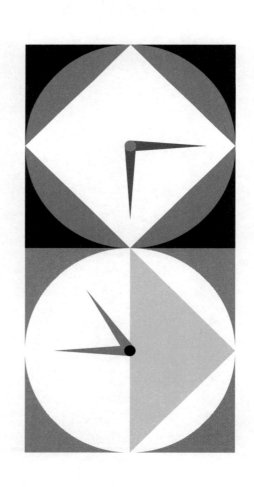

"시간을 멈추는 법: 키스
시간을 여행하는 법: 독서
시간에서 탈출하는 법: 음악
시간을 느끼는 법: 글쓰기
시간을 실현하는 법: 호흡"

매트 헤이그(Matt Haig)

1. 매일 새로운 계획 세우기
— 그리고 언젠가는 꼭 실천하기

1장에서(시간 실험: 당신은 무엇에 시간을 쓰는가?) 만든 목록을 다시 꺼내보라. 세 번째 칸에 적었던 '기꺼이 하고 싶은 일' 일부를 그새 다시 잊고 있었나? 애석한 일이지만 사실이다. 우리는 많은 아이디어를 실천하지 않는다. 일상의 스트레스로 잊거나 우선순위에서 밀려났기 때문에, 해내지 못할까 두려워서, 너무 많은 걸 바꿔야 하거나 너무 힘들어 보이기 때문에… 아이디어를 매일 상기하거나 짧게 기록하라. 그러면 스트레스나 실패의 두려움이 사라지고 기대감이 생겨 실천이 쉬워진다.

시간 실험

미래를 상상하라

당신이 상상하는 '미래의 나'를 기록하라. 5년, 10년, 20년 뒤를 상상할 때 어떤 기분이 드는지, 생애 마지막에 어떤 사람이 고자 하는지 기록하라. 또는, 다음을 곰곰이 생각하라.

한 달, 3개월 또는 6개월 뒤에 당신이 이루고자 하는 것은 무엇인가? 당신이 생각하는 '완벽한 하루'는 어떤 모습인가? 특히 힘든 하루가 기다리고 있다면, 아침에 하루를 시작하기 전에 모든 일이 완벽하게 진행되는 모습을 상상하라. 그것이 스트레스를 예방할 것이다.

당신이 세계에서 가장 똑똑하고 재능이 뛰어나며 무슨 일이든 성공시키는 사람이라면, 무엇에 도전하고 어떤 목표를 세우겠는가? 당신의 소망이 모두 이루어졌을 때, 당신의 삶은 어떤 모매달 초에 아주 의식적으로 큰 목표와 소망을 새롭게 다이어리에 기록하고 새로운 아이디어를 첨가하라. 한 달 사이에 새로운 경험들을 쌓았으므로 완전히 새로운 가능성이 열릴 것이다. 이때 '불렛저널 방식(Bullet-Journal-Methode)'이 도움이 될 것이다.[1] 모든 크고 작은 프로젝트와 목표가 담긴 포괄적 목록과 당신만의 메모장이나 다이어리를 함께 활용하는 시스템이다.

미래 비전을 한동안 기록만 하고 실천하지 않더라도, 괜찮다. 단, 다른 사람의 기대에서 완전히 벗어나 당신 자신의 고유한 생각을 따라야 한다. 그러나 언젠가는 마침내 실천에 더 많이 집중해야 한다. 당신의 '미래의 자아'에 당신을 더 가까이 데려다줄 구체적인 행동을 개발하라. 한 단계씩 차근차근 실천해나가라. 동물행동학자 제인 구달(Jane Goodall)이 말한 것처럼, "당신이 하는 모든 일이 차이를 만들고, 어떤 차이를 만들지는 당신이 결정한다."[2] 어떤 작은 발걸음을 언제 어떻게 실천할지 구체적으로 깊이 생각하라. 그래야 시야에서 놓치지 않는다.

목표를 향한 길에서는 실수도 진보이다. 그것을 명심하여 혹시 있을 실패의 두려움을 서서히 극복하라. 태어날 때부터 기업가, 피아니스트, 활동가인 사람은 없다. 핵심은 자신의 실수를 알아차리고 거기서 뭔가를 배우는 것이다. 그렇게 당신은 인생에서 수많은 다양한 재능을 발견하고 발휘할 것이다. 이것이 당신의 역동적 자아상을 강화한다!

새로운 길이 새로운 경험을 가져온다. 첫걸음은 분명 가장 많은 용기를 요구하고 그래서 가장 어렵게 느껴지지만, 아무리 무거운 돌이라도 일단 구르기 시작하면…! 힘겨운 첫걸음 이후에 무슨 일이 생길지 기대해보라. 일단 뭔가를 결정했다면, 나머지는 거의 저절로 진행된다. 필요한 에너지와 창의성이 갑자기 생기고 모든 것이 훨씬 더 쉽게 느껴진다. 일단 시작하면 그 뒤로는 전혀 힘들지 않고 깊은 협곡을 지나지 않아도 된다는 뜻은 절대 아니다! 그러나 명확한 목표를 눈앞에 두면 과정에 집중할 수 있어, 실천하기가 더 쉽게 느껴진다. 미국 전 대통령 존 F. 케네디가, 당시에는 다소 유토피아처럼 보였던 달 착륙 프로젝트 때 말했다. "우리는 10년 이내에 달에 가기로 결정했습니다. (…) 그것이 쉬운 일이어서가 아니라 어려운 일이기 때문입니다."[3] 우리 모두 알고 있듯이, 이 꿈은 실현되었다.

2. 시간을 더 정확히 보기

사람마다 시간을 다르게 본다는 생각은 정말로 흥미롭다. 그래서 나는 그것을 확인할 수 있는 광범위한 사고실험에 당신을 초대하고자 한다. 어쩌면 당신은 나중에 가족이나 친구들과도 이 실험을 해보고 당신의 결과와 비교해 보고 싶을 것이다. 분명 새롭고 재미있는 깨달음을 얻게 될 것이다! 사람들은 사건과 사건의 기간에 대한 대략의 그림을 머릿속에 갖고 있다. 그러나 시간을 정말로 시각화하는 사람은 다섯 중 한 명뿐이다.[4] 당신도 한번 해 보라. 당신은 시간을, 더 정확히 말해 시간의 세 차원(과거, 현재, 미래)을 어떻게 보는가?

시간 실험

과거, 현재, 미래를 어떻게 보는가?

종이와 연필을 준비하라. 연필로 과거, 현재, 미래를 상징하는 동그라미 세 개를 종이에 그려라. 어느 위치에 동그라미를 그릴지, 동그라미들을 서로 겹치게 그릴지 멀리 떨어뜨려 놓을지, 각 동그라미가 얼마나 클지는 당신의 결정에 달렸다. 정답은 없다. 그냥 당신의 느낌대로 그려라.

이제 당신의 세 동그라미를 살펴보자. 예를 들어 과거를 미래보다 더 작게 혹은 그 반대로 그린 까닭이 무엇인지 곰곰이 생각해보라. 당신은 왜 각각의 동그라미를 지금 그 크기로 그렸는가? 당신은 왜 동그라미들을 겹쳐 그렸는가? 또는 왜 겹치는 부분이 전혀 없는가? 이 실험을 통해 당신은 시간의 세 가지 차원을 보는 당신의 관점을 새롭게 알게 될 것이다.

당신이 유럽인이라면, 아주 높은 확률로 당신은 과거를 왼쪽에 현재를 가운데에 그리고 미래를 오른쪽에 배열했을 터이다. 그러나 글자를 왼쪽에서 오른쪽으로 쓰지 않고 위에서 아래로 쓰는 중국인이라면, 과거를 아래에 현재를 가운데에 미래를 위해 배열했을 터이다.[5] 서방 문화권에서 미래는 의심의 여지 없이 앞쪽에 있지만, 안데스의 원주민 아이마라(Aymara)족은 정확히 반대로 상상한다. 그들에게 과거를 물으면, 그들은 앞쪽을 가리킨다. 그러니까 그들이 바라보는 방향을 가리킨다. 과거는 이미 알고 있어 눈앞에 떠올릴 수 있기 때문이다. 미래를 물으면, 그들은 뒤쪽을 가리키는데, 미래는 '볼 수 없어' 아직 모르기 때문이다.[6] 호주 북부의 원주민 타요르(Thaayorre)족의 시간은 기본적으로 동쪽에서 서쪽으로 흐른다. 그래서 그들이 지금 어느 쪽을 보고 있느냐에 따라, 어떨 때는 오른쪽에서 왼쪽으로 또는 왼쪽에서 오른쪽으로, 어떨 때는 뒤에서 앞으로 또는 앞에서 뒤로 흐른다.[7]

아무튼, 많은 사람이 미래-동그라미, 그러니까 알 수 없는 것을 가장 크게 그린다. 물론, 미래-동그라미를 가장 작게 그리는 사람도 더러 있다. 그러나 현재-동그라미를 가장 크게 그리는 사람은 거의 없다.[8] 우리는 머릿속으로 과거, 현재, 미래를 끊임없이 이리저리 뛰어다닌다. 우리는 현재에 있다가 과거로 점프하고 그다음 다시 미래로 건너뛴다. 진정한 시간 뒤죽박죽 상태이다.

시간을 더 깊이 이해하기 위해 몇 가지를 더 시각화해보자. 첫 번째 시도에서 구체적 그림이 떠오르지 않더라도 걱정하지 말라. 시각화는 원래 시간과 인내가 필요하다.

시간 실험

구체적 기간을 어떻게 보는가?

| 다음의 질문을 보고 떠오르는 것을 종이에 그려보라. 올해를

사건과 시간의 시각화에는 유년기의 기억이 주입되어 있다. 사람들은 월을 타원, 파동, 나선, 동그라미, 곡선 형태로 표현한다. 시간을 직선이나 정사각형으로 시각화하는 사람은 거의 없다. 주는 월보다 훨씬 더 제각각이다. 반원, 말발굽 모양, 일요일에서 월요일까지의 아치, 격자, 피아노 건반, 오르는 계단, 도미노 등이 있다. 그리고 공통으로 항상 주말은 뭔가 특별한 형태를 띤다. 시간을 다이어리 형태로 머릿속에 시각화하는 사람은 놀랍게도 극소수에 불과하다.[9]

나의 1년은 시계방향으로 흐르지만, 월마다 경사가 제각각인

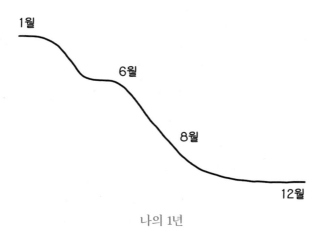

나의 1년

직선에 가깝다. 2월부터 살짝 내리막인 스키 슬로프를 닮았고, 그다음 짧은 평지 구간이 있고, 여름은 아주 긴데, 아마 긴 여름 방학의 경험 때문일 것이다. 그다음 연말로 갈수록 다시 평평해진다. 12월은 가로로 흐른다. 하지만 흘러간다기보다 오히려 시간이 허공에 떠 있는 것 같다. 당신의 1년은 어떤가? 아마 전혀 다른 모습일 것이다!

3. 움직임, 예술, 시간 감각
— 자신만의 신체감각으로 시간 경험하기

시간은 우리를 둘러싸고 어디에나 있고 절대 멈춰있지 않는다. 우리에게 시간, 공간, 움직임은 하나이다. 당신은 어디에서 무엇을 하고 싶은가? 그것을 깊이 숙고하고 매일 적어도 몇 분이라도 그것을 하라. 의식적으로 걷거나 춤춰라. 음악이 있어도 좋고 없어도 괜찮다. 당신이 지금까지 한 번도 해보지 않은 동작을 시도해 보라. 당연히 신중하게! 미래에 당신의 몸이 그것을 고마워할 것이고, 당신은 매일 시간을 온전히 의식하며 살게 될 것이다. 어쩌면 새로운 춤동작이 맘에 들어, 심지어 댄스강좌에 등록할 것이다.

세계 최고 발레리노 프리데만 포겔(Friedemann Vogel)은 절대적 정확성으로 대표되는 시간을 매우 유연한 구조로 이해한다. "시간은 분위기와 상황에 좌우되는 감정과 같다. 나는 기본적으로 끈기가 없는 사람이라, 시간이 종종 느리게 가는 기분이 든다. 그러나 무대나 스튜디오에서 내가 가장 사랑하는 것을 하면,

시간이 종종 쏜살같이 지나고 몇 시간이 몇 분처럼 느껴진다. 공연이 끝나면 종종 감정적으로 흥분되고 신체적으로 지쳐서, 공연을 복기하느라 잠 못 이루는 밤은 영원처럼 길게 느껴진다."[10]

춤뿐 아니라 모든 형태의 예술이 우리의 시간 경험을 강렬하게 만든다. 합창단 또는 극단에 가입하여 이처럼 새로운 시간 감각을 주는 크고 작은 무대공연을 경험하라. 무대에서 시간은 정말로 쏜살같을 수 있다.

우리를 기다리는 특별한 시간은 아주 많고, 우리는 그것을 이용하기만 하면 된다! 시인 샤를 보들레르(Charles Baudelaire)를 모범으로 삼아도 좋을 것이다. 그는 이렇게 말했다. "어깨를 짓누르고 허리를 휘게 하는 시간의 끔찍한 짐을 느끼지 않으려면, 늘 취해 있어야 하리라. 무엇으로 취한단 말인가? 술이든, 시든, 미덕이든, 마음 내키는 대로 취하면 되리라. 다만 늘 취해야 한다."[11] 괜찮은 조언인 것 같다. 그리고 저마다 자신에게 가장 적합하게 잘 혼합해야 한다.

4. 판다와 기린이 소풍을 간다
― 기이한 시간 관점 연구하기

상대성이론을 이해해야 이 책을 끝낼 수 있다. 앞에서 언급했던 그림 그리기 대회의 판다와 기린을 다시 소환하여 다음의 시나리오를 가정해보자. 판다와 기린이 밤에 사바나에 앉아있고, 판다가 거대한 손전등으로 우주를 비춘다.[12] 우리는 이 불빛이 빠른 속도로 밤하늘로 뻗어간다고 상상한다. 잘 알려졌듯이 빛은 적어도 진공 상태에서 1초에 약 30만 킬로미터씩 한결같은 속도로 움직인다.

광원과 '함께' 움직이든 '아니든' 빛의 속도에는 아무 변화가 없을까? 호기심 많은 기린은 빛을 따라잡을 수 있을지 반드시 확인해보고 싶다. 판다가 손전등을 끄고, 기린이 로켓에 오른다. 기린은 손전등이 켜지는 순간 그 빛과 동시에 출발할 생각이다. 판다가 손전등을 켜는 즉시, 기린은 초속 25만 킬로미터라는 어마어마한 속도로 손전등의 빛을 뒤쫓아 날아간다.

판다는 빛의 속도로 뻗어 나가는 손전등의 빛과 로켓을 타고 빛을 따라가는 기린을 본다. 판다가 보기에 1초 뒤에 빛은 로켓보다 5만 킬로미터 앞서서 이동하는 것 같다. 지구에서 보면 아무 변화가 없다.

그러나 로켓을 탄 기린의 시각에서 보면 어떨까? 기린은 자신의 눈을 믿을 수 없다. 지구에 있는 판다가 보는 것과 똑같이 기린과 빛의 거리가 현재 단 5만 킬로미터에 불과하지만, 로켓을 탄 기린이 보기에 빛은 계속해서 초속 30만 킬로미터로 빠르게 앞서가기 때문이다. 빛은 정말로 모든 상황에서 한결같이 빠르다. 애초에 기린은 로켓을 타고 빛을 따라잡을 기회가 전혀 없었다.

이제 내 머릿속 매듭이 풀렸다. 깜깜한 우주에 빛을 비춰보자. 아인슈타인은 빛의 속도가 변하지 않음을 최초로 알아냈다. 광원이 어떻게 움직이든 상관없이 빛의 속도는 변하지 않고, 그래서 이것을 자연법칙으로 이해했다. 그러므로 판다가 보는 빛과 로켓을 탄 기린이 보는 빛의 속도는 똑같다. 그렇다면 왜 지구에 있는 판다에게는 마치 기린이 빛을 따라잡을 것처럼 보일까?

판다와 기린 그리고 아인슈타인의 유산

그것이 아인슈타인의 유산이다. "시간은, 관찰자가 관찰 대상을 향해 어떻게 움직이느냐에 좌우된다. 그것이 상대성이론의 핵심이다."[13] 다시 말해, 판다의 시간과 로켓을 타고 빠르게 움직이는 기린의 시간은 다르다. 그러므로 우주 어디에서나 적용되는 보편적 시간은 존재하지 않는다.

얼마 뒤에 판다가 기린의 시계를 재빨리 볼 수 있다면, 예를 들어 기린이 스마트워치가 보이게 셀카를 찍어 보냈기 때문에, 그러면 판다는 아마 충격에 손전등을 떨어뜨릴 것이다! 판다의 시계는 이미 한 시간이 족히 흘렀지만, 기린의 시계는 이제 겨우 33분이 지났기 때문이다. 판다의 시간이 더 빨리 흐른다. 기린의 로켓에서는 한 시간이 흐르려면 (판다의 관점에서 볼 때) 거의 두 시간이 걸리기 때문이다. 그러나 기린은 로켓 시간으로 모든 것을 경험하기 때문에, 기린의 위치에서나 지구에 있는 판다의 위치에서나 빛의 속도는 변함이 없다.

5. 유한한 세계에서 삶의 의미 찾기

흥미롭게도 우리는 인류가 조만간 지구에서 사라질 거라는 사실보다, 아주 오래전에는 지구에 인류가 존재하지 않았었다는 사실을 받아들이기가 훨씬 더 쉽다. 물리학에는, 빅뱅 에너지가 모두 소진되면 우주 전체의 시간이 끝났을 수 있다는 가설이 있다. 그러면 인류의 역사도 끝날 것인데, 에너지 전환이 없으면 생명도 없기 때문이다. 그러나 아직 시간이 아주 많이 남아 있다. 대략 10을 100번 곱한 햇수만큼 남아 있다.[14] 그러나 20억 년 뒤 지구가 사막 행성으로 변하고 결국 태양에 삼켜지는 때보다 더 일찍 우리의 시간은 끝날 것이다. 설령 인류가 다른 행성에(현재 화성이 가장 유력한 후보이다) 정착하는 데 성공하더라도, 그곳에서도 언젠가는 우리의 실존이 끝날 것이다. 아무리 늦어도 우주 종말과 함께, 인류가 행했거나 생각했던 모든 것이 영원히 잊힐 것이고, 인간이 뭔가를 잊을 수 있다는 기억조차 잃게 될 것이다.[15] 어차피 영원히 보존되는 것은 없다면, 어떻게 삶의 의미를 찾을 수 있단 말인가?

철학자 니체가 인간의 무의미성을 다음과 같이 요약했다. "무수한 항성계에서 반짝거리며 쏟아진 별 중에서 우주의 후미진 구석에 자리한 별이 하나 있었는데, 그곳의 영리한 동물이 인식을 발명했다. 그것이 '세계역사'의 가장 오만하고 가장 위선적인 순간이었다. 그러나 단 1분에 불과했다." 요약하면, 인류는 영원히 존재하지 않았고, 곧 더는 존재하지 않게 될 것이다.

그러나 우주에서 인류가 무의미하다는 사실이 자동으로 우리의 삶이 무의미하다는 뜻은 아니다. 어쩌면 우리 자신을 위해 의미를 찾는 것이 삶의 의미일까? 정신분석학자 에리카 프리먼(Erika Freemann)이 말한다. "삶의 최종 의미는 무엇일까? 우리는 모른다. 우리가 아는 것은 오로지 살아 있다는 것, 삶을 누리고 뭔가를 만든다는 것, 그리고 도움이 필요한 다른 사람을 돕는 것뿐이다."[16] 특히 다른 사람을 위해 헌신할 때, 우리는 우리의 삶이 의미 있고 앞으로도 의미 있을 것이라고 느낀다. 우리의 삶은 모든 면에서 의미가 있다. 우리는 다른 사람에게 중요한 존재가 될 것이고, "무의미한 넓은 우주에 의미 있는 작은 섬"을[17] 만들 것이기 때문이다.

6. 불멸 추구하기

실리콘 밸리는 수명 연장을 위해 열심히 일한다. 클라우드에 뇌를 '업로드'하는 것은 아직 허구에 가깝다. 그러나 어쩌면 우리의 의식을 디지털 방식으로 유지하는 것이 언젠가는 정말로 가능해질 것이다. 구글의 자회사 칼리코(Calico)는 "죽음을 이기는 것"을[18] 목표로 정했고, 몇몇 기술 기업들은 현대 의학과 유전공학 및 나노기술을 이용한 토탈리뉴얼로 육체적 불멸에 이를 수 있다고 믿는다. 한 연구가 이미 고압산소 치료로 혈액세포의

노화 과정을 멈출 수 있을 뿐 아니라 심지어 되돌릴 수 있음을 입증했다.[19]

그러므로 곧 500세 수명이 가능할지 모른다. 우리는 2050년까지 버티기만 하면 되고, 몇십 년을 더 살기 위해 넉넉한 돈을 준비해야 한다. 그렇더라도 우리는 여전히 불의의 사고로 죽을 수 있다.

영원한 삶을 얻기 위해 노력할 가치가 과연 얼마나 될까? 그리고 누가 (디지털이든 육체적이든) 영원히 살기 위해 돈을 낼 수 있을까? 역사학자 유발 하라리가 확언했듯이, 인간은 불멸을 열망하진 않지만, 10년 뒤에 건강한 10년을 더 살겠냐고 물으면 계속 그렇다고 대답할 것이다.[20]

7. 성찰을 통해 시간을 새롭게 경험하기

우리는 이 장을 '쓰기'로 시작했고 이제 '쓰기'로 끝낼 것이다. 쓰기는 자기 자신과 시간을 명료하게 알고, 인생에서 정말로 중요한 것이 무엇인지 성찰하기에 아주 훌륭한 도구이기 때문이다. 기록하지 않으면, 이런 숙고와 성찰은 일상에서 종종 애석하게도 과제 완료와 함께 잊히기 때문이다.

한때 그리워했고 꿈꿨으며 지금 실제로 삶의 일부가 된 사람이나 상황을 떠올려보자. 첫사랑, 가족, 친구, 특별한 직업, 집, 뭐든 괜찮다. 과거의 소망을 소중히 여기면, 오늘 가진 것을 당연하게 여기지 않고 감사하게 된다.

당신이 달려온 아름다운 롤러코스터 경로 되돌아보기

당신의 삶을 죽음의 순간부터 거슬러 돌아보며, 삶이 당신에게 준 것들을 적어보라. 충분히 시간을 내서 하라. 원한다면, '미래의 나'와 대화를 나눠도 좋다. 아주 재밌을 것이다!

당신이 99세가 되어 아름다운 정원에 앉아있다고 상상해보라. 그때 당신의 롤러코스터 경로를 돌이켜본다면 당신의 삶은 어떤 모습일까? 어떤 목적지들을 가보고 싶은가? 당신은 무엇을 했고 경험했나? 만찬 자리에서 가족과 친구들에게 어떤 이야기들을 들려주고 싶은가? 그리고 만찬 식탁에는 누가 당신과 함께 앉아있는가? 삶에서 기준이 된 미덕은 무엇인가?

이따금 과거에 빠져들어 추억을 끌어올릴 때도 쓰기를 이용할 수 있다. 이때 먼저 낱말 하나를 선택하라. 예를 들어 책에서 무작위로 낱말 하나를 정하고, 그것과 관련된 추억을 연상하기 시작하라. 그 낱말에 맞는 과거의 순간이 서서히 저절로 떠오를 것이다. 적어도 10분은 할애해야 한다. 이때 당신의 생각을 자유롭게 이리저리 뛰어다니게 두고, 자신을 평가하거나 통제하지 말라.[21]

모두 하차하시기 바랍니다
— '시간 여행'의 종착역

시간은 우리가 원하든 원치 않든 계속 흐른다. 그러니 주어진 시간에서 최선의 결과를 뽑아내자! 우리는 우리 자신과 미래에 책임이 있다. 상황이 우리 편이 아니고, 불편하고, 슬프고, 힘겹고, 한심하고 또는 불공정할 수 있지만, 우리 자신과 몸에 더 주의를 기울인다면, 우리는 시간 결정권을 훨씬 더 많이 가질 수 있다. 우리의 뇌는 언제나 우리에게 최선의 미래를 선사하려고 노력할 것이다. 우리가 변하면, 어쩌면 세상도 조금은 바뀔 것이다. 그러면 2100년에도 이 놀랍고 아름다운 행성이 여전히 살 만한 곳일 희망이 있다.

이 책을 읽으며 나와 내 생각에 소중한 시간을 내준 당신에게 감사를 전하고, 이 지구에서 보내는 당신의 시간과 당신의 롤러코스터 주행이 행복하기를 기원한다. 지금까지의 삶이 맘에 들지 않는다면, 굳이 계속해서 똑같이 살 필요는 없다. 아무것도 하지 않아도 된다. 그러나 한 가지는 꼭 하기 바란다. 당신 자신과 다른 사람을 위해 소망하는 것을 꼭 실현하라!

이 시간 여행을 통해 내 인생에서 많은 것이 바뀌었다. 그러길 바랐으니까. 이제 내게는 20년 뒤의 내 모습이 더 중요하고, 나는 그때에도 여전히 젊고 건강하기를 바란다. 다른 사람이 열정적으로 아침 루틴을 설명하는 것을 예전에 들었더라면, 나는 재수 없다고 느끼며 (은유적으로) 좌우로 따귀를 세차게 때리고 싶었으리라. 그러나 지금은 나 역시 잠에서 깨자마자 먼저 10분을 요가매트 위에 앉아 운동한다. 인터벌 트레이닝. 나는 운동보다 휴식을 더 좋아하니까. 그러니 실제 운동 시간은 겨우 6분 정도이다. 그래도 운동은 운동이다! 그다음 나는 적어도 8분 동안 명상을 하고, 나의 나무늘보가 조롱하며 배를 잡고 웃더라도, 매일 아침 감사한 내용 또는 기억이나 목표를 기록한다. 그다음 레몬과 강황, 카옌고추를 넣어 생강차 2리터를 끓인다. 나는 이 차를 하루 동안 나눠 마신다. 점심시간에 이따금 요가매트에 누워 MBSR(마음챙김에 근거한 스트레스 완화) 강좌에서 배운 바디스캔을 한다. (프리랜서로 일하는 덕분에 가능한 일이고, 나는 이것에 감사한다!) 바디스캔에 여전히 45분이 걸리지만, 이제는 이것이 나를 정말로 행복하게 한다. 그리고 자신 있게 말하건대, 나는 이제 현재에 더 많이 주의를 기울이고, 그래서 현재를 더 많이 발견한다. 명상을 건너뛸 때는, 대신 춤을 추거나 산책을 한다. 물론, 내가 생각하기에 너무 바빠서 모든 것을 건너뛰는 날들도 있다. 그러나 바쁜 날일수록 이런 것들을 하지 않은 걸 특히 더 후회하게 된다.

나는 소위 쓸데없는 일에 시간을 허비하는 것을 두려워하지 않는다. 나는 더 의식적으로 시간을 쓴다. 하기 싫은 일을 빨리 처리해버리고 싶을 때, 나는 모래시계를 활용한다. 모래시계는 불편한 과제를 처리하는 좋은 시간 틀이 되어준다. 모래시계를 세워놓고 일하면 실제로 그 일이 더 빨리 끝난다. 문제나 스트레스가 생기면, 나는 그 상황을 기분 좋게 맞이하려 애쓴다. 자주 이런 생각을 하며 롤러코스터의 분위기를 쾌활하게 유지하려 애쓰는 것만으로도 나는 싱긋 웃게 되고, 그러면 벌써 긴장이 약간 풀린다. 내가 보기에도 정말 심하게 모범적이지만, 어쩌겠는가, 나는 이것이 좋다! 나는 이 책을 쓰기 전보다 꿈이 더 많아졌고, 매일 조금 더 행복한 마음으로 잠에서 깨고, 저녁에는 오늘 무엇이 좋았는지 항상 나에게 묻는다. 그렇게 나는 그날의 작은 행복의 순간을 다시 한번 더 경험한다. 내가 전에 추측했던 것과 달리, 이 모든 새로운 습관으로 내 삶이 더 힘들어지진 않았다. 오히려 더 가볍고 더 멋져졌다.

마지막 조언을 하자면, 매일 무엇에 감사하고 무엇이 행복을 주는지 생각하고 제때에 잠자리에 들도록 특정 시간에 알람을 설정해두어라. 지금의 나와 미래의 나 그리고 당신의 과거와 현재와 미래에 주의를 기울이고, 당신의 시간이 헛되이 흘러가게 두지 말라!

감사

내가 진심을 담아 가장 크게 감사해야 할 사람은, 한없이 인내심 깊고 놀랍도록 침착하고 초연한 나의 독자 데지레 지멕(Desirée Šimeg)이다. 거의 같은 크기로 유디트 빌케프리마베시(Judith Wilke−Primavesi)에게 감사하고, 캄푸스 출판사가 보여준 신뢰에도 감사하다. 안자(Ansa), 스베냐(Svenja), 카티(Kathi), 라우라(Laura), 안야(Anja) 그리고 그 밖의 모든 직원이 세상에서 가장 훌륭하게 나를 이끌어주었다. 그리고 환상적인 삽화를 그려준 막스 바흐마이어(Max Bachmeier)에게도 진심으로 큰 감사 인사를 보낸다!

시간을 내 흥미로운 대화를 해주고 전문 지식까지 보태준 에른스트 푀펠(Ernst Pöppel), 마르크 비트만(Marc Wittmann), 노르만 지로카(Norman Sieroka), 프리데만 포겔(Friedemann Vogel), 펠릭스 레너(Felix Lehner)에게도 감사하다. 또한, 나의 질문에 친절히 답해주고 뇌에 관한 놀라운 전문 지식을 나눠준 헤닝 벡(Henning Beck) 그리고 수년 동안 시간을 연구한 모든 철학자와 과학자들에게도 마음으로부터 감사를 전한다. 마감에 쫓기는 마지막 순간까지 신속한 자료조사 재능을 발휘해준 율리아 게레케(Julia Gerecke), 린다 자이스(Linda Seiss), 슈테판 핀 슈필호프(Stephan Phin Spielhoff)에게도 똑같은 크기로 감사하다. 올리버 폴락(Oliver Polak)이 보여준 우정 그리고 다행히 이 책에 등장하지 않았던 기기(Gigi)와 고고(Gogo)와 그 외 모든 환상적인 친구들에게 고맙다. 그들의 영감과 아이디어 그리고 무엇보다 지난해에 함께 보낸 시간에 감사하다. 그들 모두의 나무늘보, 산호물고기, 카멜레온, 꿀벌, 강아지, 참새, 앵무새에 감사하다! (그리고 나의 롤러코스터 탑승자 모두에게도). 진정 멋진 시간이었다!

참고문헌

1장 시간 — 오래되었고 상대적이며 아주 중요하다

1 www.death-clock.org — Schauen Sie bitte wirklich nur auf diese Seite, wenn Sie noch sehr jung sind.

2 Bundesministerium für Umwelt, Naturschutz und nukleare Sicherheit, Coffe-to-go-Becher, https://www.bmu.de/faqs/coffee-to-go-becher/

3 Hüther, Gerald: Wege aus der Angst. Über die Kunst, die Unvorhersehbarkeit des Lebens anzunehmen, Göttingen 2020, S. 122 f.

4 Mićić, Pero: Wie wir uns täglich die Zukunft versauen. Raus aus der Kurzfrist-Falle, Berlin 2014, S. 209.

5 Manson, Mark: Die subtile Kunst des darauf Scheißens, München 2018, S. 43 ff.

6 Sagan, Carl: ··· Und werdet sein wie Götter. Das Wunder der menschlichen Intelligenz, München/Zürich 1981, S. 26 ff.

7 Blum, Wolfgang: Die Erfindung der Zeit, Köln 2020, S. 256.

8 Sieroka, Norman: »Immer schneller? Die Zeit und ihre Wahrnehmung «, in: Wolfger Stumpfe, Wir Kapitalisten, Bonn 2020, S. 152.

9 Geissler, Karlheinz A./Geissler, Jonas: Time is honey. Vom klugen Umgang mit der Zeit, München 2017, S. 39.

10 Augustinus, Aurelius: Bekenntnisse, Buch XI, Kapitel XIV, Zürich 1950, S. 312.

11 »Zeit«, https://brockhaus.de/ecs/enzy/article/zeit

12 Mainzer, Klaus: Zeit. Von der Urzeit zur Computerzeit, München 2002, S. 86.

13 Newton, Isaac: Mathematische Principien der Naturlehre. Mit Bemerkungen und Erläuterungen, Berlin 1872, S. 25.

14 »›Eine hartnäckige Illusion‹. Das Zeit-Bild der modernen Physik«, Der Spiegel, 14.05.1989, https://www.spiegel.de/politik/eine-hartnaeckigeillusion-a-4f0e3d4b-0002-0001-0000-000013494900

15 Blum 2020, S. 233.

16 Geissler/Geissler 2017, S. 69.

17 Rovelli, Carlo: Und wenn es die Zeit nicht gäbe? Meine Suche nach den Grundlagen des Universums, Hamburg 2018, S. 45 und 126 ff.

18 Münster, Gernot: »Was ist Zeit, nachgefragt«, Münster 2010, https://www.uni-muenster.de/Physik.TP/~munsteg/10Zeit.pdf

19 Lesovik, Gordon B. u. a.: »Arrow of Time and its Reversal on IBM Quantum Computer«, Scientific Reports 9(1), Article number: 4396, 2019, https://arxiv.org/pdf/1712.10057.pdf

20 Blum 2020, S. 233.

21 Kast, Bas: Revolution im Kopf. Die Zukunft des Gehirns, Berlin 2003, S. 14 ff.

22 Beck, Henning: Irren ist nützlich. Warum die Schwächen des Gehirns unsere Stärken sind, München 2017, S. 89 ff.

23 Burdick, Alan: Warum die Zeit verfliegt. Eine größtenteils wissenschaftliche Erkundung, München 2017, S. 60.

24 Schmidt-Salomon, Michael: Entspannt euch! Eine Philosophie der Gelassenheit, München 2019, S. 96.

25 Hacke, Axel: »Das Beste aus aller Welt«, Süddeutsche Zeitung Magazin, Heft 50, 16.12.2011, https://sz-magazin.sueddeutsche.de/das-beste-aus-aller-welt/das-beste-aus-aller-welt-78687

26 Wade-Benzoni, Kimberly A. u. a.: »It's Only a Matter of Time«, Psychological Science 23(7), 2012, S. 704 ff.

27 Ware, Bronnie: 5 Dinge, die Sterbende am meisten bereuen.

Einsichten, die Ihr Leben verändern werden, München 2013.

28 Wilson, Timothy D. u. a.: »Just think: The challenges of the disengaged mind«, Science 345 (6192), 2014, S. 75 ff.

29 Carroll, Ryder: Die Bullet Journal Methode. Verstehe deine Vergangenheit, ordne deine Gegenwart, gestalte deine Zukunft, Hamburg 2018, S. 52 ff.

2장 모두 판타지 — 뇌의 시간 지각

1 Burdick 2017, S. 51 f. und 59.

2 Wittmann, Marc: Gefühlte Zeit. Kleine Psychologie des Zeitempfindens, München 2016, S. 89 f.

3 Zinkant, Kathrin: »Der 25-Stunden-Tag«, ZEIT Wissen, 14.03.2008, https://www.zeit.de/zeit-wissen/2008/02/Zeit/komplettansicht

4 Klein, Stefan: Zeit. Der Stoff aus dem das Leben ist, Frankfurt am Main 2018, S. 25.

5 Hammond, Claudia: Tick, tack. Wie unser Zeitgefühl im Kopf entsteht, Stuttgart 2019, S. 108.

6 Wittmann 2016, S. 90 ff.

7 Sobiella, Christian/Langrock-Kögel, Christiane: »Die innere Uhr erforschen«, enorm, 23.10.2020, https://enorm-magazin.de/gesellschaft/wissenschaft/zeit/chronobiologie-das-bunker-experiment

8 Wittmann 2016, S. 92.

9 Zinkant 2008.

10 Interview mit Marc Wittmann am 25.02.2021.

11 Rao, Stephan M. u. a.: »The evolution of brain activation during temporal processing«, Nature Neuroscience 4, 2001, S. 317 ff.

12 Hammond 2019, S. 77 ff.

13 Wittmann 2016, S. 123.

14 Hammond 2019, S. 80.

15 Wittmann, Marc: »The inner sense of time: How the brain creates a representation of duration«, Nature Reviews Neuroscience 14, 2013, S. 217 ff.

16 Wittmann, Marc: »Wie entsteht unser Gefühl für die Zeit?«, Spektrum, 22.09.2014, https://www.spektrum.de/news/wie-unser-gefuehl-fuer-diezeit-entsteht/1309744

17 Hammond 2019, S. 80 f.

18 Schwägerl, Christian: »Und JETZT alle!«, ZEIT Wissen, 13.10.2015, https://www.zeit.de/zeit-wissen/2015/06/gegenwart-zeit-jetzt-forschung/komplettansicht

19 Wittmann 2016, S. 80 f.

20 Ebd., S. 150 f.

21 Wittmann 2014 und Stallmach, Lena: »Wie das Gehirn die Zeit misst«, NZZ, 23.12.2016, https://www.nzz.ch/wissenschaft/wahrnehmung-desmenschen-wie-das-gehirn-die-zeit-misst-ld.136295.

22 Klein Zeit 2018, S. 84 ff.

23 Zinkant 2008.

24 Klein Zeit 2018, S. 194.

3장 지루하거나 신나거나 — 느린 시간과 빠른 시간

1 Poraj, Alexander: Im Hier und Jetzt. Achtsamkeit in Coaching und Begleitung, Freiburg im Breisgau 2019, S. 51 ff.

2 Obama, Barack: Ein verheißenes Land, München 2020, S. 30 f.

3 Harari, Yuval Noah: Homo Deus. Eine Geschichte von Morgen, München 2020, S. 446.

4 Wittmann 2016, S. 119 f.

5 Harari 2020, S. 139.

6 Hüther Angst 2020, S. 36.

7 Schmidt-Salomon 2019, S. 39.

8 Kahneman, Daniel: Schnelles Denken, langsames Denken, München

2014, S. 470 ff.

9   Harari 2020, S. 450 ff.

10 Hüther Angst 2020, S. 35.

11 Rock, David: Brain at Work. Intelligenter arbeiten, mehr erreichen, Frankfurt am Main 2011, S. 78.

12 Roth, Gerhard: Warum es so schwierig ist, sich und andere zu ändern. Persönlichkeit, Entscheidung und Verhalten, Stuttgart 2019, S. 339 f.

13 Blum 2020, S. 176.

14 Hammond 2019, S. 47.

15 Ebd., S. 48 ff.

16 Klein Zeit 2018, S. 106 f. und Tse, Peter Ulric u. a.: »Attention and the subjective expansion of time«, Perception & Psychophysics 66(7), 2004, S. 1171 ff.

17 Burdick 2017, S. 263.

18 Hammond 2019, S. 100 f.

19 Csikszentmihályi, Mihaly: Kreativität. Wie Sie das Unmögliche schaffen und Ihre Grenzen überwinden, Stuttgart 1997, S. 162 ff.

20 Klein Zeit 2018, S. 71.

21 Zinkant 2008.

22 Stetson, Chess/Fiesta, Matthew P./Eagleman David M.: »Does Time Really Slow Down during a Frightening Event?«, PLoS one 2(12), 2007, e1295.

23 Hammond 2019, S. 40 ff.

24 Ebd., S. 41.

25 Pollatos, Olga/Laubrock, Jochen/Wittmann, Marc: »Interoceptive Focus Shapes the Experience of Time«, PloS one, 9(1), 2014, e0086934.

26 Lenz, Hans: Universalgeschichte der Zeit, Wiesbaden 2005, S. 134.

27 Spielhoff, Stephan Phin: »Jeden Tag verliebt«, www.jedentagverliebt. de

28 Hammond 2019, S.302 f.

4장 모든 소중한 순간 — 지금 여기를 위한 결정

1   Klein Zeit 2018, S. 326 f.

2   Poraj 2019, S. 159.

3   D'Argembeau, Arnaud u. a.: »Frequency, characteristics and functions of future-oriented thoughts in daily life«, Applied Cognitive Psychology 25(1), 2011, S. 96 ff.

4   Wyller, Truls: Was ist Zeit? Ein Essay, Stuttgart 2016, S. 58.

5   Safranski, Rüdiger: Zeit. Was sie mit uns macht und was wir aus ihr machen, Frankfurt am Main 2018, S. 135.

6   Kast 2003, S. 22.

7   Wyller 2016, S. 58.

8   Ebd., S. 63.

9   Ebd., S. 66 f.

10   »Jedes Jetzt ist auch schon ein Soeben bzw. Sofort«, Martin Heidegger zitiert nach: Vaas, Rüdiger: »Zeit und Gehirn«, Spektrum.de, https://www.spektrum.de/lexikon/neurowissenschaft/zeit-und-gehirn/14651

11   Pöppel, Ernst: Der Rahmen. Ein Blick des Gehirns auf unser Ich, München 2010, S. 300 ff.

12   Lenz 2005, S. 107.

13   Pöppel, Ernst: Grenzen des Bewusstseins. Wie kommen wir zur Zeit, und wie entsteht Wirklichkeit?, Frankfurt am Main 2000, S. 21 ff.

14   Ebd., S. 39.

15   30 Millisekunden sind nur ein grober Wert. Diese Ordnungsschwellen liegen im Bereich von 20 bis 60 Millisekunden. Fink, M./Ulbrich, P./Churan, J./Wittmann, M.: »Stimulus-dependent processing of temporal order«, Bevioral Processes 71(2-3), 2006, S. 344 ff.

16   Geier, Stefan: »Warum wir die Zeit immer anders empfinden«, Bayern 2, 20.07.2016, https://www.br.de/radio/bayern2/sendungen/radiowissen/zeit-zeitmesser-rhythmus-100.html

17   Interessant dazu auch: Damasio, Antonio: Der Spinoza-Effekt. Wie Gefühle unser Leben bestimmen, Berlin 2004.

18 Mićić 2014, S. 32.

19 Wittmann 2016, S. 11 ff.

20 Ebd., S. 17 ff.

21 Mićić 2014, S. 119 ff.

22 Neubauer, Luisa: »Fataler Jetzismus«, taz, 30.01.2021, https://taz.de/ Vom-Umgang-mit-globalen-Krisen/!5743893

23 Mićić 2014, S. 64 f., 87.

24 Was Sie gerade nicht sehen können, ich kreuze meine Finger hinter meinem Rücken, während ich einhändig tippe.

25 Unter www.TheTimeParadox.com können Sie Ihr persönliches Zeitperspektiven-Profil ermitteln. Zimbardo, Philip/Boyd, John: Die neue Psychologie der Zeit. und wie sie Ihr Leben verändern wird, Heidelberg 2011, S. XIV.

26 Wittmann 2016, S. 23.

27 Zimbardo/Boyd 2011, S. XII.

28 Grass, Günter: Grimms Wörter. Eine Liebeserklärung, Göttingen 2010, S. 297.

29 Zimbardo/Boyd 2011, S. XIII.

30 Ebd., S. 129.

31 Ebd., S. 129 ff.

32 Ebd., S. 138 f.

33 Ebd., S. 142 ff.

34 Siegel, Daniel J.: Das achtsame Gehirn, Freiamt 2010, S. 11.

35 Zimbardo/Boyd 2011, S.157 f.

36 Siegel 2010, S. 33 f.

37 Ricard, Matthieu: Glück, München 2007, S. 272 ff.

38 Alexander Poraj in: Frank, Dominikus/Beer, Alissa: Alexander Poraj — Zen ist Gegenwart, Interviewpodcast Gesprächszeit, April 2019, https://open.spotify.com/show/5GbJssWDg1Cddm95JKezlS

39 Ebd.

40 Stahl, Stefanie: Das Kind in dir muss Heimat finden. Der Schlüssel

zur Lösung (fast) aller Probleme, München 2015, S. 142.

41 Poraj Gesprächszeit 2019.

5장 달라진 눈으로 돌아보기
— 감정의 안경을 끼고 보는 과거

1   Mainzer 2002, S. 18.

2   Sieroka, Norman: Philosophie der Zeit. Grundlagen und Perspektiven, München 2018, S. 14 ff.

3   »Zeit«, Brockhaus, https://brockhaus.de/ecs/enzy/article/zeit

4   Sieroka Philosophie 2018, S. 17.

5   Harari 2020, S. 458.

6   Klein Zeit 2018, S. 181.

7   Ebd., S. 169 ff.

8   Campbell, Joseph: Der Heros in tausend Gestalten, Berlin 2011.

9   McDermott, Kathleen B./Szpunar, Karl K.: »Episodic Future Thought and its Relation to Remembering: Evidence from Ratings of Subjective Experience«, Consciousness and Cognition 17(1), 2008, S. 330 ff.

10 Klein Zeit 2018, S. 177, und Mićić 2014, S. 103 f.

11 Schmidt-Salomon 2019, S. 9.

12 Ebd., S. 29 ff.

13 Ebd., S. 20.

14 Harari 2020, S. 433.

15 Eine Diskokugel ist an dem Abend tatsächlich von der Decke gefallen. Zum Glück wurde niemand verletzt.

16 Schmidt-Salomon 2019, S. 29 ff.

17 Harari 2020, S. 433.

18 Klein Zeit 2018, S. 132 f.

19 Schwenke, Philipp: »Niemand ist frei«, ZEIT Campus 02, 11.04.2008, https://www.zeit.de/campus/2008/02/interview-freier-wille/

20 Schmidt-Salomon 2019, S. 43.

21 Einstein, Albert: Mein Weltbild, Zürich 2017, S. 9 f.

22 Schmidt-Salomon 2019, S. 49 ff.

23 Zimbardo/Boyd 2011, S. 109 ff.

24 Klein Zeit 2018, S. 185, und Ochsner, Kevin u. a.: »For better or for worse: neural systems supporting the cognitive down- and up-regulation of negative emotion«, Neuroimage 23(2), 2004, S. 483 ff.

25 Klein 2018, S. 184.

26 Schmidt-Salomon 2019, S. 50.

6장 용감한 눈으로 내다보기 — 행복과 미래를 향해

1 Carbanas, Edgar/Illouz, Eva: Das Glückdiktat. Und wie es unser Leben beherrscht, Berlin 2019, S. 131.

2 Klein, Stefan: Die Ökonomie des Glücks. Warum unsere Gesellschaft neue Ziele braucht, Berlin 2018, S. 26.

3 Aristoteles: Nikomachische Ethik, Stuttgart 2017, S. 16 ff.

4 Die Inspiration zu dieser Geschichte stammt aus dem Buch Resonanz von Hartmut Rosa mit den beiden ursprünglichen Hauptpersonen Gustav und Vincent.

5 Rosa, Hartmut: Resonanz. Eine Soziologie der Weltbeziehung, Berlin 2019, S. 15 ff.

6 Shetty, Jay: Das Think Like a Monk-Prinzip. Finde innere Ruhe und Kraft für ein erfülltes und sinnvolles Leben, Hamburg 2020, S. 116 ff.

7 Poraj Gesprächszeit 2019.

8 Genauer gesagt, muss ich diesen Satz beim Sprechtechnik-Unterricht häufiger nachsprechen. Zitat aus Fiukowski, Heinz: Sprecherzieherisches Elementarbuch, Berlin 2010, S. 308.

9 Bolles, Richard Nelson/Nelson, John E.: Die besten Jahre: Planen Sie jetzt, wie Sie nach dem Job leben, Frankfurt am Main 2008, S. 133.

10 »An Evening for Elon Musk — Mission to Mars«, Elon Musk im Gespräch mit Mathias Döpfner, Axel Springer Award 2020, https://www.youtube.com/watch?v=AF2HXId2Xhg&feature=emb_logo

11 Spitzer, Manfred: »Fachinformation: Kann man Glück wissenschaftlich untersuchen?«, in: Hirschhausen, Eckart von: Glück kommt selten allein, Reinbek bei Hamburg 2009, S. 24.

12 Ebd., S. 26.

13 Klein Ökonomie 2018, S. 34 f.

14 Mićić 2014, S. 140 ff., und Kringelbach, Morten L./Berridge, Kent C.: »The Neuroscience of Happiness and Pleasure«, Social Research 77(2), 2010, S. 659 ff.

15 Mićić 2014, S. 144.

16 Klein Ökonomie 2018, S. 35 f.

17 Im Original: »goad without goal«; Ebd., S. 36.

18 Shetty 2020, S. 236.

19 Klein Ökonomie 2018, S. 27 ff.

20 Kullmann, Kerstin: »Es gibt nur eine Art von Glück, die einem nicht langweilig wird«, Der Spiegel, 28.01.2020, https://www.spiegel.de/wissenschaft/mensch/hirnforscher-gerhard-roth-es-gibt-nur-eine-artvon-glueck-die-einem-nicht-langweilig-wird-a-09485b7c-700d-4ae4-9eea-71343450b0f2

21 Shetty 2020, S. 68.

22 Harari 2020, S. 71.

23 Shetty 2020, S. 120.

24 Carbanas/Illouz 2019, S. 134.

25 Quoidbach, Jordi u. a.: »The End of the History Illusion«, Science 339(6115), 2013, S. 96 ff.

26 Fellmann, Max: »Ich war immer bereit zu scheitern«, SZ Magazin, Heft 52, 22.12.2020, https://sz-magazin.sueddeutsche.de/kino/george-clooney- interview-89645?reduced=true

7장 인간이라면 누구나 — 미래를 위한 진로 결정

1 Mićić 2014, S. 110 ff.

2 Ebd., S. 10.

3 Beck 2017, S. 171 f.

4 Roth, Gerhard: Aus Sicht des Gehirns, Frankfurt am Main 2009, S. 175.

5 Kahneman 2014, S. 33 ff.

6 Mićić 2014, S. 212 ff.

7 Milkman, Katherine u. a.: »Harnessing Our Inner Angels and Demons: What We Have Learned About Want/Should Conflicts and How That Knowledge Can Help Us Reduce Short-Sighted Decision Making«, Perspectives on Psychological Science 3(4), 2008, S. 324 ff.

8 Dank dieser Methode ist übrigens mein Online-Kurs mittlerweile fertig geworden; Welch, Suzy: 10 Minuten, 10 Monate, 10 Jahre. Die neue Zauberformel für intelligente Lebensentscheidungen, München 2009.

9 Wenn Sie das mal nachrechnen wollen, schauen Sie unter www.tiii.me

10 Roth Gehirn 2009, S. 170.

11 Hershfield, Hal E.: »Future self-continuity: how conceptions of the future self transform intertemporal choice«, Annals of the New York Academy of Sciences 1235, 2011, S. 30 ff.

12 Davidson, Richard/Begley, Sharon: Warum regst du dich so auf? Wie die Gehirnstruktur unsere Emotionen bestimmt, München 2016, S. 14, 92. Die sechs Dimensionen des emotionalen Stils sind: Resilienz, Grundeinstellung, soziale Intuition, Selbstwahrnehmung, Kontextsensibilität und Aufmerksamkeit.

13 Fox, Nathan A./Davidson, Richard: »Taste-elicited changes in facial signs of emotion and the asymmetry of brain electrical activity in human newborns«, Neuropsychologia 24(3), 1986, S. 417 f.

14 Klein Glück 2014, S. 74 ff.

15 Davidson/Begley 2016, S. 354 ff.

16 Roth Gehirn 2009, S. 172.

17 Dispenza, Joe: Werde übernatürlich. Wie gewöhnliche Menschen das Ungewöhnliche erreichen, Dorfen 2018, S. 127.

18 Gallwey, Timothy W.: Tennis — Das innere Spiel, Durch entspannte Konzentration zur Bestleistung, München 2012, S. 26, 37.

19 Gallwey 2012, S. 33, 67 ff.

20 Hüther Angst 2020, S. 35.

21 Killingsworth, Matthew A./Gilbert Daniel T.: »A Wandering Mind Is an Unhappy Mind«, Science 330(6006), S. 932.

22 Bock, Petra: Mindfuck. Warum wir uns selbst sabotieren und was wir dagegen tun können, München 2011, S. 24.

23 Stahl 2015, S. 15.

24 Bock 2011, S. 77 ff.

25 Bock 2011, S. 31 ff.

26 Ebd., S. 75 ff.

27 Shetty 2020, S. 236 ff.

28 Clear, James: Die 1%-Methode — Minimale Veränderung, maximale Wirkung. Mit kleinen Gewohnheiten jedes Ziel erreichen, München 2020, S. 37.

29 Clear 2020, S. 199.

30 Van Dellen, Michelle/Hoyle, Rick: »Regulatory Accessibility and Social Influences on State Self-Control«, Personality and Social Psychology Bulletin 36(2), 2010, S. 251 ff.

8장 시간을 내 맘대로 쓰지 못하게 막는 걸림돌

1 Persönliche Ziele für 2016. Zwischen Entschleunigung und Sparsamkeit, Forschung aktuell 266, 36. Jg., 31.12.2015, https://www. stiftungfuerzukunftsfragen.de/newsletter-forschung-aktuell/266/

2 Blum 2020, S. 106.

3 Crabbe, Tony: #BusyBusy. Stresse dich nicht, lebe!, Frankfurt am Main 2017, S. 15, und Cover Der Spiegel Nr. 20, 14.05.1989, https://

www.spiegel.de/spiegel/print/index-1989-20.html

4   Kierkegaard, Søren: Der Begriff Angst, Stuttgart 2018, S. 72.

5   Seneca: Von der Kürze des Lebens, München 2017, S. 6.

6   Fingers still crossed.

7   Rosa, Hartmut: Unverfügbarkeit, Wien/Salzburg 2020, S. 15.

8   Han, Byung-Chul: Duft der Zeit. Ein philosophisches Essay zur Kunst des Verweilens, Bielefeld 2009, S. 42.

9   Sieroka Immer schneller 2020, S. 154.

10 Sieroka Philosophie 2018, S. 117 ff.

11 Roberts, James/Pirog, Stephan: »150 times a day: A Preliminary Investigation of Materialism and Impulsiveness as Predictors of Technological Addiction among Young Adults«, Journal of Behavioral Addictions 2(1), 2013, S. 56 ff.

12 Crabbe 2017, S. 16.

13 Rosa, Hartmut: Beschleunigung und Entfremdung, Berlin 2019, S. 20 ff.

14 Klein Zeit 2018, S. 94.

15 »Zahl der Fehltage wegen psychischer Erkrankungen so hoch wie nie«, Der Tagesspiegel, 31.01.2020, https://www.tagesspiegel.de/wirtschaft/gesundheitsreport-2020-zahl-der-fehltage-wegen-psychischer-erkrankungen-so-hoch-wie-nie/25494602.html

16 Klein Zeit 2018, S. 258 ff.

17 Crabbe 2017, S. 36 f.

18 DeDonno, Michael/Demaree, Heath: »Perceived time pressure and the Iowa Gambling Task«, Judgment and Decision Making 3(8), 2008, S. 636 ff.

19 Mićić 2014, S. 180.

20 Crabbe 2017, S. 43.

21 Dweck, Carol: Selbstbild. Wie unser Denken Erfolge oder Niederlagen bewirkt, München 2010, S. 21.

22 Ebd., S. 247.

23 Ebd., S. 65.

24 Ebd., S. 21.

25 Ebd., S. 11 f.

26 Ebd., S. 27 f.

27 Ebd., S. 21.

28 Ebd., S. 249.

29 Bregman, Rutger: Im Grunde gut. Eine neue Geschichte der Menschheit, Hamburg 2020, S. 28.

30 Klein Glück 2014, S. 54 f.

31 Gallwey 2012, S. 60 ff.

32 Crabbe 2017, S. 86.

33 Sapolsky, Robert M.: »Why Stress Is Bad for Your Brain«, Science 273(5276), 1996, S. 749 ff.

34 Mallik, Shahbaz K./McCandless, Boyd R.: »A study of catharsis of aggression«, Journal of Personality and Social Psychology 4(6), 1966, S. 591 ff.

35 Poraj 2019, S. 49.

36 Herwig, Uwe u. a.: »Self-related awareness and emotion regulation«, Neuroimage 50(2), 2010, S. 734 ff.

37 Davidson/Begley 2016, S. 373.

38 Ebd., S. 118 ff.

39 Ebd., S. 373 f.

40 Shetty 2020, S. 238 f.

41 Möller, Christian: »Der Mensch braucht Angst, sonst lernt er nichts«, Welt, 03.05.2013, https://www.welt.de/debatte/kommentare/article115846928/Der-Mensch-braucht-Angst-sonst-lernt-er-nichts.html

42 Hüther Angst 2020, S. 12 ff., 29 ff.

43 Chin, Jimmy/Vasarhelyi, Elisabeth Chai: Free Solo, 2018.

44 Shetty 2020, S. 93.

45 Klein Zeit 2018, S. 104.

46 Church, Dawson u. a.: »Single-session reduction of the intensity of traumatic memories in abused adolescents after EFT — A randomized controlled pilot study«, Traumatology 18 (3), 2012, S. 73 ff.

47 Kox, Matthijs u.a.: »Voluntary activation of the sympathetic nervous system and attenuation of the innate immune response in humans«, PNAS 111 (20), 2014, S. 7379 ff.

48 Klostranec, Jesse M. u. a.: »Accelerated ethanol elimination via the lungs lungs«, Scientific Reports 10(1):19249, 2020, https://www.nature.com/articles/s41598-020-76233-9

49 Crabbe 2017, S. 94 f.

9장 매일 그리고 계속 — 지금 여기서 해야 할 일

1 www.10drei.org

2 Blazekovic, Jessica von: »Wir müssen Opfer bringen, um uns zu retten«, Frankfurter Allgemeine Zeitung, 28.01.2020, https://www.faz.net/aktuell/wirtschaft/friedensnobelpreistraeger-muhammad-yunus-iminterview-16598938.html

3 Shetty 2020, S. 119.

4 Geißler, Karlheinz A.: Alles hat seine Zeit, nur ich hab keine. Wege in eine neue Zeitkultur, München 2014, S. 238 ff.

5 Clear 2020, S. 85 ff.

6 Ebd., S. 40.

7 Shetty 2020, S. 37 ff.

8 Ebd., S. 46. Die Bhagavad Gita kann übrigens auch als universeller, zeitloser Ratgeber ohne spirituellen Kontext dienen.

9 Clear 2020, S. 29.

10 Gontek, Florian: »Deutschland ist Frustweltmeister«, Der Spiegel, 11.03.2020, https://www.spiegel.de/karriere/arbeitnehmer-studiedeutschland-ist-frustweltmeister-a-8c46563b-b6a1-4025-9c45-00e7b5bdcb91

11 Parkinson, Cyril Northcote: »Parkinson's Law«, in: The Economist,

Band 177, Nr. 5856, 19.11.1955, S. 635 ff. https://www.economist.com/news/1955/11/19/parkinsons-law

12 Crabbe 2017, S. 30.

13 Roy, Michael u. a.: »Underestimating the Duration of Future Events: Memory Incorrectly Uses or Memory Bias?«, Psychological Bulletin 131(5), 2005, S. 738 ff.

14 Rory Vaden: How To Multiply Your Time, TED 2019, https://ideas.ted.com/multiply-your-time-by-asking-4-questions-about-the-stuff-onyour-to-do-list/

15 Mehr Informationen zu dieser Methode finden Sie unter: https://www.roryvaden.com/procrastinate-on-purpose

16 Groll, Tina: Alles gleichzeitig funktioniert nicht, Zeit online, 20.09.2012, https://www.zeit.de/karriere/beruf/2012-08/multitaskinggehirnleistung

17 Crabbe 2017, S. 93 f.

18 Shetty 2020, S. 92.

19 Roth Persönlichkeit 2019, S. 14.

20 Hammond 2019, S. 315 f.

21 Hamermesh, Daniel S./Lee, Jungmin: »Stressed out on four continents: time crunch or yuppie kvetch?«, IZA Discussion Papers, No.1815, in: Institute for the Review of Economics and Statistics 89(2), 2007, S. 374 ff.

22 Klein Zeit 2018, S. 324.

23 Diener, Ed/Seligman, Martin E. P.: »Beyond Money: Toward an Economy of Well-Being«, Psychological Science in the Public Interest 5(1), 2004, S. 1.

24 Kahneman, Daniel u. a.: »Would You Be Happier if You Were Richer? A Focusing Illusion«, Science 312(5782), 2006, S. 1908 ff.

25 Whillans, Ashley V. u. a.: »Buying time promotes happiness«, PNAS 114(32), 2017, S. 8523 ff.

26 Klein Ökonomie 2018, S. 32.

27 Klein Ökonomie 2018, S. 28.

28 Tabibnia, Golnaz/Lieberman, Matthew: »Fairness and cooperation are rewarding: evidence from social cognitive neuroscience«, Annals of the New York Academy of Sciences 1118(1), 2007, S. 90 ff.

29 Klein Ökonomie 2018, S. 52 f.

10장 시간은 나눌수록 배가 된다

1 Stahl 2015, S. 42.

2 Ebd., S. 47.

3 Davidson/Begley 2016, S. 151 ff.

4 Hüther, Gerald: Was wir sind und was wir sein könnten. Ein neurobiologischer Mutmacher, Frankfurt am Main 2019, S. 54 f.

5 Ebd., S. 59.

6 Stahl 2015, S. 22 f.

7 Hüther Was wir sind 2019, S. 27 f.

8 Shetty 2020, S. 49, und Fowler, James H./Christakis, Nicholas A.: »Dynamic Spread of Happiness in a Large Social Network: Longitudinal Analysis over 20 Years in the Framingham Heart Study«, BMJ 337, 2008, a2338.

9 Levine, Robert: Eine Landkarte der Zeit. Wie Kulturen mit Zeit umgehen, München 2004, S. 180.

10 Kelly, Janice: »Entrainment in individual and group behavior«, The social psychology of time, Newbury Park 1988, S. 89 ff.

11 Klein Zeit 2018, S. 241 f.

12 Twenge, Jean M. u. a.: »Social exclusion and the deconstructed state: time perception, meaninglessness, lethargy, lack of emotion, and self-awareness«, Journal of Personality and Social Psychology 85(3), 2003, S. 409 ff.

13 Stahl 2015, S. 32.

14 Dita Von Teese auf Twitter, 07.09.2010, im Original: »You can be a delicious, ripe peach and there will still be people in the

world that hate peaches ...«, https://twitter.com/DitaVonTeese/
status/23210190813

15 Cooley, Charles Horton: Human Nature and the Social Order, New
York 1902, S. 152. Interessant dazu auch: Prinz, Wolfgang: Selbst im
Spiegel. Die soziale Konstruktion der Subjektivität, Berlin 2016.

16 Brown, Brené: Verletzlichkeit macht stark. Wie wir unsere
Schutzmechanismen aufgeben und innerlich reich werden, München
2017, S. 23 f.

17 Hüther Angst 2020, S. 123.

18 Roig, Emilia: Why We Matter, Berlin 2021, S. 13 f., 319.

19 Rosa Beschleunigung und Entfremdung 2019, S. 37.

20 Thöne, Eva: »Langsamer machen reicht nicht«, Der Spiegel,
21.03.2016, https://www.spiegel.de/kultur/gesellschaft/resonanz-
statt-beschleunigung-hartmut-rosas-gegenentwurf-a-1082402.html

21 Rosa Unverfügbarkeit 2020, S. 38 ff.

22 Rosa Beschleunigung und Entfremdung 2019, S. 137 ff.

23 Crabbe 2017, S. 26.

24 Hüther Was wir sind 2019, S. 46.

25 Unterstützung finden Sie unter anderem bei www.hateaid.org.

26 Shetty 2020, S. 53.

27 Ebd., S. 76.

28 Schmidt-Salomon 2019, S. 41 ff.

29 Klein Zeit 2018, S. 185.

30 Zimbardo/Boyd 2011, S. 111.

31 Enright, Robert D.: Vergebung als Chance. Neuen Mut fürs Leben
finden, Bern 2006, und Toussaint, Loren u. a.: »Effects of lifetime
stress exposure on mental and physical health in young adulthood:
How stress degrades and forgiveness protects health«, Journal of
Health Psychology 21(6), 2016, S. 1004 ff.

32 Schmidt Salomon 2019, S. 57.

33 Täuber, Marcus: Gedanken als Medizin. Wie Sie mit Erkenntnissen
der Hirnforschung die mentale Selbstheilung aktivieren, Berlin 2020,

S. 163.

34 Weitere Informationen finden Sie bei Seiler, Laura Malina: »Ho'oponopono— Wie du durch Vergebung wieder vollkommen lieben und leben kannst«, https://lauraseiler.com/podcast-meditation-vergeben-und-loslassen

35 Emmons, Robert: Vom Glück, dankbar zu sein. Eine Anleitung für den Alltag, Frankfurt am Main 2008.

36 Klein, Stefan: Der Sinn des Gebens, Frankfurt am Main 2011, S. 10.

37 Badiou, Alain/Truong, Nicolas: Lob der Liebe, Wien 2015, S. 33.

38 Wenn Sie sich einsam fühlen, finden Sie zum Beispiel Unterstützung bei der Telefonseelsorge Deutschland oder bei der »Nummer gegen Kummer« für Kinder und Jugendliche: www.telefonseelsorge.de und www.nummergegenkummer.de.

11장 시간과의 경주 또는 1.5℃에 달린 기회

1 Ermert, Monika: »Münchner Sicherheitskonferenz: ›Klima‹ wird zum Kampfbegriff«, heise online, 14.02.2020, https://www.heise.de/newsticker/meldung/Muenchner-Sicherheitskonferenz-Klima-wirdzum-Kampfbegriff-4660642.html

2 Die ganze Diskussion finden Sie hier: https://securityconference.org/mediathek/asset/msc2020-apocalypse-now-climate-and-security-20200213-1715/

3 Böhm, Andrea u.a.: »Glühende Landschaften«, Die Zeit Nr. 49, 2019, https://www.zeit.de/2019/49/klimawandel-landwirtschaft-umwelt-veraenderungen-wassernotstand-erderwaermung

4 Ulrich, Bernd: Alles wird anders. Das Zeitalter der Ökologie, Köln 2019, S. 27.

5 Podbregar, Nadja: »Menschheit dreht Klima-Uhr zurück«, scinexx, 11.12.2018, https://www.scinexx.de/news/geowissen/menschheit-drehtklima-uhr-zurueck/

6 Stöcker, Christian: Das Experiment sind wir: Unsere Welt verändert sich so atemberaubend schnell, dass wir von Krise zu Krise taumeln.

Wir müssen lernen, diese enorme Beschleunigung zu lenken, München 2020.

7   Ulrich 2019, S. 33.

8   Fallmann, Joachim: #010 Die Atmosphäre im Jahr 2020, http://atmoblog.de/010-die-atmosphaere-im-jahr-2020 und IPCC: Klimaänderung 2014. Synthesebericht, Bonn 2016, S. 20, https://www.de-ipcc.de/media/content/IPCC-AR5_SYR_barrierefrei.pdf und »Glühende Landschaften«, Die Zeit Nr. 49, 2019, https://www.zeit.de/2019/49/klimawandel-landwirtschaft-umwelt-veraenderungen-wassernotstanderderwaermung

9   Malm, Andreas: Klima|x, Berlin 2020, S. 28.

10 Stöcker 2020, S. 300.

11 »Die Wüste wächst«, Der Spiegel, 10.02.1974, https://www.spiegel.de/kultur/die-wueste-waechst-a-2fe6ec73-0002-0001-0000-000041784151

12 Die Klima-Katastrophe, Cover Der Spiegel Nr. 33, 1986, https://www.spiegel.de/spiegel/print/index-1986-33.html

13 Dazu auch interessant: Rich, Nathaniel: Losing Earth, Berlin 2019, S. 131 ff.

14 Stöcker 2020, S. 288 ff.

15 Übereinkommen von Paris, 2015, https://www.bmu.de/fileadmin/Daten_BMU/Download_PDF/Klimaschutz/paris_abkommen_bf.pdf

16 Ulrich 2019, S. 112.

17 Prüss-Ustün, Annette u.a.: »Preventing disease through healthy environments A global assessment of the burden of disease from environmental risks«, World Health Organization, 2006, S. XV. https://apps.who.int/iris/bitstream/handle/10665/204585/9789241565196_eng.pdf;jsessionid=FB517D967A508D6348971B333330B748?sequence=1

18 www.mcc-berlin.net

19 Global Warming of 1.5 ºC, The Intergovernmental Panel on Climate Change, The Intergovernmental Panel on Climate Change (IPCC), 2018, https://www.ipcc.ch/sr15/

20 Berger, André/Loutre, Marie-France: »CLIMATE: An Exceptionally

Long Interglacial Ahead?«, Science 297(5585), 2002, S. 1287 f.

21 »Bedrohung für eine Milliarde Menschen«, Tagesschau, 09.09.2020, https://www.tagesschau.de/ausland/studie-lebensraum-101.html

22 »Forscher sehen Lebensraum von einer Milliarde Menschen bedroht«, Zeit online, 09.09.2020, https://www.zeit.de/wissen/2020-09/klimawandel-studie-europa-migration-2050-lebensraum

23 Bisher war mir unbekannt, dass Wale (und Delfine) auch mitverantwortlich für mindestens die Hälfte des Sauerstoffs unserer Atmosphäre sind. Durch das Auf- und Abtauchen im Meer düngen sie Phytoplankton, eine Pflanze, die aus Wasser, Sonnenlicht und im Wasser vorhandenem CO_2 Sauerstoff herstellt. Vgl. Tabrizi, Ali: Seaspiracy, 2021.

24 Rydl, Vladimir/Reichert, Inka: »Überfischung der Meere«, planet wissen, https://www.planet-wissen.de/natur/meer/ueberfischung_der_meere/index.html

25 Malm 2020, S. 51 ff.

26 Woher das Corona-Virus stammt, ist bis heute noch nicht abschließend geklärt.

27 »Wie der Klimawandel zur Corona-Pandemie führte«, MDR Wissen, 15.02.2021, https://www.mdr.de/wissen/klimawandel-corona-pandemie-covid-100.html

28 Stöcker 2020, S. 305.

29 Ulrich 2019, S. 49.

30 Ebd., S. 34.

31 Ebd., S. 64, 185.

32 Foer, Jonathan Safran: Wir sind das Klima. Wie wir unseren Planeten schon beim Frühstück retten können, Köln 2019, S. 24.

33 Ulrich 2019, S. 38.

34 Hüther, Gerald: Die Macht der inneren Bilder. Wie Visionen das Gehirn, den Menschen und die Welt verändern, Göttingen 2006, S. 12.

35 Wittman 2016, S. 32.

36 Mehr zu diesem Thema: Zeiler, Waldemar/Höftmann Ciobotaru,

Katharina: Unfuck the economy. Eine neue Wirtschaft und ein besseres Leben für alle, München 2020, S. 47 ff.

37 Bilharz, Michael: Klimaneutral leben, Verbraucher starten durch beim Klimaschutz, Umwelt Bundesamt, Dessau-Roßlau 2014, S. 26, https://www.umweltbundesamt.de/sites/default/files/medien/378/publikationen/klimaneutral_leben_4.pdf

38 Stöcker 2020, S. 315 f.

39 Ebd., S. 314.

40 Malm 2020, S. 78 ff.

41 Ebd., S. 83.

42 Plöger, Sven: Zieht euch warm an, es wird heiß!, Frankfurt am Main 2020, S. 46.

43 Nehls, Anja: »CO2 sparen durch bewusstes Fortbewegen«, Deutschlandfunk, 02.08.2019, https://www.deutschlandfunk.de/klima-serie-dereigene-beitrag-co2-sparen-durch-bewusstes.697.de.html?dram:article_id=456543

44 »Deutschland stößt zu viel CO2 aus«, NDR, 28.05.2019, https://www.ndr.de/ratgeber/klimawandel/CO2-Ausstoss-in-Deutschland-Sektoren,kohlendioxid146.html

45 CO2-Rechner des Umweltbundesamtes, https://uba.co2-rechner.de/de_DE/

46 www.germanzero.de

47 Ulrich 2019, S. 28.

48 Plant for the Planet, https://www1.plant-for-the-planet.org

49 Roynard, Romy: »Säuberung der Weltmeere bis 2050 dank neuer Technologie möglich«, National Geographic, 09.11.2017, https://www.nationalgeographic.de/umwelt/2017/09/saeuberung-der-weltmeere-bis-2050-dank-neuer-technologie-moeglich

50 Bregman 2020, S. 433.

51 Foer 2019, S. 77.

52 Klein, Naomi: Warum nur ein Green New Deal unseren Planeten retten kann, Hamburg 2019, S. 51.

12장 최고는 언제나 마지막에
― 시간 주의력을 위한 일곱 가지 영감

1   Carroll, Ryder: Die Bullet-Journal-Methode. Verstehe deine Vergangenheit, ordne deine Gegenwart, gestalte deine Zukunft, Hamburg 2018.

2   Im Original: »What you do makes a difference, and you have to decide what kind of difference you want to make.«

3   Lotter, Wolf: »Die neue Leistungsgesellschaft«, brand eins, 2020, https://www.brandeins.de/magazine/brand-eins-wirtschaftsmagazin/2020/leistung/die-neue-leistungsgesellschaft

4   Hammond 2019, S. 118.

5   Ebd., S.144.

6   Núñez, Rafael E./Sweetser, Eve: »With the Future Behind Them: Convergent Evidence From Aymara Language and Gesture in the Crosslinguistic Comparison of Spatial Construals of Time«, Cognitive Science 30, 2006, S. 401 ff.

7   Gümüşay, Kübra: Sprache und Sein, München 2020, S. 18.

8   Hammond 2019, S. 139 ff.

9   Ebd., S. 118 ff.

10 Interview mit Friedemann Vogel am 27.03.2021.

11 Klein Glück 2016, S. 149.

12 Die ganze Erklärung stammt aus Klein Zeit 2018, S. 339 ff.

13 Ebd., S. 342.

14 Gast, Robert: »Tod der Sterne«, Süddeutsche Zeitung, 30.12.2015, https://www.sueddeutsche.de/wissen/ende-des-universums-tod-dersterne-1.2800968

15 Schmidt-Salomon 2019, S. 110.

16 Freeman, Erika: »Unglücklich zu sein macht dich auch nicht schlauer«, Die Zeit, 17.05.2020, https://www.zeit.de/zeit-magazin/2020/21/erika-freeman-psychologie-krisensituation-coronavirus-zweiter-weltkrieg/seite-5

17 Schmidt-Salomon 2019, S. 119.

18 Harari 2015, S. 43 f.

19 Hachmo, Yafit u. a.: »Hyperbaric oxygen therapy increases telomere length and decreases immunosenescence in isolated blood cells: a prospective trial«, Aging 12(22), 2020, S. 22445 ff.

20 Yuval Harari, in: Wegner, Jochen/Amend, Christoph: »What Is the Meaning of Life?«, Zeit-Interviewpodcast Alles gesagt?, Oktober 2020, https://www.zeit.de/gesellschaft/2020-10/yuval-noah-harari-interviewpodcast-alles-gesagt

21 Dörrie, Doris: Leben Schreiben Atmen. Eine Einladung zum Schreiben, Zürich 2019, S. 17 f.

인생을 낭비하지 않는 법

초판 1쇄 발행 2023년 08월 23일

지은이 크리스티아네 슈텡거
삽화가 막스 바흐마이어
옮긴이 배명자
펴낸이 김상현

기획편집 전수현 김승민　　**디자인** 이현진
마케팅 김지우 송유경 김은주 조원회 김예은 남소현
경영지원 손성호 정주연 오한별

펴낸곳 (주)필름
등록번호 제2019-000002호　　**등록일자** 2019년 01월 08일
주소 서울시 마포구 동교로25길 23, 정암빌딩 2층
전화 070-8810-6304　　**팩스** 070-7614-8226
이메일 book@feelmgroup.com

필름출판사 '우리의 이야기는 영화다'

우리는 작가의 문체와 색을 온전하게 담아낼 수 있는 방법을 고민하며 책을 펴내고 있습니다.
스쳐가는 일상을 기록하는 당신의 시선 그리고 시선 속 삶의 풍경을 책에 상영하고 싶습니다.

홈페이지 feelmgroup.com　　**인스타그램** instagram.com/feelmbook

© 크리스티아네 슈텡거, 2023

ISBN 979-11-93262-00-9 (03190)

- 이 책 내용의 일부 또는 전부를 재사용하려면 반드시 필름출판사의 동의를 얻어야 합니다.
- 책값은 뒤표지에 있습니다. 잘못 만들어진 책은 구입처에서 교환해 드립니다.